내가 네게 장가 들리라

-설교를 위한 호세아 연구-

국립중앙도서관 출판시도서목록(CIP)

내가 네게 장가 들리라: 설교를 위한 호세아 연구 / 강성열 지음. -- 서울
: 한국성서학연구소, 2010
p. 293 ; cm

ISBN 978-89-86015-75-1 93230 : ₩ 12000

233.46-KDC5
224.6-DDC21   CIP2010000852

Copyright ⓒ 2010 by Publishing House KIBS
Publishing House Korea Institute of Biblical Studies
Seoul, Korea

내가 네게 장가 들리라

-설교를 위한 호세아 연구-

강 성 열

한국성서학연구소
KOREA INSTITUTE OF BIBLICAL STUDIES

머리말

    필자가 호세아서에 처음 관심을 갖기 시작한 것은 장로회신학대학교에서 박사학위논문의 주제를 정할 때부터였다. 평소에 고대 근동 세계와 그 지역의 종교에 깊은 관심을 가지고 있었던 필자는 호세아의 결혼 은유가 고대 근동 세계의 이른바 "거룩한 결혼 의식"과 깊이 관련되어 있음에 착안하여, 고대 근동 종교를 배경으로 하는 결혼 은유의 기원을 추적하였으며, 그것을 호세아가 활동한 주전 8세기의 북왕국 상황-특히 야웨 하나님과 바알을 동일시하던 일종의 종교혼합주의 상황-과 호세아 자신의 불행했던 결혼 경험에 비추어 이해하고자 했다.

    이어서 필자는 호세아서 1-3장에 집중적으로 나타나는 결혼 은유-하나님을 남편이나 신랑으로 보고 이스라엘 백성을 그의 아내나 신부로 보는-가 예레미야와 에스겔 등을 거쳐 신약 시대에 이르기까지 어떻게 전승되어 갔는지를 일관된 흐름 속에서 살피고자 했고, 이러한 연구 결과를 잘 정리하여 1998년 2월에 장로회신학대학교에서 "예언자들의 결혼 은유에 관한 연구"라는 제목으로 신학박사학위를 받았다. 그리고 같은 해 여름인 7월에는 이를 약간 축소시켜 『성서에 나타난 결혼 은유: 결혼 은유의 기원과 전승에 관한 연구』(성광문화사)라는 제목의 책으로 출판한 바가 있다.

학위논문을 이렇게 출판한 이후로 필자는 호세아서 전체를 다루는 주석서를 내보고 싶었으나, 다른 많은 책들을 저술하고 번역하는 일에 몰두하는 바람에 기회를 얻지 못하였다. 그러던 차에 필자는 한국성서학연구소(소장: 장흥길 교수)의 제안을 받아 2009년 9월 7일부터 11월 9일까지 매주 월요일 오후에 열 번에 걸쳐서 여전도회전국연합회 강당에서 목회자들을 대상으로 "제35회 성서신학마당"의 강의를 진행하게 되었다. 강의의 기본 자료를 만들어가는 과정에서, 필자는 강의안이 곧바로 출판될 수 있도록 강의안을 충실하게 집필하였고, 그 강의안을 읽고 보충하는 방식으로 매주 월요일의 강의를 진행하였다.
　이 책은 바로 그 강의안을 그대로 옮긴 것이다. 필자는 이 책에서 호세아서 본문 전체에 대한 학문적인 연구와 목회적인 적용이라는 큰 틀을 유지하려고 노력하였다. 무엇보다도 필자는 호세아서의 히브리어 본문을 확정함에 있어서, 맛소라 본문을 기초로 하되, 다른 여러 사본들과 주요 번역본들을 서로 비교하는 번역비평 작업에 주력하였다. 더 나아가서 필자는 이 책에서 각 본문의 배후에 감추어져 있는 삶의 자리(Sitz im Leben, life situation)와 그것의 현재적인 적용이라는 두 가지 해석의 기본 원리에 충실하고자 했으며, 호세아서 본문의 정경적인 맥락을 중시하는 차원에서 각 본문의 역사적이면서도 신학적인 의미를 균형 있게 파악하려고 노력하였다.
　아무쪼록 이 부족한 책이 자신의 불행한 결혼 경험과 북왕국 이스라엘의 뒤틀린 종교혼합주의 현실에 근거하고 있는 호세아의 결혼 은유를 올바로 이해하게 돕는 한편으로, 자기 백성 이스라엘을 향한 하나님의 진노와 심판 및 그것을 뛰어넘는 그의 긍휼과 사랑이 호세아의 결혼 은유와 그의 다양한 예언 메시지들을 통하여 어떻게 표현되고 있는지를 이해하는 데 많은 도움을 줄 수 있기를 간절히 바란다.
　끝으로 이 책의 출판을 허락해 주신 한국성서학연구소의 소장이신 장

홍길 교수님과 출판 작업을 꼼꼼하게 챙겨주신 연구소의 장성민 목사님께 깊은 감사를 드린다. 하나님의 은혜와 능력에 힘입어 기적적으로 큰 수술을 마치고 은혜 중에 서서히 건강을 회복하고 있는 사랑하는 아내에게 이 책을 바치고 싶다.

2010년 2월
양림골 호남신학대학교에서

강성열 삼가 씀

차례

머리말 • 1

서론 _ 호세아의 삶의 자리와 결혼 은유 ---------------------------- 7

제1강 _ 호세아의 불행한 가정 생활이 주는 교훈(1:1~2:1) --------- 35

제2강 _ 고발과 비판, 그리고 회복과 구원(2:2~3:5) ----------------- 59

제3강 _ 하나님을 버린 음행의 죄(4:1~5:7) -------------------------- 93

제4강 _ 번제보다 하나님을 아는 것의 소중함(5:8~6:11) --------- 127

제5강 _ 하나님의 진노를 불러일으키는 왕들과 우상(7:1~8:14) -- 157

제6강 _ 부정한 이스라엘을 버리시는 하나님(9:1~10:15) --------- 191

제7강 _ 하나님의 긍휼하심에 기초한 회개 촉구(11~12장) -------- 225

제8강 _ 푸른 잣나무 같으신 하나님(13~14장) -------------------- 263

서론

호세아의 삶의 자리와 결혼 은유

1. 소예언서의 첫 번째 책인 호세아

구약성서에는 하나님의 말씀을 선포하도록 부름을 받은 많은 예언자들이 있다. 이스라엘 역사를 두고 볼 때 이들의 활동은 거의 왕정(王政; monarchy)의 존립과 그 궤를 같이 한다. 즉 왕정 통치가 이루어지면서 예언자 계층이 생겨나고 왕정이 사라지면서 예언 활동도 자연히 시들게 된다는 것이다. 여기에는 이유가 있다. 본래 지상(地上)의 왕은 일반적으로 하나님의 왕권을 부정하는 성격을 가지고 있다(삼상 8:7). 실제로 이스라엘 역사에서 많은 왕들이 하나님의 법을 우습게 알고, 그럼으로써 하나님이 이스라엘의 왕 되심을 인정하지 않는 경향을 가지고 있었다.

이러한 상황에서 하나님의 왕권을 선포하고 왕과 지배 계층 및 모든 백성들로 하여금 하나님의 법을 소중히 여기게끔 하는 사람이 필요했다. 하나님이 이 일을 위해서 부르신 이들이 바로 예언자(預言者)들인 것이다. 그러기에 대부분의 경우 예언자들은 지상의 왕권에 맞설 수밖에 없었고, 그러다 보니 왕정의 존립과 그 흐름을 같이 할 수밖에 없었던 것이다.

그런데 이들 예언자들은 그 활동 시기에 따라 초기(初期) 예언자와 후기(後期) 예언자로 나눈다. 초기 예언자와 후기 예언자를 나누는 가장 편리한 기준은 예언자 자신의 이름으로 기록된 책이 있느냐 없느냐 하는 것이다. 초기 예언자들의 경우 그들의 활동이 성서의 역사서에 낱낱이 기록되어 있으면서도 그들의 이름을 가진 책은 남겨져 있지 않다. 그러나 후기─특히 주전 8세기 이후─에 가면서 예언자들의 활동과 그들이 선포한 메시지를 모아 놓는 경우가 많았다.[1] 그래서 우리는 후기 예언자들을 편의상 문서 예언자(the written/writing prophets)라고도 부르는 것이다.

이처럼 예언자 자신의 이름으로 기록된 책이 있느냐 없느냐 하는 것은 초기와 후기를 구분하는 아주 중요한 잣대가 된다. 이런 점에서 볼 때 호세아서를 필두로 하는 열두 소예언서는 사실 후기의 예언에 속

---

[1] 고전적인 문서 예언이 시작되는 주전 8세기는 남북 왕국에게 새로운 도전과 위기의 시기이면서 동시에 새로운 위협과 새로운 희망을 준 시기이기도 했다. 이 시기에 이르러 이스라엘에서는 예언자들에 관한 전기적인 설화나 성인전적 설화보다 예언 신탁 자체가 수집되기 시작한다. 주전 8세기에 이르러 예언자가 어떤 사람이며 무엇을 했는가 하는 문제보다는 예언자들이 실제 무슨 말을 했는가에 더 많은 관심이 기울여졌다는 얘기다. 이는 문서 예언자들이 한 개인보다는 국민 전체를 대상으로 하여 메시지를 선포했다는 사실과 관련이 있을 것이다. 또 그들이 국제무대에 나타나기 시작한 전혀 새로운 상황 때문이기도 했을 것이다: G. von Rad, *The Message of the Prophets*, tr. D. M. G. Stalker (New York: Harper & Row, 1967), 17; Joseph Blenkinsopp, 『이스라엘 예언사』, 황승일 역 (서울: 은성, 1992), 40-41, 117, 127.

하는 것이다. 물론 여기서 말하는 "소(小)예언서"(the minor prophets)라는 말은 이사야나 예레미야 또는 에스겔 등과 같이 두꺼운 책들(이른바 "대예언서")에 비해서 그 분량이 적기 때문에 붙여진 말이다. 결코 그 예언자들의 비중이 적다거나 그 중요성이 덜해서 붙여진 이름은 아니다.

2. 호세아 시대의 종교적인 상황과 그의 예언

문서 예언자들은 그들이 어느 시기에 활동했느냐에 따라 바벨론 포로기 이전과 바벨론 포로기 이후로 나누인다. 그리고 어느 지역에서 활동했느냐에 따라 북왕국 이스라엘과 남왕국 유다 및 바벨론 지역 등으로 나누인다. 이러한 분류 방식에 따른다면 호세아는 바벨론 포로기 이전에 북왕국 이스라엘에서 활동한 예언자라고 할 수 있다. 그리고 최초의 문서 예언자로서 호세아보다 약간 먼저 활동한 아모스 역시 포로기 이전에 북왕국 이스라엘에서 활동한 예언자로 분류된다.[2] 그러나 아모스는 본래 남왕국 유다(드고아)에서 난 사람이라는 점에서 호세아와 차이를 보인다. 왜냐하면 호세아는 아모스와는 달리 북왕

---

[2] 그런데 흥미롭게도 여호수아에서 열왕기에 이르는 신명기적 역사는 이사야와 요나를 제외한 문서 예언자들에 대해서 전혀 언급하지 않는다. 이를 두고 예언서가 신명기적 역사에 대한 보충으로 편집되었다고 보는 이들도 있으나, 신명기 사가(史家)가 보기에 예언자들의 메시지가 당시의 사람들에게 필요하지 않아서 고의로 생략했을 가능성도 배제할 수 없다: Blenkinsopp, 『이스라엘 예언사』, 25. 신명기 사가가 문서 예언자들 중에서도 특히 아모스와 호세아에 대해서 침묵하고 있는 이유에 관한 상세한 설명을 위해서는 필자가 번역한 다음의 논문을 참조: G. H. Wittenberg, "Amos and Hosea: A Contribution to the Problem of the 'Prophetenschweigen' in the Deuteronomistic History," *Old Testament Essays* 6 (1993), 295-311; "아모스-호세아와 신명기 역사," 『신학이해』 제15집 (1997), 372-396.

국 이스라엘에서 난 사람이기 때문이다. 따라서 호세아는 북왕국 이스라엘 출신으로서 북왕국 이스라엘에서 활동한 유일한 문서 예언자인 셈이다.

호세아가 아모스와 다른 점은 그가 선포한 메시지에도 있다. 남왕국 출신의 예언자 아모스가 이스라엘 자손이 범한 죄들의 사회적인 측면을 강조했다고 한다면, 호세아는 동일한 죄들의 종교적인 측면을 강조한 까닭이다. 그는 특히 이스라엘이 우상 숭배에 깊이 빠져 있으며 음란하게 이방 신들을 섬기고 있음을 비판하고 고발하였다. 그러나 그는 입으로만 하나님의 말씀을 선포한 것이 아니었다. 그는 이스라엘의 죄가 어떠한가를 자신의 가정생활을 통해서 몸으로 보여준 예언자였다. 그는 하나님의 명령을 따라 고멜이라는 음란한 여인을 아내로 맞이해야 했으며, 고멜과의 사이에서 음란한 자식들을 낳아야만 했던 것이다. 이로 인해 그는 정상적인 가정을 이루지 못했고 가정생활도 그렇게 만족스러운 것이 못 되었다. 그러나 그의 비정상적인 가정생활은 그 자체가 하나의 설교였다. 왜냐하면 그가 결혼한 음란한 여자 고멜은 무분별하게 이방 신들을 섬기는 이스라엘을 상징하였고, 남편인 호세아는 하나님을 상징하였기 때문이다.

그렇다면 이스라엘은 왜 이처럼 무분별하게 음란한 우상 숭배에 빠진 것일까? 여러 가지 원인이 있겠지만 호세아 6:6에 의하면 그것은 이스라엘에게 하나님을 향한 사랑(仁愛; '헤쎄드')이 없었기 때문이다. 출애굽할 때부터 하나님께서 그들에게 베풀어주신 은혜에 감사하는 마음이 없었기 때문이다. 이스라엘이 우상 숭배에 빠진 또 다른 원인은 그들이 하나님을 바로 알지 못하는 데에 있었다. 즉 그들에게 하나님을 아는 지식('다아트 엘로힘')이 없었던 것이다. 이는 이스라엘이 시내산에서 하나님과 맺은 언약을 소홀히 여김과 아울러 그 언약에서 주어진 계명들과 법들을 충실하게 지키지도 못했음을 뜻한다. 이스라엘의 이러한 모든 잘못은 하나님의 심판을 불가피하게 만들었다. 호세아서 여기저기에 있는 심판의 메시지가 이 점을 잘 보여주고 있다.

그러나 호세아는 이스라엘의 잘못과 그에 대한 하나님의 심판만을 선포한 것은 아니었다. 그는 하나님께서 이스라엘과의 부부 관계를 새롭게 하시고 그들을 철저하게 변화시켜 그들이 처음부터 다시 시작할 수 있게 하실 것임을 자신 있게 선언하고 있다. 호세아가 집을 나간 고멜을 다시 집으로 불러들임으로써(호 3장) 그녀를 다시 사랑하고자 한 것이 그 점을 보여 준다. 이것은 이스라엘을 향한 하나님의 사랑이 마침내는 범죄에 대한 그의 심판을 뛰어넘고 있음을 웅변적으로 보여주는 것이 아닐 수 없다.

호세아가 선포한 이상의 예언 메시지들은 크게 보아 그의 결혼 생활과 관련된 초기의 전기적인 자료(1-3장)와 그 후에 그가 실제로 선포한 예언 메시지(4-14장)의 두 부분으로 이루어져 있다. 그리고 1-3장의 전기적인 자료는 호세아를 칭함에 있어 3인칭(1장)과 1인칭(3장)을 번갈아 가면서 사용하고 있다. 이제 전기 자료와 메시지 자료의 두 부분을 중심으로 호세아서의 주요 내용을 분해하면 다음과 같다.

(1) 호세아의 결혼(1-3장)

    a. 호세아의 아내와 자녀들(1:2-2:1)
    b. 음란한 아내에 대한 고발(2:2-13)
    c. 하나님의 사랑에 기초한 화해와 회복(2:14-23)
    d. 되돌아온 아내(3:1-5)

(2) 당시 사람들에 대한 호세아의 비판(4:1-10장)

    a. 야웨의 이스라엘 고발(4:1-3)
    b. 지도자들에 대한 고발(4:4-5:7)

    c. 유다와 이스라엘 사이의 전쟁(5:8-14)
    d. 그릇된 회개(5:15-6:11)
    e. 왕정의 타락(7:1-12)
    f. 이스라엘에 대한 탄식(7:13-16)
    g. 우상 숭배의 죄(8:1-14)
    h. 하나님의 형벌(9:1-10:15)

(3) 이스라엘을 사랑하시는 하나님(11:1-14:9)

    a. 이스라엘의 반역(11:1-7)
    b. 하나님의 긍휼하심(11:8-11)
    c. 이스라엘과 유다에 대한 책망(11:12-12:14)
    d. 하나님의 심판(13:1-16)
    e. 회개의 촉구(14:1-3)
    f. 새로운 약속(14:4-9)

3. 호세아의 역사적인 배경

"사랑의 예언자"로 알려진 호세아는 아모스와 더불어 여로보암 2세(주전 786-746년) 말기에 북왕국 이스라엘에서 활동한 예언자이다. 그는 아모스보다는 조금 늦은 주전 750년경에 활동을 시작하여 북왕국 이스라엘이 앗수르 제국에 망하기 직전인 725년경까지 하나님 말씀을 선포한 것으로 알려져 있다.3) 그런데 그가 활동한 이 시기는 북

---

3) 이러한 연대 추정은 그가 예후 왕조의 파멸과 북왕국의 멸망을 선포하는 1:4 본문에 근거한 것이다. 왜냐하면 이 구절은 여로보암 2세가 아직 왕위에 있을 때임을 전제하고 있으며, 북왕국의 멸망이 임박한 때임을 암시하고 있기 때문이다. J. L. Mays, *Hosea: A Commentary*. Old Testament Library (London: SCM Press, 1969), 3-5; Henry McKeating, *The Books of Amos, Hosea, and Micah* (Cambridge: Cambridge University Press, 1971), 3; A.

왕국 이스라엘의 역사에 있어서 어느 때보다도 어지럽던 때였다. 비록 그가 활동하기 시작하던 때의 여로보암 2세 시대가 영토 확장(왕하 14:25)과 활발한 대외 무역에 힘입어 경제적으로 크게 번영하던 때이기는 했지만,[4] 그의 통치 말기는 아모스서에서 보듯이 왕을 비롯한 지배 계층이 사치와 향락에 몰두하는가 하면, 무자비하게 일반 백성을 억압하고 착취함으로써 정치적인 불안이 고조되고 있었다.

그러다가 여로보암 2세가 죽고 나자 북왕국 이스라엘의 국가 현실은 걷잡을 수 없는 파국으로 치닫게 되었다. 그의 아들 스가랴는 왕위에 오른 지 6개월 만에 반란을 일으킨 살룸에게 암살당하였고, 살룸 역시 한 달 만에 므나헴에게 죽임을 당하였다. 므나헴은 왕권을 찬탈한 후 당시에 강대국으로 부상한 앗수르의 디글랏빌레셀 3세에게 조공을 바치면서 앗수르를 가까이 했다. 그의 아들 브가히야도 마찬가지였다. 그러나 브가히야도 오래 가지 못했다. 그의 친(親) 앗수르 정책에 반대한 베가가 그를 죽이고 왕위에 오른 것이다. 베가는 다메섹(시리아)의 르신(740-732년)과 함께 반(反) 앗수르 동맹을 맺고, 이 동맹에 가담하지 않은 남왕국의 아하스를 공격하였다(시리아-에브라임 전쟁;

Weiser and Karl Elliger, 『호세아/요엘/아모스/스가랴』, 박영옥 옮김 (서울: 한국신학연구소, 1992), 26; J. D. Newsome, *The Hebrew Prophets* (Atlanta: John Knox Press, 1984), 30; 구덕관, 『구약개론(하)』 (서울: 대한기독교출판사, 1986), 104-105; Joseph Blenkinsopp, 『이스라엘 예언사』, 193; Otto Kaiser, 『구약성서 개론: 그 연구 성과와 문제점들』, 이경숙 옮김 (왜관: 분도출판사, 1995), 245; William S. LaSor, David A. Hubbard, and Frederic W. Bush, 『구약개관(하)』, 박철현 옮김 (서울: 크리스챤 다이제스트, 1995), 500.

4) 여로보암 2세 시대의 대외적인 성공이나 국내적인 번영은 당시의 강대국이었던 이집트와 앗수르가 잠시 약화되어 있었기에 가능한 일이었다: F. I. Andersen and D. N. Freedman, *Hosea: A New Introduction and Commentary*, Anchor Bible (Garden City: Doubleday, 1980), 31.

735-733년). 이에 아하스는 앗수르에 원군을 요청했고, 앗수르의 디글 랏빌레셀은 이를 받아들여 군대를 이끌고 시리아를 공격하여 점령하는 한편, 북왕국 이스라엘의 일부 영토를 빼앗았다.

이러한 상황을 목격한 북왕국 이스라엘의 마지막 왕 호세아(Hoshea; 예언자 호세아[Hosea]와 다른 인물임)[5]는 베가를 죽인 후 앗수르에 조공을 바침으로써 친 앗수르 정책을 전개하였다. 그러다가 디글랏빌레셀이 죽자 호세아는 앗수르를 버리고 이집트에 의존하고자 했다. 이에 분격한 디글랏빌레셀의 아들 살만에셀 5세는 군대를 이끌고 이스라엘을 공격하여 호세아를 포로로 잡아갔으며, 2년 후에는 그를 이은 사르곤 2세가 마침내 이스라엘을 완전히 멸망시키고 말았다(722년). 이상의 역사적인 변화들을 호세아 1장 1절을 중심으로 정리하면 다음과 같다.

예언자 호세아가 활동하던 시기의 연대표

남왕국 유다	북왕국 이스라엘	앗수르
웃시야(783-742)	여로보암 2세(786-746) 스가랴(746-745) *살룸(745, 1개월)	디글랏빌레셀 3세 (745-727)
요담(742-735)	*므나헴(745-737) 브가히야(737-736)	
아하스(735-715)	*베가(736-732) *호세아(732-722) : 앗수르에 멸망 (주전 722년)	살만에셀 5세(726-722) 사르곤 2세(722-705)
히스기야(715-687)		

<북왕국의 경우 *표는 쿠데타에 의해 집권한 왕을 가리킴>

---

5) 영어권에서는 히브리어 이름이 똑같은 두 사람을 구별하기 위하여 북왕국의 마지막 왕인 호세아는 Hoshea로, 그리고 북왕국의 예언자 호세아는 Hosea로 표기한다.

4. 호세아의 주요 메시지

(1) 이스라엘의 음란한 바알 숭배

호세아는 하나님과 이스라엘의 관계를 계약 관계로 이해한다. 그에 의하면 이스라엘은 시내산에서 하나님의 계약 상대자로 선택되었으며, 거기서 십계명을 비롯하여 하나님을 섬기는 데 필요한 각종 법규(계약법)들을 받은 것이다(8:1).6) 그런데 호세아는 이러한 계약 관계를 발전시켜 하나님과 이스라엘 사이의 관계를 부부 관계와 부자(父子) 관계로 설명하기도 한다. 즉 이스라엘은 처음부터 하나님의 아들로 부름을 받았으며(11:1-4), 지금은 남편이신 하나님의 아내라는 것이다(1-3장).7)

---

6) 호세아는 계약을 뜻하는 낱말인 '브리트'를 모두 다섯 번 사용하고 있다 (2:18[H 2:20]; 6:7; 8:1; 10:4; 12:1[H12:2]). 이들 중에서 6:7과 8:1은 야웨 하나님과의 계약―더 정확하게는 이스라엘의 계약 위반―에 관해 말하고 있으며, 10:4과 12:1(H 12:2)은 이방 민족들과의 조약에 관해 말하고 있다. 페를리트는 계약 사상이 신명기 운동 이후로 생겨난 까닭에 호세아 당시에는 시내산 계약에 기초한 계약 개념이 존재하지 않았다고 본다: L. Perlitt, *Bundestheologie im Alten Testament* (Neukirchen-Vluyn: Neukirchener Verlag, 1969), 129-155; 이경숙, "시나이산 계약과 야훼신앙," 월요신학서당 편, 『새롭게 열리는 구약성서의 세계』 (서울: 한국신학연구소, 1990), 55-63. 그러나 '브리트' 개념이 언급되는 본문들을 분석해 보면, 호세아에게서 계약 개념을 배제하기는 어려울 것이다: H. -D, Neef, *Die Heilstraditionen Israels in der Verkündigung des Propheten Hosea* (Berlin: De Gruyter, 1987), 170; 이동수, "예언자와 계약," 『교회와 신학』 26 (1994), 150-176; E. K. Holt, *Prophesying the Past: The Use of Israel's History in the Book of Hosea* (Sheffield: Sheffield Academic Press, 1995), 53-57.
7) 호세아에게서 시작된 결혼 은유(marriage metaphor)는 야웨 하나님과 이스라엘 백성 사이의 관계를 남편과 아내 사이로 보는 것을 가리킨다.

그러면서 호세아는 이스라엘이 하나님께서 주신 계약법들을 어김으로써 하나님과의 계약 관계를 깨뜨렸다고 본다(8:1). 사실 하나님이 옛적에 그들의 조상을 애굽에서 인도하여 내신 후에 맺으신 시내산 계약은 그들을 하나님의 백성이 되게 하는 매우 중요한 것이었다. 그런데 이제 그들이 그 계약을 무시함으로써 스스로 하나님과의 관계를 끊어버린 것이다(4:6; 6:7; 8:12). 호세아는 이러한 계약 관계의 파괴를 이스라엘의 죄의 본질로 본다. 다시 말해서 이스라엘의 모든 죄는 본질적으로 그들이 하나님의 계약을 버리고 그의 법(토라)을 지키지 않은 데에 기인한다는 것이다.

이러한 계약 관계의 파괴를 하나님은 호세아의 아내인 고멜의 음행(淫行)을 통해서 지적하고 있다. 고멜이 자신의 남편인 호세아와 더불어 자녀를 낳으면서 살다가 그를 버리고 연애하는 자들을 따라간 것처럼, 이스라엘도 그들의 남편인 하나님을 버리고 바알을 비롯한 온갖 우상들을 음란하듯 섬겼던 것이다(2:5-8; 9:1; 10:1-2; 12:11[H 12:12]; 13:2 등). 물론 그들이 하나님을 버리고 바알을 섬긴 데에는 이유가 있었다. 바알은 본래 농사를 짓고 사는 가나안 원주민들이 섬기는 신으로서, 비를 내려주는 폭풍우의 신(storm-god)이요, 농사를 잘 짓게 해줌과 아울러 삶에 풍요를 가져다주는 풍요와 다산(多産)의 신이었다. 그런데 가나안 사람들은 지상(地上) 세계의 풍요와 다산이 바알과 그의 배우자 아세라 사이의 성적(性的)인 결합에서 비롯된다고 믿었다. 그리하여 그들은 바알의 신전에 이른바 성창(聖娼), 곧 "거룩한 창기"(sacred prostitute)를 두고서 그들과 성적인 관계를 맺음으로써 바알과 아세라의 성적인 결합을 재현하였다. 그렇게 해야만 풍요가 약속된다고 믿었기 때문이었다.[8]

---

8) 고대 근동 지역에서 널리 행해지던 풍요 제의의 중심부를 구성하는 "거룩

이스라엘이 빠져든 것은 바로 이러한 바알 제의(祭儀)였다. 사실 이스라엘은 여호수아의 인도 하에 가나안 땅에 들어간 직후부터 이처럼 매혹적인 바알 종교에 빠져들기 시작했다. 호세아의 시대에도 예외가 아니었다. 그리고 이에는 남녀(男女)의 구별이 필요 없었다. 남자들만 신전 창기를 찾은 것이 아니라 여자들도 그러했다는 말이다(4:11-14). 그러니까 이스라엘이 고멜처럼 음란하게 바알을 섬긴다는 것은 바로 이러한 신전 매음(賣淫) 행위를 일컫는 것이었다. 남편 되시는 하나님을 버리고 다른 남편인 바알을 좇았을 뿐만 아니라 바알을 섬기면서 신전 창기를 즐겨 찾았으니 이스라엘의 음란함이 어떠했겠는가!

그뿐만이 아니었다. 이스라엘은 바알을 섬김으로써 하나님과의 부부 관계를 깨뜨렸을 뿐만 아니라 하나님과의 부자 관계도 깨뜨린 것이다. 그들은 부모가 자녀를 키우듯이 그들을 양육해주신 하나님의 깊은 사랑을 거역했다(11:1-3). 계약 관계에서 드러난 하나님의 사랑을 도무지 깨닫지 못한 것이다. 이스라엘은 이렇듯이 하나님께로부터 멀리 떠나 있었다. 물론 이스라엘에 나라 안에 하나님을 섬기고 그에게 제사를 드리는 사람들이 전혀 없는 것은 아니었다. 그러나 대부분의 사람들이 형식적으로만 하나님을 섬길 뿐이었고 그나마도 바알 종교와 관련된 것 일색이었다(2:11[H 2:13]; 4:15; 8:11-13; 9:4-5; 10:5;

한 결혼"(hieros gamos, sacred marriage; 聖婚) 의식은 풍요를 대표하는 남신(男神)과 여신(女神)의 결합이 지상 세계에 풍요를 가져다준다는 믿음에 기초한 것으로서, 신전 창기들과의 성관계를 통하여 두 신의 결합을 신전에서 재현함으로써 신들로부터 풍요를 제공받으려는 중심 의도를 가지고 있었다: Jacob Klein, "Sacred Marriage," *Anchor Bible Dictionary* 5, 866; Kees W. Bolle, "Hieros Gamos," *The Encyclopedia of Religion* 6 (New York: Macmillan Publishing Company, 1987), 317. 이에 대한 상세한 설명을 위해서는 필자의 다음 책을 참조:『성서로 보는 결혼 은유: 결혼 은유의 기원과 전승에 관한 연구』(서울: 성광문화사, 1998), 35-72.

12:11[H 12:12]). 이를테면 이스라엘이 가지고 있던 야웨 신앙도 따지고 보면 바알 종교와 결합된 혼합종교(syncretism)의 양상을 가지고 있었다는 얘기다.9)

(2) 하나님을 아는 지식과 그를 향한 사랑이 없음

이스라엘의 바알 숭배에서 비롯된 모든 잘못은 한 마디로 말해서 그들에게 하나님을 아는 지식과 하나님을 향한 사랑이 없다는 것을 뜻했다(4:1; 5:4; 6:6). 하나님은 이미 오래 전에 출애굽 사건과 광야 인도를 통해서 자신의 구원 역사를 이스라엘에게 나타내 보이셨으며 (9:10; 11:1; 12:9, 13[H 12:10, 14]; 13:4-5) 시내산에서의 계약을 통하여 자신을 충분히 계시하신 바가 있었다. 그가 주신 각종 계명들 역시 그의 거룩한 뜻을 드러내는 것들이었다. 그런데도 이스라엘은 하나님께 대하여 아는 것을 귀찮게 생각하였다. 물론 여기서 "안다"는 것은 '야다'라는 히브리말을 옮긴 것으로, 우리말과는 달리 행동과 실천을 포함하는 낱말이다. 따라서 이스라엘에게 하나님께 대한 지식이 없었다는 것은, 그들이 하나님의 뜻을 아는 것을 싫어했을 뿐만 아니라, 하나님의 뜻을 생활 속에 옮기는 것조차도 싫어했음을 뜻한다.

하나님의 뜻에 대한 이스라엘의 이러한 무관심은 그들이 하나님

---

9) 여기서 말하는 혼합종교 현상은 이스라엘 백성이 주변 나라 사람들이 그들의 신을 섬기는 것과 같은 방식으로 야웨 하나님을 섬기거나 야웨 하나님을 다른 신들과 동일시하는 태도를 가리키는 바, 쿠건은 이러한 현실을 일컬어 "구약성서의 종교(biblical religion)는 이스라엘 종교(Israelite religion)의 한 부분에 속한다"고 표현한 바가 있다: M. D. Coogan, "Canaanite Origins and Lineage: Reflections on the Religion of Ancient Israel," in Patrick D. Miller, Jr., Paul D. Hanson, S. Dean McBride (ed.), *Ancient Israelite Religion: Essays in Honor of Frank Moore Cross* (Philadelphia: Fortress Press, 1987), 115.

사랑하기를 싫어했기 때문에 생겨난 것이었다. 그들은 처음부터 야웨 하나님이 아니라 바알이 그들에게 풍요를 준다고 생각하였다. 바알을 섬기는 것이 하나님을 섬기는 것보다 수지맞는 일이라고 믿은 것이다. 그런 까닭에 그들은 하나님을 사랑할 필요를 전혀 느끼지 못했다. 하나님께서는 아내를 사랑하는 남편과도 같이, 그리고 자녀를 사랑하고 보호하는 부모와도 같이 그들을 사랑해 주셨지만, 이 모든 사랑이 아무 소용이 없었던 셈이다. 그들은 거짓된 풍요를 약속하는 바알을 좇아 하나님의 극진한 사랑을 매정하게 뿌리친 것이다. 그들이 이처럼 하나님 좇기를 싫어하고 그의 뜻을 행할 줄을 모르니 이스라엘 공동체가 온전할 리가 없었다. 하나님의 뜻이 실행되지 않는 까닭에 이스라엘에서는 온통 저주와 사기와 살인과 도둑질과 간음과 살육과 학살이 그칠 사이가 없었다(4:2; 7:1-4). 이른바 도덕적인 타락이 극에 달해 있었던 것이다.

그렇다면 이스라엘은 왜 이토록 하나님 알기를 싫어했을까? 왜 이스라엘은 하나님과의 계약 관계가 깨뜨려지는 것에 그토록 무관심했던 것일까? 이에는 바알 종교가 가지고 있던 매력에도 그 한 원인이 있었다. 그러나 보다 근본적인 원인은 왕을 비롯한 지배 계층과 제사장들에게 있었다. 왕을 비롯한 지배 계층은 하나님이 원하시는 뜻을 따라 세움 받은 자들이 아니었다(8:4). 하나님의 마음에 합한 자들이 아니었다는 말이다. 그들은 도무지 하나님의 뜻을 행할 줄을 몰랐다. 도리어 그들은 악을 행하는 패역한 자들이었다(9:15). 이 점에서 그들은 백성들에게 본이 될 수 없는 사람들이었다. 그러기에 그들은 사실 누구보다도 하나님의 진노를 받아 마땅한 사람들이었다(13:10-11).[10]

---

10) 호세아는 다른 예언자들이 왕정의 부정적인 기능 내지는 부당한 왕권 사용을 비판한 것과는 달리, 왕정의 기능뿐만 아니라 왕정의 성립 자체를 비판

제사장들 역시 마찬가지였다. 그들은 백성의 속죄 제물을 먹는 재미로 사는 사람들이었다. 그들은 백성들이 죄를 많이 범해서 제물을 많이 바치는 것을 즐거워하였다(4:8). 그 까닭에 그들은 하나님을 아는 지식을 미련 없이 포기하였다(4:6). 그들은 또한 백성들에게 적극적으로 하나님의 뜻을 가르치지 않았다. 백성들에게 하나님을 섬기는 본을 보일 필요도 없었다. 도리어 그들은 이스라엘이 하나님을 아는 지식을 갖지 못하게 훼방하는 자들이었다. 따라서 백성들에게 하나님을 아는 지식이 없었던 것은 순전히 이들의 무책임한 소행으로 인한 것이었다. 그들은 참으로 이스라엘을 망하게 하는 자들이었던 것이다(5:1).

(3) 이스라엘의 죄에 대한 하나님의 벌

하나님은 인간 세상의 죄를 그대로 놓아두시는 분이 아니다. 특히 조건 없는 사랑을 받아 하나님과의 계약 관계 속에 들어가 있던 이스라엘 자손의 경우에는 더욱 그러하다. 하나님은 맨 먼저 호세아의 자녀들을 통하여 이스라엘이 받을 심판을 예고하셨다. 호세아가 낳은 첫 아들의 이름은 '이스르엘'이었다. 이것은 과거에 예후가 이스르엘에서 오므리 왕조를 멸한 것과 같이 하나님께서 범죄한 예후 왕조(842-745)를 심판하시고 이스라엘 나라를 멸하실 것임을 의미했다(1:4-5).[11] 여

하였다(호 7:3-7; 8:4-10; 9:15; 10:3, 9; 13:4-11 등): 김철현, 『예언자 연구: 왕국비판과 그들의 케리그마』 (대구: 이문출판사, 1983), 63-84. 왕정이야말로 이스라엘 백성을 음란한 바알 종교에 빠지게 했을 뿐만 아니라, 하나님의 사랑을 거부하고 그와의 계약 관계를 깨뜨리는 데 앞장선 데다가, 공법과 정의를 짓밟음으로써 신정 공동체의 이상을 깨뜨린 장본인이었기 때문이다.

11) 이러한 심판 메시지는 왕정의 성립 자체를 문제 삼는 호세아의 급진적인 왕

기서 오므리 왕조는 오므리(876-869)가 창건한 왕조로서 오므리, 아합(869-850), 아하시야(850-849), 여호람(849-842) 등의 네 왕을 말하며 예후 왕조는 예후(842-815)가 창건한 왕조로서 예후, 여호아하스(815-801), 요아스(801-786), 여로보암 2세, 스가랴 등의 다섯 왕을 말한다.

호세아가 두 번째로 낳은 딸의 이름은 "긍휼히 여김을 받지 못하는 자"라는 뜻의 '로루하마'('로'는 부정사 not임)로서, 이것은 하나님께서 범죄한 이스라엘을 긍휼히 여기지 않을 것임을 뜻했다. 그리고 호세아가 세 번째로 낳은 아들의 이름은 "내 백성이 아니다"는 뜻의 '로암미'로서, 이제는 이스라엘이 더 이상 하나님의 계약 백성이 되지 못할 것임을 나타내는 것이었다(1:6-9). 이 두 이름은 첫 아들의 이름 '이스르엘'과 동일하게 하나님의 심판을 지칭하면서도 그 뜻하는 바에 있어서 다소간의 차이가 있다. 첫 아들의 이름이 예후 왕조 및 왕국 전체와 관련된 메시지라면, 나머지 두 이름은 하나님의 계약 상대자인 이스라엘 백성을 염두에 두고 있는 까닭이다. 어쨌든 분명한 것은, 하나님이 이제 더 이상 범죄한 이스라엘 왕국이나 백성을 긍휼히 여기지 않으실 것이며, 그들을 에누리 없이 심판하실 것이라는 사실이다.

호세아는 이러한 하나님의 징벌과 심판을 여러 군데에서 구체적으로 표현하고 있다. 그는 무엇보다도 하나님께서 음란한 고멜과도 같은 이스라엘을 벌거벗기고 이전에 그들에게 주었던 풍요와 번영을 모두 빼앗으실 것이라고 선포한다(2:3-13). 또한 하나님은 그들이 만들어 놓은 모든 바알 제단과 송아지 우상을 비롯한 각종 우상들을 파괴하실 것이다(10:1-8). 그는 마치 젊은 사자나 표범이 자기 먹이를 움켜

정 비판 메시지와 맥을 같이 한다: 김철현, 『예언자 연구』, 63-81. 그러나 앤더슨과 프리드만은 이 구절이 예후 왕조에 대한 심판 메시지이지 왕정 자체에 대한 심판 메시지가 아니라고 본다: Andersen and Freedman, *Hosea*, 182-185.

가듯이 범죄한 이스라엘을 탈취하여 가실 것이며(5:14; 13:7), 자기 새끼를 빼앗긴 암콤처럼 그들에게 달려들어 그들의 염통을 갈기갈기 찢고 암사자처럼 그들을 뜯어먹을 것이다(13:8). 이제 하나님께서 대적으로 하여금 독수리 같이 그들을 덮치게 하여(8:1) 그들을 패망시키실 것이기 때문에(10:14-15; 13:9) 더 이상 아이 뱀이나 해산함이 필요 없게 될 것이다(9:11-12).

그리고 이스라엘로 범죄케 한 왕들은 다 폐하여질 것이며(8:4; 13:11), 백성의 속죄 제물을 먹는 재미에 빠져 있는 제사장들은 먹어도 배부르지 못할 것이요(4:10), 그들이 가지고 있는 성직(聖職)조차도 다 빼앗길 것이다(4:6-7). 그리고 나중에는 그들이 그토록 의지하던 앗수르가 그들을 포로로 잡아갈 것이다(9:1-3, 17; 10:5-6). 그러나 이스라엘의 파멸은 이것으로 끝나지 않는다. 그들의 파멸은 자연계에도 큰 변화를 가져오는 바, 그들의 범죄와 파멸로 인해 마침내는 그들이 거하는 땅이 슬퍼하며 그 땅의 모든 들짐승과 새들이 다 쇠잔해지고 바다의 고기도 없어지는 큰 재난이 닥칠 것이다(4:3).[12]

(4) 변함없는 하나님의 사랑

하나님은 자기를 버리고 계약 백성이기를 포기한 이스라엘을 벌하실 것이지만 그럼에도 불구하고 그가 처음에 그들에게 베푸셨던 사랑은 무효가 되지 않는다. 오히려 그의 사랑은 벌을 받은 이스라엘을 향해 이전보다 더욱 강렬하게 불타오른다. 11장 8절이 이처럼 애끓는

---

[12] 인간의 잘못된 행동 내지는 죄악이 자연계에 상당한 영향을 미친다는 사실 -자연과 인간의 상호의존 관계-에 대해서는 필자의 다음 글을 참조: "구약성서의 창조론과 생태학," 『오늘의 눈으로 읽는 구약성서』 (서울: 쿰란출판사, 2003), 32-41.

하나님의 사랑을 잘 표현해주고 있다: "에브라임이여, 내가 어찌 너를 놓겠느냐? 이스라엘이여, 내가 어찌 너를 버리겠느냐? 내가 어찌 너를 아드마 같이 놓겠느냐? 어찌 너를 스보임 같이 두겠느냐? 내 마음이 내 속에서 돌이키어 나의 긍휼('라하밈')이 온전히 불붙듯 하도다."13) 호세아가 타인에게 연애를 받아 음부가 된 자기 아내 고멜을 다시 사랑하게 되는 것은 하나님의 이러한 사랑이 얼마나 위대한가를 상징적으로 보여 주는 사건이 아닐 수 없다(3장).

이처럼 불붙는 하나님의 사랑에 힘입어 이스라엘은, 비록 징계를 받아 남의 나라에 포로로 잡혀갈지라도, 하나님의 정하신 때가 되면 애굽과 앗수르에서 고국으로 돌아오게 될 것이다(11:10-11). 그러나 그들이 잡혀간 곳에서 돌아올 때에는 그냥 돌아오는 것이 아니라 처음에 애굽에서 나오던 때와 같이 하나님을 신실하게 따를 것이며 그를 참 남편으로 모심으로써 하나님과의 관계를 회복할 수 있게 될 것이다. 물론 이러한 변화는 그들 자신의 노력이나 힘으로 되는 것이 아니다. 그것은 전적으로 그들을 설득하고(2:14[H 2:16]) 모든 피조물들과 더불어 우주적인 계약을 세우시며 그들에게 새 장가를 들기로 작정하시는 하나님의 사랑에 기인한다(2:18-20[H 2:20-22]; 14:4-8[H 14:5-9]). 이 사랑으로 인해 그들은 처음부터 다시 시작하는 것과도 같은(2:15) 놀라운 변화를 경험할 것이다. 이스라엘은 이제 다시금 하나님의 긍휼을 받을 수 있을 것이며('루하마') 그의 백성('암미')이 될 수 있을 것이다(2:1, 23[H 2:3, 25]). 또한 그들은 유다 자손과 결합하여 통일 왕국을 회복하고 한 지도자 밑에서 바닷가의 모래와 같이 번

---

13) 트리블은 하나님의 이러한 긍휼('라하밈')과 사랑을 누구보다도 깊이 있게 연구한 학자이다: P. Trible, 『하나님과 성의 수사학』, 유연희 옮김 (서울: 태초, 1996).

성하게 될 것이다(1:10-11; 3:5).

호세아는 이상과 같은 하나님의 사랑과 약속을 확신하고 있었기 때문에 이스라엘 자손을 향하여 하나님께로 돌아갈 것을 크게 외칠 수 있었다. 하나님께로 돌아가야만 희망이 있고 그를 힘써 알아야만 치료가 있다는 것이다(6:1-3; 14:1-3[H 14:2-4]). 또한 그는 그들에게 묵은 땅을 갈아엎듯이 자기를 위하여 공의('츠다카')를 심고 인애('헤쎄드')를 거두라고 말한다(10:12). 더 나아가서 그는 하나님이 '헤쎄드'를 원하고 제사를 원치 아니하며 언제나 그를 아는 것을 원하는 분이시라는 것도 백성들에게 깨우칠 수가 있었다(6:6). 하나님을 아는 지식('다아트 엘로힘')과 그의 사랑('헤쎄드')을 통해서만 하나님의 구원이 가능하다는 것이 호세아가 그의 백성들에게 전한 메시지의 핵심이었던 것이다. '호세아'라는 이름이 "구원"이라는 뜻을 가지고 있다는 것이 이상의 사실과 전혀 무관하지는 않을 것이다.

5. 호세아의 예언과 결혼 은유

이스라엘의 예언자들은 남신과 여신의 성관계를 제의적으로 재현함으로써 풍요와 다산을 보증 받을 수 있다고 믿던 고대 근동 종교들 ─특히 바알 종교─의 풍요제의 관습을 매우 강한 어조로 비판한다(암 2:7-8; 호 4:10, 12-14, 18; 사 1:29-30; 57:3, 5, 7-8; 렘 2:20, 23-24, 27; 3:2, 6-8, 13, 23; 5:7-8; 13:27; 17:2; 겔 6:3, 13 등).[14] 그들은 오직 야웨만을 섬길 것을 강조하는 규범적인 야웨 신앙의 입장에 서있었던 까닭에, 신전 창기와의 성관계를 통해서 신들 사이의 거룩한 결혼에 참여하고자 하던 종교 행위가 이스라엘 공동체 안에서

---

[14] 이에 대해서는 필자의 다음 책을 참조: 『성서로 보는 결혼 은유』, 91-122.

행해지는 것을 용납하지 못했던 것이다.

그러나 풍요제의를 향한 예언자들의 비판 메시지는 단순히 신전 창기와의 성관계가 민간 종교 차원에서 폭넓게 행해지고 있는 현실을 폭로하고 고발하는 것으로 끝나지 않는다. 그들은 이방 종교의 신전 창기 풍습에 중독되어 있는 이스라엘 대중의 비뚤어진 종교 현실을 교정할 필요를 강하게 느꼈고, 이를 위해 일반 대중에게 친숙한 고대 근동 종교의 거룩한 결혼 의식을 야웨 하나님과 그의 계약 백성인 이스라엘 사이의 관계에 적용하고자 했다. 야웨 하나님과 이스라엘 사이의 관계를 부부 관계로 보는 이른바 결혼 은유(marriage metaphor)가 그에 해당한다.

주전 8세기 중반 이후에 북왕국 이스라엘에서 활동한 호세아에 의해 맨 처음 시작된 결혼 은유는 고대 근동 지역에서 널리 행해지던 거룩한 결혼의 의식을 야웨 신앙의 입장에서 비신화화시키고 역사화한 것으로서, 풍요를 주관하는 남신과 여신 사이의 성관계를 지상의 차원에서 재현하는 행위가 풍요와 다산을 보증한다는 풍요제의의 기본 개념을 정면에서 공격하고 부정하려는 의도를 가지고 있었다.[15] 그것은 또한 이스라엘의 남편으로서 이스라엘과 계약 관계를 맺으시는 야웨 하나님이야말로 풍요의 근원이심을 강조하려는 의도를 가지고 있었으며, 부부 관계와 비교되는 야웨 하나님과의 계약 관계에서 온갖 풍요와 번영이 약속된다는 개념을 포함하고 있었다.

그렇다면 이러한 의도의 결혼 은유는 왜 다른 때가 아닌 주전 8세

---

15) J. L. McKenzie, "God and Nature in the Old Testament," *Catholic Biblical Quarterly* 14 (1952), 127; Mays, *Hosea*, 8-9; G. Hall, "Origin of the Marriage Metaphor," *Hebrew Studies* 23 (1982), 169; Victor P. Hamilton, "Marriage: Old Testament and Ancient Near East," *Anchor Bible Dictionary* 4, 566.

기의 호세아에게서 비롯된 것일까? 이에는 두 가지 이유가 있을 것이다. 그 하나는 신전 창기와의 성관계를 중심으로 하는 바알 숭배가 호세아의 시대에 가장 극심했을 것이라는 데에 있다. 이 점은 호세아가 다른 어떤 예언자들보다도 신전 창기 제도를 강렬하게 비판했다는 사실(호 4:10 이하)에 의해서 뒷받침된다. 또한 이스라엘의 우상 숭배를 "음란"으로 규정하고서, 그 음란을 자신의 뒤틀린 부부 관계를 통해 고발하고자 했던 호세아의 메시지(1-3장) 역시 당시의 이스라엘 대중이 얼마나 깊이 바알 종교의 풍요제의에 참여하고 있었는가를 입증하고 있다.

그러나 이에 못지않게 중요한 또 다른 이유는 호세아 시대의 이스라엘 백성이 바알 종교의 "바알과 아세라"라는 부부 관계의 공식에서 바알의 자리에 야웨 하나님을 놓음으로써, 야웨 하나님께 "아세라"라는 이름의 배우자 여신이 있는 것으로 여기는 혼합주의 형태의 야웨 신앙을 가지고 있었고, 그것이 다른 어떤 시대보다도 호세아의 시대에 더 심했을 것이라는 데에 있다. 달리 말해서 야웨 하나님을 유일의 최고신으로 섬기는 규범적인 야웨 신앙이 이른바 "야웨와 아세라"라는 공식을 통해 가장 크게 왜곡된 때가 바로 호세아의 시대였기 때문에, 이를 비판하고 교정하는 차원에서 야웨 하나님과 이스라엘 사이의 관계를 남편과 아내 사이의 관계로 보는 결혼 은유가 호세아에 의해 생겨났을 것이라는 얘기다.16)

---

16) B. Margalit, "The Meaning and Significance of Asherah," *Vetus Testamentum* 40 (1990), 279; John E. Goldingay and Christopher J. H. Wright, "'Yahweh Our God Yahweh One': The Old Testament and Religious Pluralism," in *One God, One Lord in a World of Religious Pluralism*, ed. by Andrew D. Clarke and Bruce W. Winter (Cambridge: Tyndale House, 1991), 47.

야웨 신앙과 바알 숭배를 뒤섞는 혼합주의의 경향이 이스라엘 안에 있었으리라는 추론을 가능케 하는 가장 대표적인 증거는 역대상 12:5(H 12:6)에 있는 "브알랴"라는 이름이다. 이 이름은 "야웨는 곧 바알이다"는 뜻을 가진 것으로서, 야웨와 바알을 동일시하는 혼합주의적인 경향이 이스라엘 공동체 안에 깊이 뿌리박고 있었음을 잘 보여 준다. 북왕국의 여로보암 1세가 벧엘과 단에 바알 숭배와 깊이 관련되어 있는 금송아지 형상을 만들어 놓고서 그것을 야웨 하나님과 동일시한 일이나(왕상 12:18), 호세아의 메시지 중에 훗날 이스라엘 자손이 야웨를 "나의 남편"이라 부를 것이며 다시는 "나의 바알"이라 부르지 않을 것이라는 구원 메시지(호 2:16[H 2:18]) 역시 거꾸로 이해하면 이스라엘 백성 안에 야웨를 바알로 칭함으로써 야웨와 바알을 동일시하던 무리들이 있었음을 암시하고 있다.17)

이처럼 야웨가 바알과 동일시됨으로써 바알의 배우자였던 아세라는 자연스럽게 야웨의 배우자로 여겨졌을 것이며, 그 결과 아세라 숭배는 예루살렘의 야웨 제의 안에서 그 합법성을 인정받았을 것이다.18) 어느 때부터인지는 확인할 길이 없지만, 아세라가 야웨의 배우

---

17) W. F. Albright, *Archaeology and the Religion of Israel* (Baltimore: Johns Hopkins University Press, 1942), 160-161; Mays, *Hosea*, 48; McKenzie, "God and Nature in the Old Testament," 127-128; J. Day, "Baal," *Anchor Bible Dictionary* 1, 548; M. S. Smith, *The Early History of God: Yahweh and the Other Deities in Ancient Israel* (New York: Harper Collins Publishers, 1990), 46; N. Stienstra, *YHWH is the Husband of His People: Analysis of a Biblical Metaphor with Special Reference to Translation* (Kampen: Kok Pharos Publishing House, 1993), 99.
18) S. Davies, "The Canaanite-Hebrew Goddess," in C. Olson (ed.), *The Book of the Goddess: Past and Present* (New York: Crossroad, 1985), 68-79; S. Ackerman, "The Queen Mother and the Cult in Ancient Israel," *Journal of Biblical Literature* 112 (1993), 390-391.

자로 여겨졌을 것이라는 추론은 몇몇 구약 본문들을 통해서도 간접적으로 뒷받침된다. 신명기 16:21은 야웨 하나님을 위하여 세운 단 곁에 아세라 상을 세우지 말라고 규정한다. 이 금지 규정을 뒤집어 보면, 아세라가 야웨 제의의 합법적인 한 부분으로 널리 인정되고 있었다는 얘기가 된다.19) 므낫세가 예루살렘 성전 안에 만든 아세라 상(왕하 21:7)이나 요시야가 성전에서 이끌어 낸 아세라 상(왕하 23:6-7) 역시 아세라 숭배가 예루살렘의 야웨 제의 안에 들어와 있었음을 분명하게 보여 준다.

혼합주의 집단에서 야웨와 아세라를 부부 관계로 이해하고서 이에 기초하여 야웨 하나님을 섬겼을 것이라는 이상의 추론은 1960년대에 발굴된 키르벳 엘-콤(Khirbet el-Qom) 비문과 1970년대 말에 발굴된 쿤틸렛 아즈룻(Kuntillet 'Ajrud) 축복문에 의해 거의 확실한 것으로 받아들여지고 있다. 이 둘 중에서 더 중요한 자료라 할 수 있는 쿤틸렛 아즈룻 축복문을 먼저 다루고, 이어서 키르벳 엘-콤 비문에 관하여 간단히 설명하기로 한다.20)

예언자 호세아와 같은 시기인 주전 8세기경의 것으로 추정되는 쿤틸렛 아즈룻 축복문은 1975-76년에 이스라엘의 고고학자인 메셸(Z. Meshel)이 텔 아비브(Tel Aviv) 대학을 위해 발굴 작업에 참여하던 중에 맨 처음 발견한 것이다. 그는 쿤틸렛 아즈룻 지역을 발굴하는 중

---

19) S. M. Olyan, *Asherah and the Cult of Yahweh in Israel* (Atlanta: Scholars Press, 1988), 9; G. W. Ahlström, *Royal Administration and National Religion in Ancient Palestine* (Leiden: E. J. Brill, 1982), 68-80; Richard J. Pettey, *Asherah: Goddess of Israel* (New York: Peter Lang, 1990), 93-95; T. Binger, *Asherah: Goddessess in Ugarit, Israel and the Old Testament* (Sheffield: Sheffield Academic Press, 1997), 122-124.

20) 이 두 자료에 대한 상세한 설명을 위해서는 필자의 다음 책을 참조: 『성서로 보는 결혼 은유』, 130-140.

에 매우 특징적인 축복문을 담고 있는 두 개의 큰 항아리(pithos)를 발견하였고, 그 전체적인 발굴 결과를 1978년에 책으로 정리하여 출판하였으며21), 이듬해에는 두 항아리에 새겨진 축복문의 신학적인 의미를 규명하는 논문을 발표하여 큰 반향을 불러 일으켰다.22) 그의 발굴 결과에 의하면, 쿤틸렛 아즈룻은 가데스 바네아로부터 남쪽으로 40여 마일 떨어진 동부 시나이 사막 지역에 속해 있으며, 사막 여행의 교차로로서 남왕국 유다의 최남단에 있는 전진 기지였던 것으로 보인다.23)

쿤틸렛 아즈룻의 발굴물에서 가장 크게 쟁점이 된 것은 두 항아리에 새겨진 축복문이었는데, 그 중에서도 특히 첫 번째 항아리에 새겨진 축복문이 학계의 주목을 받았다: "나는 사마리아의 야웨와 그의 아세라에 의지하여 너를 축복하노라." 이 축복문에서 주목을 끄는 것은 "사마리아의 야웨와 그의 아세라"라는 표현이다. 이 표현은 우리에게 두 가지 중요한 사실을 가르쳐 준다. 그 하나는 결과적으로 북왕국의 야웨 신앙이 아세라를 배우자로 갖는 혼합종교의 양상을 띠고 있다는 사실이고, 다른 하나는 북왕국의 혼합주의적인 야웨 신앙이 남왕국에 속한 쿤틸렛 아즈룻 지역에까지 영향을 미치고 있다는 점이다. 이 지역의 발굴물들에서 여러 신들의 이름을 사용한 축복문이 자주 나타나는 것으로 보아, 아마도 쿤틸렛 아즈룻은 대상(隊商)의 숙박소와 관련된 성소로서, 순례자들이나 여행객들이 그 신들에게 안전하고 성공적인 여행을 기원하면서 제사를 드린 곳인 듯하다.24) 따라서 이 지역의

---

21) Z. Meshel, *Kuntillet 'Ajrud: A Religious Centre from the Time of the Judaean Monarchy* (Jerusalem: Israel Museum, 1978).
22) Z. Meshel, "Did Yahweh Have a Consort?: The New Religious Inscriptions from the Sinai," *Biblical Archaeology Review* 5.2 (1979), 24-34.
23) Meshel, "Did Yahweh Have a Consort?" 27.
24) Meshel, "Did Yahweh Have a Consort?" 33-34; W. G. Dever, "Recent

혼합주의는 당연히 북왕국의 이스라엘에서 유행하던 것들을 그대로 반영한 것이라고 보아야 할 것이다.25)

그리고 디버(W. G. Dever)가 1967년 6월의 6일 전쟁이 끝난 지 몇 개월 후에 우연히도 고물 시장에서 구입한 키르벳 엘-콤 비문은 남왕국 유다의 헤브론에서 서쪽으로 8마일 정도 떨어진 키르벳 엘-콤이라는 조그마한 아랍 마을의 동굴 무덤에서 나온 것들로서, 그 연대는 앞서 살핀 쿤틸렛 아즈룻 축복문과 거의 비슷한 주전 8세기 후반인 것으로 알려져 있다.26) 이 무덤에서 발견된 비문들 중에서 가장 길고 흥미로운 것은 두 묘실 사이의 한 기둥에 새겨진 6행짜리 글귀였다. 처음에는 별다른 주목을 받지 못했던 이 글귀가 학자들의 관심을 끌게 된 것은 쿤틸렛 아즈룻 축복문에 대한 해석이 어느 정도 진척되면서부터였다. 여섯 행 중에서도 제 2행과 제 3행이 학자들의 가장 큰 관심을 끌었다: "우리야후(Uriyahu)는 야웨에게 복받기를 원하노라. 그가 그의 아세라를 통해 그의 원수들로부터 그를 구원하셨으니…"

해석에 있어서 많은 논란이 있기는 하지만, "그의 아세라"라는 표현은 아세라가 야웨와 평행 관계에 놓임으로 해서 야웨의 배우자로 여겨지고 있음을 암시한다. 이로써 분명해지는 것은, 결국 키르벳 엘-콤 비문의 축복문도 쿤틸렛 아즈룻 축복문의 경우와 마찬가지로 그

Archaeological Confirmation of the Cult of Asherah in Ancient Israel," *Hebrew Studies* 23 (1982), 38-39; A. Ben-Tor (ed.), *The Archaeology of Ancient Israel*, tr. R. Greenberg (New Haven: Yale University Press, 1992), 328.
25) Dever, "Recent Archaeological Confirmation of the Cult of Asherah in Ancient Israel," 37-39.
26) 키르벳 엘-콤 지역에 관한 보다 상세한 자료는 발굴자인 디버의 다음 논문을 참조: W. G. Dever, "Iron Age Epigraphic Material from the Area of Khirbet el-Kom," 139-204.

지역이 아세라를 야웨의 배우자로 섬기는 혼합종교의 모습을 가지고 있다는 점이다. 쿤틸렛 아즈룻 축복문이 주전 8세기의 북왕국 이스라엘과 관련된 것이라면, 그리고 키르벳 엘-콤 비문도 같은 시기의 남왕국 유다와 관련된다는 점을 고려한다면, 당시에 아세라를 야웨의 배우자로 섬기던 혼합종교는 이스라엘의 남북 왕국 모두에 크게 유행하고 있었으리라는 추측이 가능해진다.27)

더 나아가서 이러한 현상이 비단 주전 8세기에만 국한되지는 않았으리라는 판단도 가능할 것이다. 호세아를 이어 예레미야(2, 3장), 에스겔(16, 23장), 아가서 등이 그의 결혼 은유를 그대로 계승하고 있기 때문이다. 또한 상부 이집트(Upper Egypt)의 엘레판틴(Elephantine)에서 발견된 유대인들의 아람어 문헌 역시 이스라엘 사람들이 야웨 하나님께 배우자 여신이 있는 것으로 믿고 있었음을 간접적으로 입증하고 있다. 주전 5세기경에 속한 이 문헌에는 "야웨"의 단축 형태인 "야후"(Yahu)라는 신명(神名)과 "아낫 야후"(Anat-Yahu)라는 여신의 이름이 자주 나타나며, "야후 신과 그의 신전 및 아낫-야후" 등을 빌어 맹세하는 내용들도 나타난다. "아낫-야후"라는 이름은 연계형(construct) 상태에 있는 낱말로서 "야후의 아낫"으로 이해되는 까닭에, 본래 바알의 배우자였던 아낫이 야웨의 배우자 여신으로 숭배되었음을 분명하게 보여 준다.28)

---

27) T. Binger, "Ashera in Israel," *Scandinavian Journal of the Old Testament* 9 (1995), 18.
28) U. Oldenburg, *The Conflict Between El and Baal in Canaanite Religion* (Leiden: E. J. Brill, 1969. 85-86; J. A. Emerton, "New Light on Israelite Religion," *Zeitschrift für die alttestamentliche Wissenschaft* 94 (1982), 13-14; D. N. Freedman, "Yahweh of Samaria and His Asherah," *Biblical Archaeologist* 50.4 (1987), 249; J. Day, "Asherah in the Hebrew Bible and Northwest Semitic Literature," 392-393; Smith, *The Early History of*

호세아의 결혼 은유는 바로 이러한 배경에서 이해될 수 있다. 그는 "야웨-아세라"라는 표어를 내세우는 혼합주의를 배격하려는 의도에서 그것을 재해석하여 아세라의 자리에 이스라엘을 집어넣음으로써, 야웨와 이스라엘 사이의 계약 관계를 부부 관계로 설명하고자 한 것이다. 달리 말해서 "야웨-아세라" 공식을 "야웨-이스라엘"이라는 공식으로 변형시킴으로써, 야웨의 배우자는 아세라가 아니라 그의 계약 백성인 이스라엘이라는 대담한 주장을 하게 된 것이다.29) 호세아의 이러한 메시지는 야웨 신앙을 바알과 아세라를 정점으로 하는 가나안의 풍요제의로 변형시키려는 종교적인 혼합주의에 대해서 신학적으로 논박하는 성격의 것30)이라 할 수 있다.

이 점에서 본다면, 호세아의 결혼 은유는 고대 근동 종교의 풍요제의와 관련된 남신과 여신의 성적인 결합 내지는 신전 창기를 매개로 한 풍요와 다산의 보증과 근본적으로 다름이 분명해진다. 왜냐하면 그것은 남신과 여신 사이의 성관계에 기초한 거룩한 결혼에 관해 말하는 것이 아니라, 광야에서 맺어진 야웨 하나님과 이스라엘 백성 사이의 역사적인 결혼에 관해 말하고 있기 때문이다.31) 따라서 야웨와

God, 61; R. Albertz, 『이스라엘 종교사 II』, 강성열 옮김 (서울: 크리스챤 다이제스트, 2004), 37-38.
29) F. C. Fensham, "The Marriage Metaphor in Hosea" *Journal of Northwest Semitic Languages* 12 (1984), 71-78; H. Ringgren, "The Marriage Motif in Israelite Religion," *Ancient Israelite Religion*, 424-425; Margarit, "The Meaning and Significance of Asherah," 279.
30) J. L. McKenzie, "God and Nature in the Old Testament," 127.
31) Mays, *Hosea*, 9; F. van Dijk-Hemmes, "The Metaphorization of Woman in Prophetic Speech: An Analysis of Ezekiel 23," in A. Brenner (ed.), *A Feminist Companion to the Latter Prophets* (Sheffield: Sheffield Academic Press, 1995), 244; B. W. Anderson, 『구약성서 이해』, 강성열·노항규 옮김 (서울: 크리스챤 다이제스트, 1996), 371.

이스라엘의 결혼 관계에 관한 호세아의 메시지는 고대 근동 지역 어디에서도 발견되지 않는 이스라엘만의 독특한 신학 체계에 속한다고 볼 수 있다. 어떤 신도 그를 숭배하는 자들과의 관계에 있어서 부부 관계로 이해되지는 않기 때문이다.

제1강

호세아의 불행한 가정생활이 주는 교훈(1:1~2:1)

1. 들어가는 말

호세아는 하나님과 이스라엘 사이의 관계를 부부관계로 설명하는 결혼 은유(marriage metaphor)의 메시지를 맨 처음 시작한 예언자이다. 그는 결혼 은유의 소재를 고대 근동 지역의 종교적인 현실로부터 가져옴과 동시에 자신의 실제적인 경험 세계로부터 이끌어 오기도 했는 바, 그것은 바로 호세아와 고멜 사이의 부부 관계였다.[1] 호세아는 자신의 결혼 생활을 통해서 결혼 은유의 신학적인 의미를 개인적으로 경험할 수 있었고, 그러한 경험을 바탕으로 하여 종교 혼합주의에 빠

---

[1] 이 점에서 볼 때 호세아의 결혼 은유는 '실행된 은유'(enacted metaphor)라 할 수 있다: N. Stienstra, *YHWH is the Husband of His People: Analysis of a Biblical Metaphor with Special Reference to Translation* (Kampen: Kok Pharos Publishing House, 1993), 101. "실행된 예언"이라고도 불린다: McKeating, *The Books of Amos, Hosea, Micah*, 76-77.

져 있던 당시의 북왕국 이스라엘 대중에게 결혼 은유의 메시지를 보다 현실감 있게 선포할 수 있었던 것이다.

물론 호세아와 고멜 사이의 결혼을 실제 있었던 사건으로 보기보다는 꿈이나 환상 또는 교훈적인 목적을 가진 비유 등으로 보려는 견해가 없는 것은 아니다. 이를테면 초기 교회 교부들의 우의적인(allegorical) 해석이 그러했다. 그들은 음란한 여인과 결혼하라는 명령이 야웨 하나님의 도덕성과 합치되지 않는다는 것을 가장 큰 이유로 들었다.2) 그러나 호세아의 결혼을 실제 현실과는 무관한 꿈이나 환상 또는 고도의 상상력을 발휘하여 만든 우의적인 메시지로 이해한다고 해도 도덕성의 문제는 여전히 남는다. 사실 호세아의 결혼은 어떠한 시각에서 이해하더라도 도덕성의 문제에서 자유롭지 못하다. 이것은 호세아의 결혼이 도덕성의 차원에서 접근할 문제가 아니라 그것이 무엇을 의도하고 있느냐는 시각에서 해결할 문제임을 말해 준다.

호세아의 메시지에서 분명하게 드러나듯이, 그의 결혼과 그에서 비롯된 결혼 은유는 이스라엘 백성을 향한 일종의 실물 교육에 해당하는 것으로서,3) 두 가지 목표를 가지고 있다. 그 하나는 풍요제의에 몰두함으로써 성적인 타락과 방종으로 치닫고 있던 북왕국 이스라엘 사람들의 부도덕함을 고발하고 비판하려는 데에 있고(호 1:2-9; 2:2-13[H 2:4-15]), 다른 하나는 하나님과 이스라엘 백성 사이의 이상적인

---

2) L. Waterman, "Hosea, Chapters 1-3, in Retrospect and Prospect," *Journal of Near Eastern Studies* 14 (1955), 100-101; 참조. H. H. Rowley, "The Marriage of Hosea," *Bulletin of the John Rylands Library* 39 (1956-57), 208-210, 214-215; Mays, *Hosea*, 23; Andersen and Freedman, *Hosea*, 163-164.
3) R. B. Chisholm, 『예언서 개론』, 강성열 옮김 (서울: 크리스챤 다이제스트, 2006), 505.

관계가 어떠한가를 가르치려는 데에 있다(1:10-2:1[H 2:1-3]; 2:14-23 [H 2:16-25]; 3:1-3). 이 두 가지 목표를 염두에 둔다면, 호세아의 결혼은 도덕성의 문제와는 별다른 관련성을 가지고 있지 않음이 분명해진다.

도리어 중요한 것은, 호세아 개인의 비정상적인 가정생활 자체가 아니라 결혼 생활이라는 상징적인 행동을 통해 선포되는 하나님의 말씀에 있다. 그 까닭에 1장 2절은 "여호와께서 비로소 호세아로 말씀하시니라"[4]고 시작함으로써, 호세아의 결혼 경험에 기초한 결혼 은유가 하나님께서 흔히 다른 예언자들에게 하듯이 "호세아에게"(to Hosea; '엘-호세아') 말씀하시는 방식으로 이루어지는 것이 아니라 "호세아를 통해서"(through Hosea; '브호세아') 말씀하시는 방식으로 이루어지고 있음을 강조하고 있다.[5] 그리하여 오늘날에는 호세아의 결혼이 갖는 역사성 ─ 그것이 실제로 발생했다는 사실 ─ 을 의심하는 사람은 거의 없는 것으로 보인다.

호세아는 "음란한 여자"를 취하여 결혼하라는 하나님의 명령을 들음으로써 예언자로서의 공식적인 활동을 시작한다. 그에게 주어진 이 명령은 호세아 자신을 하나님과 동일시함과 동시에, 비록 고통스럽기는 해도, 그의 개인적인 삶 속에 하나님의 말씀을 육화(肉化)시키라는 것이나 다름이 없었다. 실제로 그에게 주어진 하나님의 명령("취하라")은 남녀의 결혼을 묘사할 때 자주 쓰는 '라카흐' 동사(창 4:19; 11:29; 24:3, 67; 출 6:20; 34:16; 신 20:7; 삼하 11:4; 렘 29:6 등)를

---

4) 개역 개정판은 "여호와께서 처음 호세아에게 말씀하실 때"라고 번역하고 있으나, 적어도 이 구절만큼은 개역이 히브리어 원문에 더 가깝다.
5) Mays, *Hosea*, 23-24; H. W. Wolff, *Hosea*, Hermeneia, tr. Gary Stansell (Philadelphia: Fortress, 1974), 13; Andersen and Freedman, *Hosea*, 154-155; D. Stuart, *Hosea-Jonah*, Word Biblical Themes (Dallas: Word Publishing, 1989), 26.

사용함으로써, 호세아의 결혼이 실제 현실과 무관한 것이 결코 아님을 암시하고 있다.

이와 아울러 호세아에게 임한 하나님의 결혼 명령에 의해 간접적으로 확인되는 것은, 호세아가 당시에 결혼 적령기에 도달한 젊은이였으리라는 것이다.6) 이러한 그에게 음란한 여인을 택하여 결혼하라는 것은 참으로 순종하기 어려운 명령이었을 것이다. 더욱이 결혼할 나이에 도달한 그가 자기 나름의 결혼 계획을 충분히 가지고 있었을 가능성을 고려한다면 더욱 그렇다. 그럼에도 그는 자신의 꿈과 미래를 접어둔 채로 다소 불합리하게 보이는 하나님의 명령에 순종하였다. 그는 디블라임의 딸 '고멜'7)이라는 여인이야말로 야웨께서 결혼하기를 원하시던 기준에 적합하다고 판단하고서 그녀를 택하여 아내로 취하였고, 그녀와의 사이에서 이스르엘과 로루하마, 그리고 로암미 등의 세 자녀를 얻게 되었다.

2. 본문 주해

    1:1   호세아서 전체의 표제
    1:2-3   하나님의 결혼 명령과 호세아의 순종
    1:4-9   호세아와 고멜의 세 자녀들
    1:10-2:1 하나님의 구원과 이스라엘의 회복

---

6) J. Limburg, 『호세아-미가』, 강성열 옮김 (서울: 한국장로교출판사, 2004), 32.
7) 이곳에서 유일하게 언급되는 '고멜'이라는 히브리어 이름은 그녀가 낳은 세 자녀들의 이름들처럼 상징적인 의미를 가지고 있지 않다. 굳이 지적하자면 이 이름의 모음이 "부끄러움"을 뜻하는 낱말('보세트')의 모음과 같은 까닭에 그 안에 조롱의 의미가 포함되어 있다고 볼 수도 있다: Mays, *Hosea*, 26; Fensham, "The Marriage Metaphor in Hosea," 71-73.

호세아서 전체의 표제(1:1)

(1:1) 웃시야와 요담과 아하스와 히스기야가 이어 유다 왕이 된 시대, 곧 요아스의 아들 여로보암이 이스라엘 왕이 된 시대에 브에리의 아들 호세아에게 임한 여호와의 말씀이라.

호세아서 전체의 표제에 해당하는 1:1은 호세아가 예언활동을 하던 당시의 역사적인 상황을 설명하는 중에, 남왕국 유다의 왕들을 먼저 소개하고 이어서 북왕국의 여로보암 2세에 대해서 언급한다. 호세아가 북왕국 사람으로서 북왕국에서 예언한 사람임은 누구나 다 아는 사실인데, 왜 이 본문은 북왕국의 왕들보다 남왕국의 왕들인 웃시야와 요담과 아하스와 히스기야[8] 등을 먼저 소개한 것일까? 그리고 이와는 대조적으로 북왕국의 경우에는, 여로보암 2세 이후의 왕들인 살룸과 므나헴, 브가히야, 베가, 호세아 등이 모두 호세아의 활동 연대와 겹치는데, 왜 여로보암 2세만 언급하고 나머지 왕들에 대해서는 침묵하고 있는 것일까?

먼저 첫 번째 질문에 답을 해보도록 하자. 북왕국 예언자인 호세아의 예언활동과 그가 선포한 메시지들을 모아 놓은 호세아서가 남왕국의 왕들을 먼저 소개하는 이유는, 북왕국이 멸망한(주전 722년) 지 얼마 되지 않아서 호세아의 예언 전승을 간직하고 있던 자들이 남왕

---

[8] 열왕기하 18:1에 의하면 히스기야의 연대는 729년에 시작하고 18:13에 의하면 히스기야의 연대는 715년에 시작한다. 이 둘을 종합하자면, 히스기야는 25세 때인 729년부터 아하스와 섭정했다가 715년에 단독 통치했을 수도 있다(참조. 왕하 20:6): Mays, *Hosea*, 21, 이렇게 본다면 호세아의 활동 연대와 히스기야의 통치 연대가 일정 부분 겹치기에 1:1의 표제에 히스기야 왕이 포함되었을 것이다.

국으로 피신하였을 것이고, 그 결과로 인하여 호세아서의 최종 편집이 남왕국 유다에서 이루어졌기 때문일 것이다.9) 호세아서의 자료 수집과 정리 작업 자체는 호세아의 사역 시기에 이미 시작되었겠지만 말이다.

그리고 북왕국 멸망 직전의 왕들이 소개되지 않은 것은, 여로보암 2세가 죽은 후에 북왕국 이스라엘이 정치적인 불안에 빠져들었기 때문이다. 아마도 최종 편집자가 보기에 쿠데타를 통해 집권하던 혼란기의 왕들은 정통성(legitimacy)의 결여로 인하여 언급할 가치가 없는 자들로 여겨졌을 것이다.10) 그런데 이 본문은 흥미롭게도 여러 왕들을 소개하면서 아모스(암 1:1)와 마찬가지로 유독 여로보암의 경우만 "요아스의 아들 여로보암"이라고 하여 왕의 아버지를 언급하는 바, 이는 아마도 그를 북왕국의 초대 왕인 여로보암 1세와 구별하기 위한 목적에서였을 것이다.11)

그렇다면 여로보암 2세 시대 말기에 예언자로 부름 받은 호세아는 예언자가 되기 전에 대체 무슨 일을 하던 사람이었을까? "호세아"(히브리어로는 '호세아')라는 이름은 '야샤' 동사의 히필 완료형으로서, "그가(야웨께서) 구원하셨다"는 뜻을 가지고 있지만, 본문이 아버지에 대해서만 언급하고 있어서 그가 평소에 어떤 일을 하던 사람이

---

9) Mays, *Hosea*, 5, 15; Limburg, 『호세아-미가』, 34; Kaiser, 『구약성서 개론: 그 연구 성과와 문제점들』, 248.
10) Weiser and Elliger, 『호세아/요엘/아모스/즈가리야』, 34; Limburg, 『호세아-미가』, 34; T. E. McComiskey (ed.), *The Minor Prophets(1): Hosea, Joel, Amos* (Grand Rapids: Baker Book House, 1992), 10-11. 아니면 최종 편집자가 보기에 여로보암 이후의 상황은 남왕국 유다의 독자들에게 혼란만 가져다주는 것으로 여겨졌기 때문에 생략의 대상이 되었을 수도 있다: Stuart, *Hosea-Jonah*, 21.
11) Wolff, *Hosea*, 3.

없는지에 대해서는 알려진 바가 전혀 없다.12) 단지 그가 "브에리"라는 사람의 아들임이 밝혀져 있을 뿐이다.13) 이렇듯이 호세아가 예언자로 부름받기 전의 상황에 대한 보고가 거의 없는 이유는 아마도 그것이 예언 활동이나 예언 메시지와 전혀 무관하기 때문일 것이다. 예언자들에게는 그가 예언자로 부름 받은 이후의 삶이 중요하다는 얘기다. 이 점에서 본다면, 예언자들은 대개의 경우 예언자가 되기 전의 삶과 예언자가 된 후의 삶 사이에 급격한 단절과 불연속성이 있다고 할 수 있다.

호세아서 전체의 표제에 해당하는 본문은 이상의 역사적인 언급들에 이어서 호세아에게 "야웨의 말씀"이 임함으로써 그의 예언활동이 시작되었음을 알리고 있다. 여기서 말하는 "야웨의 말씀"은 일반적으로 예언자에게 임하거나 예언자가 선포하는 메시지를 가리키는 것으로, 그가 철저하게 하나님의 말씀에 붙잡힌 사람임을 분명하게 보여준다. 그래서인지 많은 예언서들이 각 책의 서두에 "야웨의 말씀"이 해당 예언자에게 임했음을 강조한다. 이를테면 예레미야, 에스겔, 요엘, 요나, 미가, 스바냐, 학개, 스가랴, 말라기 등이 그렇다. 그러나 호세아를 비롯한 이들 예언자들에게 야웨의 말씀이 어떠한 방식으로 주

---

12) 7:4 이하에 근거하여 호세아가 빵 굽는 사람(baker)이었을 것이라고 추정하는 견해가 있는가 하면(G. A. F. Knight), 호세아서에 나오는 농업에 관한 많은 언급들에 비추어볼 때 그가 농사짓는 사람이었을 것이라고 보는 견해도 있다: R. K. Harrison, *Introduction to the Old Testament* (Grand Rapids: Eerdmans, 1979), 859. 5:1 이하에 근거하여 호세아를 제사장 출신으로 보려는 견해도 있다: J. Alberto Soggin, *Introduction to the Old Testament*, tr. John Bowden (Louisville: Westminster John Knox Press, 1989), 249.
13) 표제들 중에 아버지가 언급되는 경우는 이사야, 예레미야, 호세아, 요엘, 스바냐(4대) 등이며, 고향이 소개되는 경우는 예레미야(아나돗), 아모스(드고아), 미가(모레셋) 등이다.

어졌는지에 대해서는 알 길이 없다. 예언서 편집자들이나 당시의 청중들에게 중요한 것은 오로지 야웨의 말씀뿐이었던 것이다.

하나님의 결혼 명령과 호세아의 순종(1:2-3)

(1:2) 여호와께서 처음 호세아에게 말씀하실 때 여호와께서 호세아에게 이르시되, "너는 가서 음란한 여자를 맞이하여 음란한 자식들을 낳으라. 이 나라가 여호와를 떠나 크게 음란함이니라" 하시니,
(1:3) 이에 그가 가서 디블라임의 딸 고멜을 맞이하였더니, 고멜이 임신하여 아들을 낳으매.

2절 서두의 "여호와께서 비로소 호세아로(through Hosea; '브호세아') 말씀하시니라"는 구절은 호세아의 메시지가 그의 가정생활 내지는 결혼 경험을 포함하는 것임을 분명하게 보여 준다. 이것은 호세아라는 한 인간의 삶 전체가 예언 메시지의 도구 내지는 그 메시지의 실질적인 내용이 되고 있음을 의미한다. 이 점에 비추어본다면, 그가 선포하는 결혼 은유의 메시지는 단순히 언어나 말로만 외치는 메시지가 아니라 그의 가정생활과 실제로 일치하는 것이라 할 수 있다.14) 예레미야(렘 2-3장)나 에스겔(겔 16, 23장)의 경우에도 결혼 은유의 메시지가 나타나지만, 호세아처럼 예언자의 결혼과 가정생활 전체가 야웨의 말씀을 상징하는 것으로 이해되는 경우는 없다. 따라서 호세아의 결혼 은유는 오직 그에게서만 발견되는 독특한 것이라 할 만하다.

하나님은 호세아에게 "음란한 여자"를 맞이하여 "음란한 자식들"을 낳으라고 명하신다.15) 이에 호세아는 디블라임의 딸 고멜과 결혼

---

14) 그 까닭에 메이스는 호세아에게 있어서 메타포와 현실(reality)이 일치한다고 본다: Mays, *Hosea*, 25.
15) 호세아의 뒤를 이어 똑같이 결혼 은유 메시지를 전하는 예레미야는 결혼을

하여 가정을 이룸으로써 하나님의 명령에 순종하였다.16) 하나님이 호세아에게 고멜까지 지정하신 것은 아니었기에, 누구를 "음란한 여자"로 택할 것인지는 전적으로 호세아의 자유에 속한 문제였으나, 그는 고멜이라는 여자를 하나님이 원하시는 배우자로 선택했던 것이다. 그런데 불행하게도 호세아가 아내로 취한 고멜에게는 "음란한 여자"라는 불명예스러운 표현이 따라 붙고 있다. 이 표현이 무엇을 뜻하는지에 대해서는 논란이 많다. 이 두 낱말('에셰트 즈누님')은 연계형 상태에 있는 것으로서, 문제가 되는 것은 뒷부분에 있는 '즈누님'이다. 남성 복수형으로 되어 있는 이 낱말은 일반적으로 "창녀('조나')의 행위" — 더 정확하게는 "창녀의 성향" — 를 뜻하는 추상 명사로 풀이할 수 있다(참조. 4:12; 5:4).17)

    구약성서에서 정식 혼인 관계없이 결혼 제도 밖에서 성관계를 갖

금지 당하는 바(렘 16:1), 이는 당시의 위기 상황을 반영한다. 결혼 금지 명령은 사회 구조와 국가 장래에 대한 임박한 재난을 상징하기 때문이다. 반면에 호세아처럼 결혼 은유 메시지를 전하는 에스겔의 경우에는 아내의 죽음 자체가 상징적인 의미를 지닌 것으로 이해된다. "네 눈에 기뻐하는 것"(아내)은 이스라엘의 기쁨인 성소가 더럽혀지고 그들의 자녀들이 칼에 죽을 것임을 의미한다(겔 24:15-24).

16) 삶의 풍요를 가장 절실하게 필요로 하는 계층이 농민 계층임을 고려한다면, 고멜은 농민 계층에 속한 한 여인이었을지도 모른다: G. Snyman, "Social Reality and Religious Language in the Marriage Metaphor in Hosea 1-3," *Old Testament Essays* 6 (1993), 105-106.

17) Wolff, *Hosea*, 13; A. J. Heschel, *The Prophets I* (New York: Harper & Row, Publishers, 1962), 52; Andersen and Freedman, *Hosea*, 158-159; Fensham, "The Marriage Metaphor in Hosea," 72; Y. Sherwood, *The Prostitute and the Prophet: Hosea's Marriage in Literary-Theoretical Perspective* (Sheffield: Sheffield Academic Press, 1996), 19-20; R. C. Ortlund, *Whoredom: God's Unfaithful Wife in Biblical Theology* (Grand Rapids: Eerdmans, 1996), 51.

는 여인, 곧 "창녀"(prostitute)를 뜻하는 표현('조나' 또는 '잇샤 조나')이 따로 사용되고 있다는 사실을 고려한다면, 호세아가 그러한 표현을 피하고서 '에셰트 즈누님"이라는 표현을 쓴 데에는 어떤 감추어진 의도가 있다고 보아야 옳을 것이다. 아마도 그것은 고멜이 세속적인 차원의 일반 창기가 아니라 바알 종교의 풍요제의에 참여하던 이스라엘 일반 여인을 가리키기 때문이었을 것이다.18) 이러한 판단이 유효한 것은, 호세아의 결혼 은유가 본래 풍요제의에 참여하던 이스라엘 백성의 죄악을 고발하고 비판하려는 일차적인 목적을 가지고 있었고, 창기의 성향을 가지고 있던 고멜은 어떠한 형식으로든 풍요제의에 참여하던 이스라엘의 남녀 대중을 대표했기 때문이다(호 4:11-14).19)

---

18) G. von Rad, *The Message of the Prophets*, tr. D. M. G. Stalker (New York: Harper & Row, 1965), 112; H. Ringgren, 『이스라엘의 종교사』, 김성애 옮김 (서울: 성바오로 출판사, 1990), 351; Wolff, *Hosea*, xxii, 14-15; Stuart, *Hosea-Jonah*, 26-27; Fensham, "The Marriage Metaphor in Hosea," 71-73. 일부 학자들은 고멜이 풍요제의의 중심 부분에서 활동하던 신전 창기의 일원이었을 것이라고 본다: Mays, *Hosea*, 3, 26; Newsome, *The Hebrew Prophets*, 33; A. S. van der Woude, "Three Classical Prophets: Amos, Hosea, and Micah," in R. Coggins, Anthony Phillips, and Michael Knibb (eds.), *Israel's Prophetic Tradition: Essays in Honour of Peter R. Ackroyd* (Cambridge: Cambridge University Press, 1982), 46; P. S. Fiddes, "The Cross of Hosea Revisited: The Meaning of Suffering in the Book of Hosea," *Review and Expositor* 90 (1993), 177; 방석종, 『호세아/요엘』(서울: 대한기독교서회, 1996), 126.
19) 일부 여성신학자들은 여자(고멜)가 이스라엘 백성의 죄악을 대표하는 자로 표상된다는 사실에서 가부장제적인 야웨 신앙의 한 폐단을 보고자 한다: H. Balz-Cochois, "고멜 또는 아스타르테의 세력: 호세아 1-4장에 대한 여권주의 입장에서의 해석 시도," 『신학사상』 38 (1982 가을), 484-519; T. D. Setel, "Prophets and Pornography: Female Sexual Imagery in Hosea," in L. M. Russel (ed.), *A Feminist Interpretation of the Bible* (Philadelphia: Westminster, 1985), 86-95; R. J. Weems, "Gomer: Victim of Violence or

이것은 고멜의 죄가 이스라엘의 죄를 비유적으로 보여 주는 것이 아니라, 이스라엘이 실제로 범하고 있는 죄와 동일한 것임을 의미한다. 즉 장차 남편이 될 호세아의 의지에 반(反)하여 행해진 고멜의 바알 제의 참여 자체가 이스라엘의 죄를 있는 그대로 반영하고 있다는 것이다. 이 점은 야웨 하나님께 대한 이스라엘의 죄악과 불성실함을 "땅"('에레츠') – 더 정확하게는 그 땅의 거주민인 이스라엘 백성[20] – 의 음행으로 요약하고 있는 2절 하반절의 메시지에 의해 뒷받침되고 있다. 이 본문은 특히 '자나' 동사의 부정사 절대형('자노')을 본동사('티즈네') 앞에 두어 음행이 반복적으로 자주 행해지고 있었음을 강조함으로써("크게 음란함이니라"), 호세아의 결혼 은유가 이스라엘의 실제 현실과 일치하고 있음을 잘 보여 주고 있다.

호세아와 고멜의 세 자녀들(1:4-9)

(1:4) 여호와께서 호세아에게 이르시되, "그의 이름을 이스르엘이라 하라. 조금 후에 내가 이스르엘의 피를 예후의 집에 갚으며 이스라엘 족속의 나라를 폐할 것임이니라.
(1:5) 그 날에 내가 이스르엘 골짜기에서 이스라엘의 활을 꺾으리라" 하시니라.
(1:6) 고멜이 또 임신하여 딸을 낳으매 여호와께서 호세아에게 이르시되, "그의 이름을 로루하마라 하라. 내가 다시는 이스라엘 족속을 긍휼히 여겨서 용서하지 않을 것임이니라.
(1:7) 그러나 내가 유다 족속을 긍휼히 여겨 그들의 하나님 여호와로

Victim of Metaphor," *Semeia* 47 (1989), 87-104; *Battered Love: Marriage, Sex, and Violence in the Hebrew Prophets* (Minneapolis: Fortress Press, 1995); N. Stienstra, *YHWH is the Husband of His People*, 97-98.
20) 개역이나 개역 개정판은 "땅"을 뜻하는 히브리어 낱말 '에레츠'를 "이 나라"로 번역한다.

구원하겠고 활과 칼이나 전쟁이나 말과 마병으로 구원하지 아니하리
라" 하시니라.
(1:8) 고멜이 로루하마를 젖뗀 후에 또 임신하여 아들을 낳으매,
(1:9) 여호와께서 이르시되, "그의 이름을 로암미라 하라. 너희는 내
백성이 아니요 나는 너희 하나님이 되지 아니할 것임이니라."

고멜은 호세아와 결혼하여 세 자녀를 낳았는데, 첫 번째 아들은 이스르엘이었고, 둘째 딸은 로루하마, 그리고 셋째 아들은 로암미였다. 그런데 이스르엘을 포함한 이들 셋은 태어나기도 전에 이미 "음란한 자식들"(1:2; '얄르데 즈누님')이라는 선고를 받고 있다. 이것은 그들이 결혼 이전에 태어났다거나 호세아 아닌 다른 남자와의 사이에 태어났기 때문에 그런 것은 아니다. 위 본문에 의하면, 그들은 호세아와 고멜이 결혼한 후에 태어난 자녀들이요, 고멜이 "호세아에게"(3절; '로'=to him)[21] 낳은 자녀들이기 때문이다.

호세아의 자녀들을 음란하다고 일컫는 것은 또한 그들의 품성이 본래 음란해서 그런 것도 아니다. 그것은 도리어 고멜의 음란성에 기인한다. 그들은 바알 종교의 풍요제의에 참여하던 고멜에게서 난 까닭에 그들의 어머니 고멜처럼 음란의 기질을 가지고 있다는 것이다. 2:4 (H 2:6)에서 그들을 "음란한 자식들"이라고 칭하는 것이나, 5:7에서 그들을 정상적인 결혼 관계 밖에서 태어난 "사생아"와도 같다고 보는 것이 그 점을 뒷받침한다. 이것은 결국 이스라엘 백성 개개인을 지칭하는 고멜의 자녀들이 이스라엘 백성 전체를 지칭하는 고멜처럼 언젠가는 음란한 풍요제의에 참여할 것임을 의미한다.[22]

---

21) 개역 개정판은 이 낱말을 번역하지 않고 있다.
22) Mays, *Hosea*, 26, 84; Wolff, *Hosea*, 15, 101; Andersen and Freedman, *Hosea*, 128-129, 395; Fensham, "The Marriage Metaphor in Hosea," 73;

이 점에 있어서 호세아의 자녀들은 그들의 어머니 고멜과 마찬가지로 남신과 여신의 성관계를 제의적으로 실연(實演)함으로써 직접 바알 종교의 풍요제의에 참여하는 이스라엘 대중을 대표한다고 볼 수 있다. 적어도 1장 2절의 문맥에서는 그렇다. 그런데 4-9절은 이에 더하여 그들의 이름이 갖는 신학적인 의미를 더욱 강조한다. 고멜의 경우에는 그녀의 품성과 행동 및 호세아와의 관계가 상징적인 의미를 갖는 반면에, 세 자녀들의 경우에는 그 이름들이 상징적인 의미를 갖는 것으로 이해된 것이다.

호세아가 고멜에게서 낳은 첫 아들의 이름 '이스르엘'은 본래 사마리아의 고원 지대와 갈릴리 사이에 있는 비옥한 평원 지대를 일컫는 지명(地名)으로서, "하나님이 (씨를) 뿌리신다"(God sows)는 뜻을 가지고 있다. 호세아가 고멜과의 관계를 통하여 낳은 첫 아들의 이름이 이스르엘로 정해진 데에는, 이스라엘 백성과 짐승 및 식물에게 풍요를 가져다주는 신이 바알이 아니라 씨를 뿌리시는 야훼 하나님임을 강조하려는 의도가 감추어져 있다. 그러나 여기서는 그처럼 긍정적인 의미가 폭력과 살인 및 피 흘림으로 얼룩진 이스르엘 골짜기[23]를 지칭하는 것으로 대체됨으로서, 예후 왕조와 북왕국 이스라엘에 임할 하나님의 심판을 뜻하는 이름으로 재해석되었다.[24]

Stuart, *Hosea-Jonah*, 27, 94; G. I. Davies, *Hosea*, The New Century Bible Commentary (Grand Rapids: Eerdmans, 1992), 71-72, 144.
[23] 역사적으로 보면, 이스르엘은 아합이 그곳에 있던 포도원 매각을 거부한 나봇과 그의 아들들을 죽인 곳이요(왕상 21:1, 13; 왕하 9:26), 예후가 아합의 아들 요람(왕하 9:14-24)과 유다 왕 아하시야(왕하 9:27-28) 및 아합의 아내 이세벨(왕하 9:29-37) 등을 죽인 곳이기도 했으며, 아합의 아들들 칠십 명의 머리들이 잘린 곳(왕하 10:1-11)이기도 했다.
[24] Mays, *Hosea*, 27; Fensham, "The Marriage Metaphor in Hosea," 74; Andersen and Freedman, *Hosea*, 173.

실제로 호세아는 4-5절에서 이스르엘-이스라엘-이스라엘-이스르엘25) 등의 교차대구법을 통하여 이스르엘이 이스라엘을 빗대고 있음을 우회적으로 보여 준다.26) 이 두 구절에 의하면, 하나님은 예후 왕조가 오므리 왕조를 무너뜨리면서 자행한 과도한 폭력("이스라엘의 피")에 대하여 벌을 내리실 것이며27), 북왕국 이스라엘의 왕정 자체 ("이스라엘 족속의 나라")를 끝장내실 것이다. 아울러 하나님은 전쟁터로 널리 알려져 있던(삿 6:33; 삼상 29:1) 이스르엘 골짜기에서 이스라엘이 자랑해마지 않던 그들의 군대("활")28)가 이방 군대에게 격퇴 당하게 하심으로써, 야웨 하나님보다는 지상의 무력에 더 의존하는 이스라엘의 잘못된 신앙심에 철퇴를 내릴 것임을 밝히신다.29)

---

25) 히브리어 본문에는 이 순서로 되어 있으나 개역 개정판에서는 번역 과정에서 이스르엘-이스라엘-이스라엘-이스라엘의 순으로 약간 바뀌어 있다.
26) J. Mauchline, "The Book of Hosea," *The Interpreter's Bible* 6, 569; Wolff, *Hosea*, 19; Andersen and Freedman, *Hosea*, 174.
27) 이것은 예후 혁명을 선도한 엘리사의 활동(왕하 9:1-10)과 관련된 것이지만, 예후 혁명을 긍정적으로 평가하는 신명기 역사가의 판단(왕하 10:30)과는 다른 전승에 속한 것일 수도 있다: Mays, *Hosea*, 28; Wolff, *Hosea*, 18; Chisholm, 『예언서 개론』, 508-511. 그러나 "이스라엘의 피"가 예후 혁명 이후의 온갖 죄악을 총칭하는 것으로 볼 경우에는, 신명기 역사가의 판단과 호세아의 예언 사이에 별다른 차이가 없게 된다: Rowley, "The Marriage of Hosea," 201-202; Andersen and Freedman, *Hosea*, 176-182.
28) 2:18에도 나오는 "활"은 구약성서에서 흔히 군사력을 상징하는 은유로 사용된다(창 49:24; 삼상 2:4): N. M. Waldman, "The Breaking of the Bow," *The Jewish Quarterly Review* 79 (1978), 82-86; 방석종, 『호세아/요엘』, 129. 이것은 결국 이스라엘 왕국 자체가 멸망할 것이라는 4절의 메시지와 같은 결론에 도달한다: F. Landy, *Hosea, Readings: A New Biblical Commentary* (Sheffield: Sheffield Academic Press, 1995), 24; 손석태, 『여호와, 이스라엘의 남편』 (서울: 솔로몬, 1997), 108.
29) 유다 족속을 지상의 각종 무기들로써 구원하지 않고 그 대신에 야웨 자신이 직접 구원하시겠다는 7절의 추가된 메시지는 이스라엘의 지나친 무력 의존

'이스르엘'이라는 이름에 함축되어 있는 이러한 하나님의 심판은 시내산 계약에 포함되어 있는 저주 규정이 응한 것으로 이해된다. 그리고 그것은 하나님이 이스라엘 백성에게 더 이상 긍휼을 베풀지 않으실 것임을 뜻하는(참조. 2:4[H 2:6]) 둘째 딸의 이름 '로루하마'에도 잘 반영되어 있다. 푸알(Pual) 형태의 동사로 된 이 이름의 어근은 "자궁 또는 태"를 뜻하는 명사('레헴')30)에 그 뿌리를 둔 것으로, 계약 관계에 기초한 하나님의 모성애적인 사랑을 의미하는 바, 이것은 하나님이 이스라엘에게 이제까지 계속해서 베풀어 주셨던 사랑과 관심을 완전히 거두어 가심으로써 그들과의 관계를 중단하실 것임을 상징적으로 보여 준다.

그리고 마지막으로 셋째 아들의 이름 '로암미'는 "너희는 내 백성이 아니요 나는 너희 하나님이 되지('에흐예 라켐')31) 아니할 것"임을 의미하는 것으로서, 계약 위반에 대한 하나님의 심판을 더욱 본질적인 차원, 곧 출애굽 사건의 부정과 계약 관계의 중단이라는 차원에서 설명한다. 이 이름은 야웨께서 시내산에서 이스라엘과 계약을 맺으시면서 그들과의 관계를 나타내는 데 사용하신 전형적인 표현, 곧 "나는 너희 하나님이 되고 너희는 나의 백성이 될 것이다"는 선언(레 26:12; 렘 7:23; 11:4; 참조. 출 6:7; 신 26:17-18; 삼하 7:24)을 빗댄 것이다.32)

을 직접적으로 비판하는 것이라 할 수 있다(참조. 사 31:1; 미 5:10-11): Wolff, *Hosea*, 20.
30) Trible, 『하나님과 성의 수사학』, 63-108, 특히 74-101.
31) '에흐예'는 출애굽기 3:14에 있는 것을 간추려 인용한 것으로서, 호세아가 출애굽 전승에 익숙한 자임을 잘 보여준다: Mays, *Hosea*, 29; Wolff, *Hosea*, 21-22; Andersen and Freedman, *Hosea*, 198-199; Landy, *Hosea*, 27.
32) McKeating, *The Books of Amos, Hosea, Micah*, 79. 실제로 야웨께서는 시내산 계약이 파기된 다음부터 이스라엘을 "내 백성"으로 칭하지 않으시고 "이 백성"(출 32:9)으로 칭하신다: Fensham, "The Marriage Metaphor in

하나님과 이스라엘 사이에 맺어진 계약 관계가 이스라엘의 불성실함 또는 계약 불이행(호 8:1)으로 인하여 곧 깨뜨려질 것이라는 이상의 심판 선고는, 호세아와 고멜 사이의 부부 관계가 어떠한 양상으로 변해 갔는가에 대해서 귀중한 암시를 준다. 호세아의 결혼 생활과 결혼 은유가 뒤섞여 있는 2장 전체의 메시지에 의한다면, 둘 사이의 관계는 고멜의 음행(2:5[H 2:7])으로 인하여 크게 위태롭게 되었을 것으로 여겨진다. 실제로 호세아는 여러 차례 고멜의 음행을 제지하려고 했지만 그녀를 향한 그의 노력은 별다른 성과를 거두지 못했다(2:6-7[H 2:8-9]). 고멜을 가정으로 돌이키게 하려는 징계의 수단조차도 소용이 없었다(2:9-13[H 2:11-15]; 참조. 1:4-9).

그 결과 음란한 고멜은 아내의 역할에 충실하지 못한 대가로 이혼에 준하는 처벌을 받아야만 했다. "너희는 내 백성이 아니요 나는 너희 하나님이 되지 아니할 것임이니라"(1:9)는 뜻을 가진 셋째 아들의 이름 '로암미'는 사실 계약 양식을 결혼 관계에 적용하여 호세아와 고멜 사이의 소원해진 관계가 이혼이라는 법적인 현실과 비슷한 것임을 가리키며, 이것은 2:2(H 2:4)의 고발에서 "그는 내 아내가 아니요 나는 그의 남편이 아니다"는 표현으로 변형되어 나타난다.33)

하나님의 구원과 이스라엘의 회복(1:10-2:1)

(1:10[H 2:1]) 그러나 이스라엘 자손의 수가 바닷가의 모래 같이 되어서 헤아릴 수도 없고 셀 수도 없을 것이며 전에 그들에게 이르기를,

---

Hosea," 74.
33) 이처럼 자녀의 이름 자체가 상징적인 의미를 갖는 경우는 이사야에게서도 발견된다. 이사야의 두 아들 중 한 명인 스알야숩은 "남은 자가 돌아오리라"는 뜻이고(사 7:3), 나머지 한 명인 마헬살랄하스바스는 "노략이 속히 임함"이라는 뜻이다(사 8:1-4).

"너희는 내 백성이 아니라" 한 그 곳에서 그들에게 이르기를, "너희는 살아 계신 하나님의 아들들이라" 할 것이라.
(1:11[H 2:2]) 이에 유다 자손과 이스라엘 자손이 함께 모여 한 우두머리를 세우고 그 땅에서부터 올라오리니 이스르엘의 날이 클 것임이로다
(2:1[H 2:3]) 너희 형제에게는 암미라 하고 너희 자매에게는 루하마라 하라.

호세아의 결혼은 고멜의 음행으로 인하여 위기에 직면하게 되고 이혼 직전의 상황에까지 내몰리지만, 하나님의 명령에 따른 용서와 화해에 힘입어 정상적인 부부 관계를 회복한다(3장). 시내산 계약의 갱신에 해당하는 이러한 관계 회복의 은총은 심판 선고에 따른 고멜의 뉘우침에 근거한 것이 아니라 전적으로 호세아의 용서에 근거한 것이다. 마찬가지로 하나님과 이스라엘 사이의 부부 관계 회복 내지는 시내산 계약의 갱신 역시 이스라엘에게는 전혀 기대할 것이 없다. 후에 살펴볼 2:2-13(H 2:4-15)에 언급된 바와 같이, 이스라엘이 고발과 비판 및 경고와 심판의 메시지를 듣고서 회개하고 뉘우치는 등 스스로 변화를 추구했다는 증거는 어디에도 없다.

그들의 변화와 갱신은 전적으로 야웨 하나님의 용서와 구원 은총에 기인할 뿐이다(11:8-9; 참조. 레 26:45; 신 4:13). 이스라엘은 하나님의 사랑에 힘입어 기적적으로 처음 결혼의 때를 회복할 수 있을 것이다. 야웨께서는 불성실한 아내요 창기와 같은 이스라엘을 용서하여 그와의 관계를 회복하실 것이다. 그는 본래적인 관계를 회복하기 위해 남편으로서 할 수 있는 모든 일을 다 할 것이다. 심판과 징계도 그러한 노력들 중의 하나이지만, 그것은 어디까지나 이스라엘의 회복과 복귀를 위한 훈련일 뿐이다. 그것이 최종적인 것일 수는 없다.

오히려 이스라엘의 원상 복귀는 예레미야 31:33; 에스겔 36:25-26

에서 보듯이 전적으로 야웨 하나님의 주도권에 의해 이루어지며, 야웨 자신이 발하셨던 경고와 심판의 메시지를 무효화시키거나 역전(逆轉)시킬 것이다. 이를 위해 이스라엘이 할 수 있는 일이라고는 하나도 없다.34) 창기와도 같이 타락한 이스라엘로서는 스스로의 변화를 위해 아무 것도 할 수 없기 때문이다. 그들로서는 단지 하나님의 주도적인 갱신 행동에 응답할 수만 있을 뿐이며, 반드시 그렇게 해야 한다.

야웨께서 이처럼 이스라엘과의 부부 관계를 회복하시고, 그럼으로써 기존의 시내산 계약과는 다른 계약, 곧 무조건적이면서 항구적인 효력을 갖는 새 계약을 맺게 되면, 그 다음에는 당연히 풍요의 회복이 뒤따른다. 과거에는 풍요의 감소와 풍요의 박탈이 죄에 대한 형벌로 주어졌지만, 회복된 관계 안에서는 자녀 출산과 농산물 수확에 있어서의 풍요(2:21-23[H 2:23-25])가 약속된다. 우리가 지금 이곳에서 살피고자 하는 본문, 곧 1:10-2:1은 그 중에서도 자녀 출산의 복에 대해서 언급한다.

하나님과의 관계 회복으로 인하여 이스라엘 자손의 인구가 셀 수 없을 정도로까지 불어나게 될 것이라는 말씀(1:10)은 족장들에게 주어진 복(창 13:16; 15:5; 26:24; 28:14 등)과 동일한 것이며, 특히 "바닷가의 모래와 같이 된다"는 표현은 아브라함이 이삭을 제물로 바치고자 한 후에 받은 약속에 포함되어 있다(창 22:17). 이것은 죽음 직전에까지 간 이삭에게서 셀 수 없이 많은 후손이 날 것임과 마찬가지로, 계약 규정에 있는 저주문(레 26:22; 신 4:27; 28:62; 32:36 등)에 의해 국가적인 사형 선고를 받아 인구가 크게 줄어든(4:3, 10; 9:12, 16; 13:16) 이스라엘이 이제는 정반대로 하나님의 약속과 복(신 30:5, 9)

---

34) W. Brueggemann, *Tradition for Crisis: A Study in Hosea* (Atlanta: John Knox Press, 1968), 79; Andersen and Freedman, *Hosea*, 263-264.

에 힘입어 크게 소생할 것임을 잘 보여 준다. 이것은 또한 족장들에게 주어진 복이 예언자의 입을 통하여 종말론적인 구원의 말씀으로 발전하고 있음을 보여 주기도 한다.35)

이와 아울러 호세아는 많은 자녀의 출산이 절대로 바알 종교의 풍요제의에 참여함으로써 얻어지는 것이 아니라, 오로지 야웨 하나님의 자유로운 구원 은총에 의해서 이루어지는 것임을 강조한다. 이 점은 하나님의 심판을 받아 그의 백성으로 인정받지 못한 이스라엘이 하나님과의 관계 회복에 의해 인구 증가 및 자녀 출산의 복을 경험함으로써 "살아 계신 하나님의 아들들"이 될 것이라는 사실에 의해 입증된다.

호세아에 의해 만들어진 이 새로운 표현은 "살아 계신 하나님"이라는 구절(수 3:10; 시 42:2; 84:2)과 "내 아들"이라는 표현(호 11:1)을 합성한 것으로서, 이스라엘이 이제는 더 이상 바알 숭배와 관련된 "음란한 자녀들"(1:2; 2:4)로 불리지 않고, 도리어 살아 계신 하나님의 친자식들로 불릴 것임을 강조한다. 이것은 또한 이스라엘의 기적적인 인구 증가가 생명의 근원이신 야웨 하나님(호 6:2; 13:14)에 의해 가능하게 될 것임을 암시하는 것으로 보인다.36)

그렇다면 이스라엘이 "내 백성이 아닌" 상태로부터 또는 "음란한 자녀들"의 신분으로부터 "살아 계신 하나님의 아들들"로 바뀌는 근본적인 변화는 어디에서 이루어지는가? 그곳은 바로 야웨께서 재앙을 내리심으로써 이스라엘과 그들의 왕국을 배척하실(1:4-5) 이스르엘이다(1:11[H 2:2]). 이스르엘은 야웨께서 이스라엘의 죄악을 벌하실 곳이지만, 동시에 이스라엘과의 관계를 회복하시고 그들을 근본적으로 변화시켜 주실 곳이기도 하다. 그리고 이스라엘은 하나님의 심판을 받

---

35) Mays, *Hosea*, 31.
36) Mays, *Hosea*, 32; Wolff, *Hosea*, 27; Andersen and Freedman, *Hosea*, 205.

아 폐하여진 이스라엘 왕국이 하나님과의 관계를 회복함으로써 남왕국("유다 자손")과 북왕국("이스라엘 자손")이 통일된 나라를 이루어 한 지도자의 다스림을 받게 될 곳이기도 하다(참조. 겔 37:15-22). 야웨의 긍휼하심은 북왕국 이스라엘에만 미치는 것이 아니라 남왕국 유다에까지도 동일하게 미치기 때문이다(1:7).37) 이로써 처음 아들 이스르엘의 이름에서 예고된 심판이 완전히 뒤집어지면서 한 단계 뛰어넘어 통일 왕국의 이상으로까지 확대되는 바, 호세아는 여기서 "왕"('멜렉')이라는 호칭을 일부러 피하고서 "우두머리"('로쉬')라는 호칭을 사용함으로써, 왕정 비판의 기본 입장(호 1:4; 3:4; 5:1; 7:3; 8:4, 10; 10:15; 13:10-11)을 견지하고 있다.38)

호세아는 또한 통일 왕국을 이룬 그들이 "그 땅에서부터 올라올 것"이라고 말함으로써, 2:15([H 2:17], "그가 거기서 응대하기를… 애굽 땅에서 올라오던 날과 같이 하리라")에서와 마찬가지로 포로로 잡혀간 땅에서 올라오는 새로운 출애굽이 있을 것임을 예고하고 있으며, '이스르엘'이라는 이름의 뜻, 곧 "하나님께서 (씨를) 뿌리신다"는 의미에 착안하여 이스라엘이 식물들처럼 잘 자라날 것('알루 민-하아레

---

37) 학자들은 대체적으로 남왕국 유다에 대하여 호의적인 태도를 보이고 있는 1:7이 유다 계열의 편집자에 의해 추가된 본문이라고 보지만(Mays, McKeating, Wolff, Davies, 방석종), 일부 학자들은 문맥이나 문체 또는 문법적인 요소들을 볼 때 호세아의 진정성을 부인하기 어렵다고 본다: Andersen and Freedman, *Hosea*, 188-192; Stuart, *Hosea-Jonah*, 31-32.

38) Wolff, *Hosea*, 27; J. Jeremias, *Der Prophet Hosea* (Göttingen: Vandenhoeck und Ruprecht, 1983), 35. "우두머리"는 민수기 14:4; 사사기 11:8-9에서 보듯이 각 지파의 우두머리를 가리키는 낱말이기 때문에, 호세아가 이 낱말을 사용했다는 것은 그가 지파 동맹 시기의 이상적인 통일 공동체를 염두에 두고 있음을 암시한다: Mays, *Hosea*, 32; Stuart, *Hosea-Jonah*, 39. 그리고 전형적인 왕정과는 달리 통일될 나라의 최고 지도자를 일반 백성이 직접 세운다는 것도 같은 맥락에서 이해할 수 있다: Davies, *Hosea*, 50, 62.

츠'; spring up from the earth)임을 암시하고 있다. 달리 말해서 하나님이 이스라엘을 이스르엘에 다시 심을 때쯤이면 그들이 무성한 나무들처럼 왕성하게 자라나서 땅을 가득 채우리라는 것이다.

그러나 호세아가 여기서 말하는 "땅"은, 사무엘상 28:13("내가 영이 땅에서 올라오는 것을 보았나이다")에서 보는 바와 같이, 죽은 자들의 영역인 지하계(underworld)를 지칭할 수도 있다.[39] 이렇게 볼 경우 이스라엘이 "살아 계신 하나님의 아들들"이라 칭함 받는다는 것은, 계약상의 부활(covenantal resurrection)[40]을 나타내는 6:1-2에서 보듯이, 그들이 하나님의 심판을 받아 죽음과도 같은 상황에 처해 있다가 그곳에서 다시 소생하여 마침내 하나님의 새 생명을 얻게 될 것임을 의미할 것이다.

이것은 결국 1:11(H 2:2)에 묘사된 이스라엘의 회복이 역사적으로 볼 때는 새로운 출애굽 사건을 지칭하게 되고, 종말론적인 차원에서 볼 때에는 죽음에서의 소생을 지칭하게 됨을 뜻한다.[41] 이스라엘의 이러한 질적인 변화는 호세아의 자녀들에게 새로운 이름이 붙여질 것이라는 사실, 곧 '로루하마'와 '로암미'가 제각기 '루하마'와 '암미'로 바뀔 것이라는 메시지(2:1[H 2:3])를 통해서 거듭 확인된다. 그리고 그것은 이미 1:11(2:2)에 언급된 바와 같이, 형제와 자매 관계에 있는 이스라엘과 유다가 적대감을 극복하고서 하나님의 한 백성으로 불릴 것임을 암시하기도 한다.[42]

---

39) Stuart, *Hosea-Jonah*, 39.
40) J. Wijngaards, "Death and Resurrection in Covenantal Context (Hos VI 2)," *Vetus Testamentum* 17 (1967), 226-239.
41) Andersen and Freedman, *Hosea*, 209.
42) Wolff, *Hosea*, 28-29; Stuart, *Hosea-Jonah*, 40.

3. 묵상과 적용

가. 호세아는 결혼 적령기의 남자로서 자기 맘에 드는 좋은 배우자를 만나 행복한 가정을 꾸려갈 정당한 권리와 자격을 충분히 가지고 있었으나, 그 시대를 향한 하나님의 거룩한 뜻을 선포하기 위하여 자신의 권리와 자격을 포기한 채로, 음란한 여인 고멜과 결혼함으로써 비정상적이고도 불행한 가정생활을 시작한다. 바알 숭배에 빠져 야웨와 바알을 동일시할 뿐만 아니라 야웨 하나님에게 아세라라는 여신이 있다는 믿음을 가지고 있던 당시 사람들에게 호세아는 야웨 하나님께 오로지 그의 계약 백성인 이스라엘이 있을 뿐임을 분명하게 보여 주기 위하여 자신의 삶과 가정생활 자체가 그 시대를 향한 하나님의 거룩한 메시지가 되게 하였던 것이다. 요한계시록까지 이어지는 결혼 은유의 메시지가 생겨난 것은 바로 이러한 맥락에서였다.

하나님의 종인 예언자는 모름지기 하나님의 말씀을 대변하기 위하여 자신의 삶과 가정생활까지도 희생하지 않으면 안 된다. 그것이 아무리 고통스럽고 힘들다 할지라도 말씀의 종인 예언자에게 있어서는 그에게 속한 모든 것이 동시대 사람들에게 예표가 되고 경고가 되는 것을 피할 수가 없다. 예언자가 선포하는 하나님의 말씀은 그가 단순히 입으로 외치는 것만으로 이루어져 있지 않다. 도리어 그것은 그의 삶과 가정생활까지 포함하는 포괄적인 것이다. 심지어는 자녀들의 이름까지도 비정상적인 형태로 주어질 수밖에 없는 고통과 아픔이 예언자에게 있다. 예언자는 그러한 고통과 아픔까지도 충분히 감수할 수 있는 말씀의 종으로 꾸준히 자신을 세워나가지 않으면 안 된다.

나. 하나님은 자신과의 계약 관계를 깨뜨리고 토라를 무시한 자기

백성 이스라엘의 죄악을 그냥 두는 분이 결코 아니다. 그는 주전 8세기의 이스라엘 백성이 음란하게 바알을 섬기면서 아세라를 야웨 하나님의 배우자 여신으로 숭배하는 종교적인 혼합주의 현상을 그대로 방치해둘 수가 없었다. 그리하여 그는 호세아라는 젊은 일꾼을 세워 음란한 여인 고멜과 더불어 비정상적인 가정을 이루게 하시고, 두 사람 사이에 태어난 자녀들에게 불명예스러운 이름을 지어줌으로써, 그 시대 사람들을 향한 자신의 분노와 심판이 확실한 것임을 분명하게 밝히셨다. 그는 호세아와 고멜 사이에 태어난 세 자녀들의 이름을 한결같이 심판의 맥락에서 지으셨는 바, 세 자녀들의 이름을 통하여 반복적으로 주어지던 심판 신탁은 심판의 확실성을 강화시키려는 의도를 가지고 있었다.

그런데 흥미롭게도 세 자녀들의 이름은 북왕국 이스라엘에서 왕정이 사라지고(이스르엘) 하나님의 긍휼하심이 사라지며(로루하마) 마침내는 하나님까지도 떠나신다(로암미)는 점층법의 형태로 되어 있다. 호세아와 고멜 사이에 태어난 세 자녀들의 이름에 담긴 이러한 점층법은 하나님의 심판이 확정되었음을 분명하게 밝히는 역할을 수행한다. 그 까닭에 호세아서에서는 아모스에서처럼(암 7:2-3, 5-6) 중재 기도가 불필요하다. 그것은 중재 기도를 용납하지 않는 예레미야의 경우(렘 7:16; 11:14; 14:11-12)와 비슷한 사례가 아닐 수 없다. 중재 기도마저도 허용하지 않을 정도로 신앙적인 탈선에 깊이 빠져든 이스라엘의 모습은 오늘날 우리 자신의 모습을 돌이켜보게 만든다.

다. 하나님은 심판으로 모든 것을 끝내시는 분이 아니다. 심판은 어디까지나 범죄한 자기 백성을 정화시키고 새롭게 만들기 위한 중간 단계의 조치라 하겠다. 심판의 최종 목표는 이스라엘 백성의 범죄로 인하여 깨뜨려진 시내산 계약을 갱신하는 한편으로, 하나님과 이스라엘 백성 사이의 부부 관계를 회복시키는 데 있다. 이것은 계약 갱신과 관계의 회복이 이스라엘 백성의 자발적인 노력에 의하여 이루어질 수 없는 것임을 암시한다. 달리 말해서 이스라엘 백성에게서는 도저히 진실한 회개나 삶의 변화를 기대할 수 없다는 얘기다. 오히려 그들의 변화와 갱신은 철저하게 하나님의 용서와 구원 은총에 의해서만 가능한 것이다.

하나님께서 친히 이루실 이스라엘의 변화와 갱신은, 그들의 신분이 "음란한 자식들"로부터 "살아 계신 하나님의 아들들"로 바뀌는 것에서 분명하게 드러나며, '로루하마'와 '로암미'라는 수치스러운 이름이 '루하마'와 '암미'라는 명예로운 이름으로 바뀔 것이라는 구원 메시지에도 잘 반영되어 있다. 이러한 신분과 이름의 변화는 심판의 자리(이스르엘)가 도리어 구원과 회복의 자리로 바뀔 것이라는 메시지와 맥을 같이 한다. 이스라엘 백성은 하나님의 사랑과 구원에 힘입어 그러한 변화와 갱신을 겪음으로써, 마침내 포로로 잡혀간 땅에서 새로운 출애굽을 경험하게 될 것이요, 한 우두머리의 지배를 받는 통일왕국의 회복을 맛보게 될 것이다. 뿐만 아니라 그들은 죽음과도 같은 상황에서 벗어나 자손 번성과 인구 증가의 복을 넉넉하게 받게 될 것이다. 이처럼 놀라운 은혜와 복이 순전히 임마누엘 하나님의 사랑에서 비롯된 것임을 우리는 잊어서는 안 된다.

제2강

고발과 비판, 그리고 회복과 구원(2:2~3:5)

1. 들어가는 말

　바알 종교의 풍요제의－신전창기 제도와 거룩한 결혼 의식－와 호세아 자신의 실제적인 결혼 경험에서 그 소재를 빌려온 호세아의 결혼 은유는 시내산 계약에 기초한 하나님과 이스라엘 사이의 관계를 부부 관계로 묘사하면서, 그 관계가 이스라엘의 역사적인 경험 속에서 어떻게 왜곡되어 있는가를 구체적으로 밝히려는 목적을 가지고 있다. 아울러 그것은 주전 8세기 중반경의 북왕국 이스라엘이 처한 제의적이고 종교적인 현실을 주된 적용 대상으로 삼고 있다. 달리 말해서 호세아의 결혼 은유는 바알을 풍요의 신으로 숭배하고 또 그와 아세라와의 성관계를 풍요와 다산의 핵심으로 믿어 왔던 북왕국 이스라엘 백성의 그릇된 종교 행위를 비판하려는 의도를 가지고 있는 것이다.
　호세아에게서 처음 시작된 결혼 은유는 이렇듯이 호세아 자신의 결혼 경험을 이스라엘 백성의 역사적이고 종교적인 경험들에 적용하고 있는 까닭에, 호세아의 결혼이 거쳐 간 과정을 따라 재구성할 필요가 있다. 이를테면 결혼, 파경, 재결합 등의 과정이 그러하다. 그런데 흥미롭게도 결혼 은유의 적용은 이들 중 첫 번째인 결혼 부분에 관하여서는 별다른 언급을 하지 않는다. 이를테면 하나님과 이스라엘 사이에 언제 어떻게 결혼이 이루어졌는지에 대해서는 따로 언급을 하지 않고 있다는 얘기다. 이것은 아마도 호세아와 고멜의 결혼이 하나님과 이스라엘 사이가 부부 관계에 속한다는 사실을 이미 암시하고 있기 때문인 듯하다.[1]

그러나 호세아의 결혼 경험에 속한 두 번째 부분과 세 번째 부분, 곧 파경과 재결합 부분에 대해서는 결혼 은유가 매우 폭넓게 적용되고 있다. 이는 전체적으로 보아 문서 예언자들의 기본 메시지가 고발과 비판, 경고와 심판, 용서와 회복 등을 핵심으로 가지고 있다는 사실과 무관하지 않을 것이다. 실제로 호세아는 자신의 결혼 경험을 기초로 하여 고멜의 음행을 고발하고 비판하면서 그것을 이스라엘의 종교 현실에 적용하고 있으며, 이어서 이스라엘(고멜)의 음행에 대한 하나님의 경고와 심판 및 심판 후에 있을 하나님의 용서와 이스라엘의 회복에 대해서 말한다. 이와 아울러 그는 이 세 가지를 제각기 계약 위반, 계약 위반에 대한 처벌, 계약 갱신 등의 기본 양식에 맞추어 재

---

[1] 슈미트는 호세아(2장)나 에스겔(16, 23장)의 결혼 은유가 하나님과 사마리아 또는 예루살렘 사이의 부부 관계를 표현하는 것이라고 주장한다: J. J. Schmitt, "The Gender of Ancient Israel," *Journal for the Study of the Old Testament* 26 (1983), 115-125; "Yahweh's Divorce in Hosea 2-Who is That Woman?" *Scandinavian Journal of the Old Testament* 9 (1995), 119-132; "Gender Correctness and Biblical Metaphors: The Case of God's Relation to Israel," *Biblical Theology Bulletin* 26 (1996), 96-106.

해석한다.

　이 세 가지 중에서도 앞의 두 가지, 곧 고발과 비판 및 경고와 심판이 가장 잘 드러나 있는 본문이 바로 호세아 2:2-3:5이다. 이 본문에서 야웨 하나님은 고발자이면서 동시에 심판관으로 나타나신다. 그는 아내인 이스라엘이 음행을 제거하지 않을 경우 그 죄에 걸맞는 방식으로 처벌하겠다고 경고하신다. 이스라엘의 계약 위반(1:9; 8:1)에 대한 야웨 하나님의 처벌은 그들이 바알 숭배를 통해 얻고자 하던 풍요가 사라질 것이라는 데에 있었다. 여기서 징벌은 무효화된 계약의 외적인 표지가 아니며, 계약 관계를 원천 무효화하는 수단도 아니다. 도리어 그것은 계약의 효력을 유지시키기 위한 노력으로 이해된다. 계약은 이스라엘의 위반 행위에 의해 일방적으로 파기될 뿐이다. 야웨께서는 그러한 위반 행위에 대하여 계약 안에 있는 심판 규정에 근거하여 엄한 벌을 내리실 것이다. 2:2-4(H 2:4-6); 2:5-7(H 2:7-9); 2:8-13(H 2:10-15) 등의 본문 단락들이 이 점을 잘 보여 준다.

　그러나 심판으로 모든 것이 끝나는 것은 결코 아니다. 이스라엘 백성을 향한 하나님의 징계와 심판은 그 자체가 목적이 아니라, 그들의 회복과 소생을 위한 하나님의 원대한 구원 계획의 중간 과정에 속한 것이기 때문이다. 물론 이스라엘의 회복과 소생은 철저하게 하나님의 구원 은총과 사랑에 의해서 이루어지는 것이지, 징계 받은 이스라엘 백성의 자발적인 변화에 의해서 이루어지는 것이 절대로 아니다. 고멜의 모습에서 보듯이, 이스라엘 백성이 스스로의 깨달음에 의하여 하나님을 향한 회개와 변화 및 갱신의 모습을 보인다는 것은 근본적으로 불가능한 일이다. 그것은 오로지 하나님의 주도적인 섭리와 은혜에 의해서만 이루어질 수 있는 일이다.

　호세아는 이처럼 극적인 회복과 갱신의 모습을 다시금 결혼 은유로 표현하는 바, 2장 14-23절(H 16-25절)과 3장 1-5절에 이 점이 잘 반영되어 있다. 호세아는 이 두 본문 단락에서 야웨 하나님이 이스라엘 백성의 범죄 행위와 그에 대한 심판으로 인하여 깨뜨려진 계약 관계를 새롭게 시작하시기 위해 어떻게 그들에게 구애하시는가를 출애굽 사건과 광야 유랑 및 가나안 정착 등의 개념을 빌어 표현하고 있다. 그는 또한 이 두 본문 단락에서 하나님의 구애에 의한 부부 관계의 회복에 힘입어 계약 관계에서 비롯되는 하나님의 복이 풍성하게 주어질 것임을 선언하기도 하는 바, 그 복은 주변 세계와의 평화로, 그리고 풍요의 회복으로 구체화될 것이다.

그런데 한 가지 주목할 사실은, 앞서 살핀 호세아서의 1장과 이곳에서 살필 3장은 구두 선포 자료(oracular material)를 갖고 있는 몇 군데를 제외하고는 대체적으로 예언자와 그의 가정에 관한 산문체의 이야기(narrative) 형태로 되어 있으며, 2장은 산문체의 시(prose poetry) 형태로 되어 있다는 점이다.[2] 그리고 1-2장이 호세아를 3인칭으로 칭하고 있다는 점에서 전기적인 자료의 성격을 갖는다면, 3장은 호세아를 1인칭으로 칭함으로써 자서전적인 자료의 성격을 갖는다고 볼 수 있다.[3] 이 점에 비추어 본다면, 3인칭 서술로 된 1장은 호세아의 제자들에게서 비롯된 것임이 확실해 보이며, 1인칭 서술로 된 3장은 호세아 자신으로부터 생겨난 자료일 가능성이 매우 높다.[4]

---

2) Andersen and Freedman, *Hosea*, 61-62. 그러나 림버그는 이와는 달리 1-3장 본문이 1:2-9(재난); 1:10-2:1(희망); 2:2-13(고발과 심판 선고); 2:14-23(희망[H 2:16-25]); 3:1-2(희망); 3:3-4(재난); 3:5(희망) 등의 교차 구조로 되어 있다고 본다: Limburg, *Hosea-Micah*, 28.
3) Andersen and Freedman, *Hosea*, 58.
4) Mays, *Hosea*, 54; Andersen and Freedman, *Hosea*, 58.

2. 본문 주해

    2:2-4(H 2:4-6)   첫 번째 고발과 심판 선고
    2:5-7(H 2:7-9)   두 번째 고발과 심판 선고
    2:8-13(H 2:10-15)   세 번째 고발과 심판 선고
    2:14-23(H 2:16-25) 용서와 회복: 계약 갱신
    3:1-5   고멜을 데려옴: 부부 관계의 회복

첫 번째 고발과 심판 선고(2:2-4[H 2:4-6])

(2:2[H 2:4]) 너희 어머니와 논쟁하고 논쟁하라. 그는 내 아내가 아니요 나는 그의 남편이 아니라. 그가 그의 얼굴에서 음란을 제하게 하고 그 유방 사이에서 음행을 제하게 하라.
(2:3[H 2:5]) 그렇지 아니하면 내가 그를 벌거벗겨서 그 나던 날과 같게 할 것이요, 그로 광야 같이 되게 하며 마른 땅 같이 되게 하여 목말라 죽게 할 것이며,
(2:4[H 2:6]) 내가 그의 자녀를 긍휼히 여기지 아니하리니, 이는 그들이 음란한 자식들임이니라.

    호세아는 이 본문에서 법정 언어를 사용함으로써 남편이신 하나님이 아내인 이스라엘을 상대로 하여 재판을 벌이고 있는 광경을 묘사한다. 특히 성문의 장로들 앞에서 이루어지는 재판과 관련된 '리브'("논쟁하다")라는 낱말이 그렇다(2:2a[H 2:4a]). 이 낱말은 원고가 피고를 고소하는 행위(lawsuit, legal accusation)를 지칭하는 것으로서, 항상 상대방의 잘못을 있는 그대로 고발하고 드러내는 데에만 사용되는 낱말이기 때문이다.5) 그러나 이 본문에 암시되어 있는 재판은 자녀들을 증인으로 참석시키되 재판관을 따로 두지 않고서 원고인 남

편이 재판관의 역할까지 함께 수행하는 형태를 취함으로써, 그 재판의 결과가 전적으로 이스라엘의 남편이신 야웨 하나님께 달려 있음을 분명하게 보여 주고 있다.

그렇다면 남편의 고발은 어떠한 내용으로 이루어져 있는가? 그는 자기 아내에 대하여 "그는 내 아내가 아니요 나는 그의 남편이 아니라"고 선언하는 바(2:2b[H 2:4b]), 이 표현은 시내산 계약 관계를 나타내는 "나는 너희 하나님이 되고 너희는 나의 백성이 될 것이다"는 선언을 변형시킨 것으로서, 이스라엘의 종교적인 탈선으로 인하여 야웨 하나님과 이스라엘 백성 사이의 정상적인 부부 관계가 깨뜨려졌음을 의미한다. 그렇다고 해서 이것이 계약 관계의 완전 무효화 내지는 전면 백지화를 뜻하는 것은 아니며, 호세아의 결혼에 대해서 앞서 언급한 바와 같이 하나님과 이스라엘 사이의 완전한 이혼을 뜻하는 것도 아니다.

물론 여러 학자들이 밝힌 바와 같이[6] "그는 내 아내가 아니요 나는 그의 남편이 아니라"는 표현 자체가 전형적인 이혼 양식에 해당할런지도 모른다. 그러나 본문에 묘사되어 있는 재판이 실제로 있었다고

---

5) H. B. Huffmonn, "The Covenant Lawsuit in the Prophets," *Journal of Biblical Literature* 78 (1959), 285-295. J. Limburg, "The Root ryb and the Prophetic Lawsuit Speeches," *Journal of Biblical Literature* 88 (1969), 291-304; G. W. Ramsey, "Speech Forms in Hebrew Law and Prophetic Oracles," *Journal of Biblical Literature* 96 (1977), 45-58.

6) Cyrus H. Gordon, "Hosea 2:4-5 in the Light of New Semitic Inscriptions," *Zeitschrift für die alttestamentliche Wissenschaft* 54 (1936), 277-280; M. J. Geller, "The Elephantine Papyri and Hosea 2:3," *Journal for the Study of Judaism* 8 (1977), 139-148; M. A. Friedman, "Israel's Response in Hosea 2:17b: 'You Are My Husband,'" *Journal of Biblical Literature* 99 (1980), 199.

보기 어려운 데다가, 남편에 의해 제기된 소송은 이혼을 위한 소송이 아니라 아내인 이스라엘의 음행을 고발함으로써 그녀를 다시 얻으려는 목적을 분명하게 가지고 있는 까닭에, 본문에 나오는 소송을 반드시 이혼 소송으로 볼 필요는 없다. 남편이신 하나님의 궁극적인 관심사는 아내인 이스라엘로부터 완전히 갈라서고 또 아내를 추방함으로써 자신의 권리를 지키려는 데 있는 것이 아니라, 사랑에 기초하여 그 아내를 되찾으려는 데에 있기 때문이다. 이혼이 문제 해결의 최종적인 수단이 될 수 없음은 물론이다. 따라서 본문의 소송은 이혼 양식을 차용하되, 그것을 위협의 한 수단으로 활용함으로써 정상적인 계약 관계를 회복하려는 목적을 가지고 있다고 볼 수 있다.7)

이러한 사실은 남편이 아내에게 그 얼굴에서 창기의 표지('즈누님')8)를 지우고 유방 사이에서 음행('나아푸핌')9)을 제거하라고 요청하는 것에 의해 뒷받침된다(2:2c[H 2:4c]). 이 요청은 부부 관계를 지키고 개선하려는 노력을 포함하고 있는 것으로서, 계약의 주인이신 하나님이 여전히 아내인 이스라엘에게 남편으로서의 권리 주장을 할 수 있음을 잘 보여 주고 있기 때문이다. 이것은 야웨 하나님과 이스라엘

---

7) Mays, *Hosea*, 37-38; Wolff, *Hosea*, 33; McKeating, *The Books of Amos, Hosea and Micah*, 83; G. I. Emmerson, *Hosea: An Israelite Prophet in Judean Perspective* (Sheffield: JSOT Press, 1984), 22; Stuart, *Hosea-Jonah*, 47; Limburg, 『호세아-미가』, 40; 김이곤, 『구약성서의 고난신학』 (서울: 한국신학연구소, 1989), 515; G. W. Light, "The New Covenant in the Book of Hosea," *Review and Expositor*, 223-229; G. P. Hugenberger, *Marriage as a Covenant: A Study of Biblical Law and Ethics Governing Marriage, Developed from the Perspective of Malachi* (Leiden: E. J. Brill, 1994), 231-234.
8) 1:2에 대한 설명을 참조.
9) 이 낱말은 부부가 아닌 남녀가 서로 성적인 관계를 맺는 행동을 가리킨다: 이동수, 『호세아 연구』 (서울: 장로회신학대학교 출판부, 2005), 24.

사이의 관계에서 볼 경우, 이스라엘을 향한 회개 요청을 의미하는 것으로서, 이스라엘이 자신의 얼굴에 진한 화장을 하고(렘 4:30; 겔 23:40) 유방 사이에는 일종의 최음제에 해당하는 향주머니(아 1:13)를 품는 창기와도 같이 바알 숭배에 빠져 있음을 비판하고 있다.10) 2장 13절에서도 보듯이 그것은 어쩌면 바알 종교의 풍요제의에서 사용하던 귀금속류를 가리킬 수도 있을 것이다(참조. 창 35:4; 출 32:2).11)

만일에 이스라엘이 남편인 야웨 하나님의 이러한 요청을 거부한다면 어떠한 결과가 생겨날 것인가? 3절(H 5절)에 의하면 그는 아내인 이스라엘을 벌거벗길 것이요, 그를 목말라 죽게 할 것이다. 여기서 이스라엘을 벌거벗긴다는 것은 어떠한 의미를 갖는 것일까? 일반적으로 결혼한 아내에게 옷을 입히는 것은 남편의 의무인데도(출 21:10), 야웨께서 아내인 이스라엘을 벌거벗긴다는 것은, 그러한 의무를 더 이상 이행하지 않을 것이며, 그렇게 함으로써 이스라엘로 하여금 큰 부끄러움과 수치를 느끼게 하겠다는 것을 의미한다(참조. 렘 13:22, 26-27; 겔 16:37-39; 23:29; 나 3:4-5 등).

그것은 또한 만일에 이스라엘이 전혀 뉘우침이 없이 이전처럼 음행을 계속한다면, 기근이나 가뭄 같은 방법을 통해서 생활에 필요한 물품들의 공급을 중단하겠다는 것으로도 이해된다.12) 야웨께서 이스라엘을 벌거벗김으로써 삶에 필요한 모든 것들, 곧 풍요를 박탈하겠다

---

10) Andersen and Freedman, *Hosea*, 224-225.
11) Mays, *Hosea*, 38. 창기의 신분을 나타내는 다양한 표지에 대해서는 다음을 참조: Wolff, *Hosea*, 33-34.
12) 벌거벗음은 부끄러움을 나타내기도 하지만(미 1:11) 동시에 극도의 궁핍을 나타내기도 하기 때문이다(욥 22:6; 24:7, 10; 암 2:16 등): McKeating, *The Books of Amos, Hosea and Micah*, 84; Stienstra, *YHWH is the Husband of His People*, 106.

는 것은, 이스라엘을 광야('미드빠르') 같게 하고 마른 땅('에레츠 치야') 같이 되게 하여 목말라 죽게 하겠다(참조. 출 17:3)는 위협의 말씀을 통해서 그 의미가 더욱 분명하게 드러난다. 이스라엘은 바알 종교의 풍요제의에 참여함으로써 풍요와 다산을 보증 받고자 하지만, 아무런 소득을 얻지 못할 것이요, 그들이 기대하던 결과는 절대로 이루어지지 않을 것이다. 그 까닭은 '로루하마'라는 둘째 딸의 이름에서 알 수 있듯이, 야웨께서 그의 자녀들까지도 음란한 자식들로 간주하여 그들에게서 긍휼을 완전히 거두어 가실 것이기 때문이다(2:4[H 2:6]).

두 번째 고발과 심판 선고(2:5-7[H 2:7-9])

(2:5[H 2:7]) 그들의 어머니는 음행하였고 그들을 임신했던 자는 부끄러운 일을 행하였나니 이는 그가 이르기를, "나는 나를 사랑하는 자들을 따르리니 그들이 내 떡과 내 물과 내 양털과 내 삼과 내 기름과 내 술들을 내게 준다" 하였음이라.
(2:6[H 2:8]) 그러므로 내가 가시로 그 길을 막으며 담을 쌓아 그로 그 길을 찾지 못하게 하리니
(2:7[H 2:9]) 그가 그 사랑하는 자를 따라갈지라도 미치지 못하며 그들을 찾을지라도 만나지 못할 것이라. 그제야 그가 이르기를, "내가 본 남편에게로 돌아가리니 그 때의 내 형편이 지금보다 나았음이라" 하리라.

이스라엘의 바알 숭배를 창기의 행위에 비교하는 호세아의 결혼 은유는 5절(H 7절)에서도 발견된다. 호세아의 이 비판에 의하면, 야웨 하나님의 아내인 이스라엘은 창기와도 같이 행동할 뿐만 아니라, 한 술 더 떠서 일반 창기처럼 손님("사랑하는 자들")을 기다리는 것이 아니라, 적극적으로 그들을 따라다니는[13] 버릇을 가지고 있었다. "사랑하는 자들"은 이스라엘 백성이 여러 지역에서 섬기던 바알 신 내지는

바알을 대표하는 자들을 가리키는 것으로서(2:13[H 2:15])14), 4:11-14에 묘사된 바와 같이 당시의 이스라엘 백성은 산당에 신전 창기들을 두고서 그들과의 성관계를 통해 바알과 아세라의 성관계를 제의적으로 실연(實演)함으로써 풍요와 다산을 보증 받고자 했다. 호세아는 이러한 현실을 일컬어 고멜이 행음하였고 부끄러운 일을 했다고 말한다.15)

야웨의 아내인 이스라엘이 이처럼 바알 숭배에 빠진 실제적인 이유는 바알이 일상생활의 3대 요소들, 곧 떡과 물(기본 음식물), 양털과 삼(의복 재료), 기름과 술(삶을 즐기기 위한 사치품들) 등을 준다고 믿고서, 풍요제의 참여를 통하여 그에게서 그것들을 얻으려고 했기 때문이다. 이에 대하여 야웨께서는 어떠한 조치를 취하실 것인가? 호세아는 2:6-7(H 2:8-9)에서 야웨의 심판이 단순히 풍요를 빼앗고 그들의 풍요 기대를 좌절시키는 것만으로 끝나지 않을 것임을 예고한다. 그는 야웨께서 바알 숭배 내지는 혼합주의적인 야웨 숭배를 막기 위한 근본적인 대책으로 격리와 차단의 방법을 사용하실 것임을 예언하고 있는 것이다.

이 본문에 의한다면, 야웨께서는 바알을 풍요의 신으로 믿고서 따르는 자들이 바알 신전으로 또는 산당으로 순례길을 떠나는 것을 직접 막으실 것이요, 그들로 하여금 더 이상 바알 종교의 풍요제의에 참여하지 못하게 막으실 것이다.16) 야웨께서 이처럼 그들의 풍요제의 참여를 원천 봉쇄하심으로써 그들이 기대하던 온갖 풍요를 박탈하시

---

13) 호세아는 5절(H 7절)의 "따라가리니"에서 '할라크' 동사의 연장형(cohortative)을 사용함으로써, 주어의 강한 결심과 희망을 나타내고 있다: 이동수, 『호세아 연구』, 25.
14) Wolff, *Hosea*, 35; Andersen and Freedman, *Hosea*, 249.
15) Mauchline, "The Book of Hosea," 560-561.
16) Wolff, *Hosea*, 38; Andersen and Freedman, *Hosea*, 236-237.

면, 이스라엘 백성은 처음 남편과 사이좋게 지내던 때, 곧 야웨 하나님과 온전한 계약 관계를 맺고서 지냈을 때가 더 좋았음을 깨닫게 될 것이다. 이것은 야웨의 심판이 이혼을 목적으로 하는 것이 아니라 관계 회복을 목적으로 하고 있음을 뚜렷하게 보여 준다. 하나님은 이혼장을 주고서 그녀를 쫓아낼 수 있는 법적인 권리를 가지고 있지만(신 24:1-4), 그렇게 하지 않고 도리어 그녀가 바른 계약 관계 속으로 돌아오도록('슈브'="돌아가리니," 7절[H 9절])[17] 유도하고 있다.

여기서 호세아가 칭하는 "본 남편"('이쉬 하리숀')이라는 표현은 아내가 이혼을 했다거나 재혼하여 새 남편을 두고 있음을 뜻하지 않는다. 만일에 그것이 사실이라면, 본 남편과의 관계는 더 이상 음행일 수 없는데다가, 이미 이혼한 자에게는 처벌이나 징계가 불가능하기 때문이다. 고멜(이스라엘)의 입장에서 볼 때는 결혼이 끝장난 것이나 다름없는 것으로 여겨졌겠지만, 호세아(야웨)의 입장에서는 그렇지 않았다.[18] "본 남편"이라는 표현 자체가 야웨 하나님이 여전히 이스라엘의 남편임을 암시한다. 2:5, 7, 10, 13[H 2:7, 9, 12, 13] 등에서 확인할 수 있듯이, 아내인 이스라엘이 남편을 버리고서 따르는 자들은 어디까지나 "사랑하는 자들"일 뿐이지 결코 "남편"으로 칭함 받지는 않기 때문이다.

세 번째 고발과 심판 선고(2:8-13[H 2:10-15])

(2:8[H 2:10]) 곡식과 새 포도주와 기름은 내가 그에게 준 것이요, 그들이 바알을 위하여 쓴 은과 금도 내가 그에게 더하여 준 것이거늘

---

17) 호세아는 '할라크' 동사와 '슈브' 동사의 연장형(cohortative)을 병렬 사용함으로써 말하는 자의 강한 소원과 결심을 표현하고 있다: 이동수, 『호세아 연구』, 25.
18) Andersen and Freedman, *Hosea*, 222; Stuart, *Hosea-Jonah*, 49.

그가 알지 못하도다.
(2:9[H 2:11]) 그러므로 내가 내 곡식을 그것이 익을 계절에 도로 찾으며 내가 내 새 포도주를 그것이 맛 들 시기에 도로 찾으며 또 그들의 벌거벗은 몸을 가릴 내 양털과 내 삼을 빼앗으리라.
(2:10[H 2:12]) 이제 내가 그 수치를 그 사랑하는 자의 눈 앞에 드러내리니 그를 내 손에서 건져낼 사람이 없으리라.
(2:11[H 2:13]) 내가 그의 모든 희락과 절기와 월삭과 안식일과 모든 명절을 폐하겠고
(2:12[H 2:14]) 그가 전에 이르기를, "이것은 나를 사랑하는 자들이 내게 준 값이라" 하던 그 포도나무와 무화과나무를 거칠게 하여 수풀이 되게 하며 들짐승들에게 먹게 하리라.
(2:13[H 2:15]) 그가 귀고리와 패물로 장식하고 그가 사랑하는 자를 따라가서 나를 잊어버리고 향을 살라 바알들을 섬긴 시일대로 내가 그에게 벌을 주리라. 여호와의 말씀이니라.

야웨께서는 이스라엘의 종교적인 음행을 비판하는 맥락에서, "내가"라는 표현의 반복을 통하여 이스라엘이 풍요제의 참여를 대가로 하여 바알에게서 구하고자 했던 것들이 본래는 풍요의 주인이신 하나님 자신의 은혜로운 선물로 주어지는 것임을 강조하신다(참조. 신 28:1-14). 8절(H 10절) 본문에 의하면, 이스라엘 백성은 부지런히 바알 종교의 풍요제의에 참여하면서, 땅의 풍요를 상징하는 세 가지 기본 물품들, 곧 곡식과 포도주와 기름 등을 바알에게서 얻고자 했다. 이 셋은 본래 계약 관계에서 비롯되는 복이요, 야웨 하나님의 선물로 이해되는 것들이었다(신 7:13; 11:14). 그리고 은과 금은 경제적인 번성을 상징하는 것들로서, 여로보암 2세 때에 활발한 대외 무역을 통해 상류 사회에 널리 유통되던 것들이었다(암 8:4 이하; 6:4 이하). 이스라엘은 아마도 외국에서 수입한 은과 금으로 바알 신상을 만드는 데 사용했을 것이다(호 8:4; 13:2; 렘 10:4; 겔 16:17; 사 40:19 등).[19]

또한 이스라엘은 공감 주술에 기초한 신전 창기와의 성관계를 그 중심에 가지고 있는 풍요제의에 참여하여 포도나무와 무화과나무 등의 값을 구하고자 했다(12절[H 14절]). 그러나 호세아는 풍요제의의 결과물로 여겨지던 포도나무와 무화과나무(참조. 렘 5:17; 욜 2:22)를 창기의 값으로 취급함으로써(9:1-2), 그러한 식의 풍요제의 참여가 야웨께서 금하시는 것임을 강조함과 동시에[20], 바알이 이 모든 것들을 제공하는 풍요의 신이라는 생각이 크게 잘못된 것임을 지적하고자 했다.

이것을 압축하여 호세아는 이스라엘이 땅의 풍요를 상징하는 모든 물품들을 야웨께서 주신 것임을 알지 못할 뿐만 아니라(8절[H 10절]), 그들의 남편인 야웨를 잊어버리고 바알에게 제사를 드렸다고 말한다(13절[H 15절]). "잊었다"('샤카흐')는 것은 "알다"('야다')와 대조를 이루는 낱말로서, 이스라엘이 풍요의 주인이신 야웨를 떠나 바알 숭배에 빠짐으로써 야웨와의 계약 관계를 망각했음을 뜻했기 때문이다(참조. 13:4-6).[21] 이것은 이스라엘의 종교적인 탈선이 야웨 하나님께 대한 지식('다아트 엘로힘')을 갖지 못한 것과 계약 관계에 기초한 시내산 계약법에 충실('헤쎄드')하지 못했음을 가리킨다(4:1-3, 6; 6:6).

이러한 죄악에 대하여 하나님의 심판은 어떠한 모습을 가지고서 나타날 것인가? 9-10절(H 11-12절)에 그것이 잘 묘사되어 있다. 하나님은 아내인 이스라엘이 계약 관계에서 주어지는 각종 복과 은혜에 대하여 감사하기는커녕 도리어 바알 종교의 풍요제의에 참여하여 창

---

19) Mays, *Hosea*, 41; Mauchline, "The Book of Hosea," 581-582; Wolff, *Hosea*, 37; Andersen and Freedman, *Hosea*, 242-243.
20) Mays, *Hosea*, 42-43; Stuart, *Hosea-Jonah*, 52.
21) H. W. Wolff, "'Wissen um Gott' bei Hosea als Urform von Theologie," *Gesammelte Studien zum alten Testament* (München: Chr. Kaiser Verlag, 1973), 188-189; Mays, *Hosea*, 43-44.

기와 같은 행동을 취함으로써 각종 풍요와 복을 구하고자 하지만, 절대로 그러한 결과가 이루어질 수 없을 것임을 강조하신다. 풍요의 주인이신 야웨께서 본래 그들에게 주셨던 모든 물품들을 다 빼앗으시면 정해진 때, 곧 수확기가 되어도 그것들을 수확할 수 없게 되기 때문이다. 설령 수확을 할 수 있는 때가 되어 거두어들일 것들이 다소나마 있을지라도, 그것들마저 짐승들이 남김없이 다 먹어치울 것이며(참조. 레 26:22; 신 28:18, 51; 32:24 등), 바알이 풍요제의 참여에 대한 대가로 준 "값"('에트나')22)으로 여겨지던 포도나무와 무화과나무는 황무지로 변할 것이요, 들짐승들의 먹이가 되고 말 것이다(12절[H 14절).

야웨께서는 이처럼 이스라엘이 바알에게서 구하고자 했던 각종 물품들과 삶의 풍요들(2:5, 8, 12[H 2:7, 10, 14])을 다 빼앗음으로써,23) 그들을 벌거벗은 자처럼 만들어 그들의 계약 위반 행위(4:1-2; 9:1)를 크게 벌하실 것이다.24) 이것은 3절과 마찬가지로 그들에게 심

---

22) 본래 "값"을 뜻하는 낱말이 '에트난'(신 23:18; 호 9:1; 미 1:7; 겔 16:31, 34, 41 등)임을 고려한다면, 구약성서에 단 한 번 나오는 호세아 2:12(H 2:14)의 '에트나'는 바로 앞에 있는 '트에나'("무화과나무")를 염두에 둔 말놀이(word-play)의 결과일 가능성이 높다: Mauchline, "The Book of Hosea," 560-561; Wolff, *Hosea*, 38; Landy, *Hosea*, 32; Stuart, *Hosea-Jonah*, 52; Davies, *Hosea*, 77.
23) 호세아는 9절(H 11절)에서 '슈브' 동사와 '라카흐' 동사를 병렬 사용함으로써(개역 개정판은 "도로 찾으며"로 번역하나 "돌아가서 빼앗으며"로 번역함이 더 적절할 것이다; 개역 개정판의 두 번째 "도로 찾으며"는 히브리어 원문에 없는 것임), '슈브' 동사가 7절(H 9절)이나 3:5에서처럼 회복의 의미로서가 아니라 심판의 의미로서 사용될 수도 있음을 분명하게 보여 주고 있다.
24) 9절의 "벌거벗은 몸"('에르봐')와 10절의 "수치"('나블루트')는 남녀의 성기를 가리키는 완곡어법에 해당한다: Andersen and Freedman, *Hosea*, 236; Wolff, *Hosea*, 31; Stuart, *Hosea-Jonah*, 51. 하나님의 심판을 여성의 벌거벗음과 관련시키는 심판 신탁은 예언자들의 외설성(prophetic pornography)

한 기근이 들게 할 것임을 의미하는 것으로 보인다.25) 4:3에 의하면, 그러한 흉년과 기근은 땅에 거하는 모든 생명체가 시들어가게 할 정도로 심한 것이 될 것이며, 바다의 고기까지도 없어질 것이다. 그러나 이스라엘이 그토록 열심히 숭배하고 신뢰하던 바알은 야웨께서 이스라엘의 벌거벗은 몸과 부끄러운 곳을 사랑하는 자들의 목전에 드러내셔도 그들을 전혀 돕지 못하는 무기력한 모습을 보일 것이다("너를 내 손에서 건져낼 사람이 없으리라," 10절[H 12절]).

하나님의 심판은 풍요의 박탈로 끝나지 않는다. 그것은 종교적인 차원으로까지 확대된다. 11절(H 13절)은 야웨께서 "모든 희락과 절기와 월삭과 안식일과 모든 명절"을 폐하실 것이라고 말한다. 그 까닭은 이스라엘 백성이 년별로, 월별로, 주별로 지키는 제의 달력이야말로 바알 숭배의 온상이 되어 왔기 때문이다. 여기서 호세아는 이들 절기들과 축제들에 예외 없이 "그녀의"라는 대명사 접미어(pronominal suffix)를 붙임으로써, 그것들이 야웨께서 원하시는 그의 절기들이 아니라 이스라엘이 바알을 위해 지킨 그들 나름의 절기들이었음을 고발한다(참조. 암 5:21-23). 호세아는 또한 이스라엘이 지키던 각종 절기와 모임들을 총칭하여 "향을 살라 바알들을 섬기던 날들"이라고 칭함으로써(2:13[H 2:15]), 그 절기들이 실상은 바알을 위한 절기들이었음을 비판하기도 한다.26)

과 관련된다: T. D. Setel, "Divine Love and Prophetic Pornography," in F. van Dijk-Hemmes and A. Brenner (eds.), *On Gendering Texts: Female and Male Voices in the Hebrew Bible* (Leiden: E. J. Brill, 1993), 167-193. 남녀의 성기를 가리키는 구약성서의 다양한 표현들에 대해서는 필자의 다음 글을 참조; "구약성서의 성기 관련 어휘 연구," 『신학이해』 제31집 (2006), 7-37.

25) Mays, *Hosea*, 41; Andersen and Freedman, *Hosea*, 245.
26) Mays, *Hosea*, 42; Wolff, *Hosea*, 40; Stuart, *Hosea-Jonah*, 51-52; Joel F.

용서와 회복: 계약 갱신(2:14-23[H 2:16-25])

(2:14[H 2:16]) 그러므로 보라, 내가 그를 타일러 거친 들로 데리고 가서 말로 위로하고

(2:15[H 2:17]) 거기서 비로소 그의 포도원을 그에게 주고 아골 골짜기로 소망의 문을 삼아 주리니 그가 거기서 응대하기를 어렸을 때와 애굽 땅에서 올라오던 날과 같이 하리라

(2:16[H 2:18]) 여호와께서 이르시되, "그 날에 네가 나를 내 남편이라 일컫고 다시는 내 바알이라 일컫지 아니하리라.

(2:17[H 2:19]) 내가 바알들의 이름을 그의 입에서 제거하여 다시는 그의 이름을 기억하여 부르는 일이 없게 하리라

(2:18[H 2:20]) 그 날에는 내가 그들을 위하여 들짐승과 공중의 새와 땅의 곤충과 더불어 언약을 맺으며 또 이 땅에서 활과 칼을 꺾어 전쟁을 없이하고 그들로 평안히 눕게 하리라

(2:19[H 2:21]) 내가 네게 장가 들어 영원히 살되 공의와 정의와 은총과 긍휼히 여김으로 네게 장가 들며

(2:20[H 2:22]) 진실함으로 네게 장가 들리니 네가 여호와를 알리라."

(2:21[H 2:23]) 여호와께서 이르시되, "그 날에 내가 응답하리라. 나는 하늘에 응답하고 하늘은 땅에 응답하고

(2:22[H 2:24]) 땅은 곡식과 포도주와 기름에 응답하고 또 이것들은 이스르엘에 응답하리라.

(2:23[H 2:25]) 내가 나를 위하여 그를 이 땅에 심고 긍휼히 여김을 받지 못하였던 자를 긍휼히 여기며 내 백성 아니었던 자에게 향하여 이르기를, '너는 내 백성이라' 하리니, 그들은 이르기를, '주는 내 하나님이시라' 하리라" 하시니라.

Drinkard, "Religious Practice Reflected in the Book of Hosea," *Review and Expositor* 90 (1993), 206.

문서 예언자들은 항상 예언 메시지들의 말미에 심판을 뛰어넘는 하나님의 구원과 이스라엘의 회복에 관한 말씀을 선포하는 바, 이 점은 호세아의 경우도 예외가 아니다. 여전히 결혼 은유를 적용하고 있는 14절(H 16절) 이하에서, 호세아는 하나님의 구원과 이스라엘의 회복이 남편이신 야웨 하나님의 구애로부터 비롯된다고 말한다. 이것은 이스라엘과의 관계 회복이 처음 구애에 해당하는 출애굽 사건으로부터 다시 시작해야 할 성격의 것임을 의미한다(8:13; 9:3). 이스라엘은 처음부터 다시 시작해야 할 정도로 구제 불능의 상태에 빠져 있기 때문이다.

야웨 하나님의 구애 행위는 그가 아내인 이스라엘을 유혹하여 거친 들('미드빠르')로 데리고 가는 것으로 시작된다. 이스라엘을 유혹하는 하나님의 행위는 출애굽기 22:16에서 보는 바와 같이 남자가 약혼하지 않은 처녀를 유혹할 때의 행동과 같은 것(참조. 삿 14:14; 16:5)[27]으로, 야웨께서 이스라엘을 여전히 자신의 아내로 인정하고 있음을 나타내고 있다. 호세아는 이러한 성적인 언어를 야웨 하나님께 적용함으로써, 그가 아내인 이스라엘을 잘 설득하고 꾀어 완전히 새롭게 시작하실 것임을 강조한다.

야웨께서는 앞서 이스라엘 백성의 죄악을 벌하여 그들을 광야와 마른 땅 같이 되게 하고 또 그들로 하여금 목말라 죽게 하겠다고 위협하셨지만(3절[H 5절]), 이제는 정반대로 광야가 새로운 출발의 장소가 되게 하실 것이다. 연인들이 자기들만의 시간을 갖기를 원하는 것처럼 야웨께서도 이스라엘을 광야("거친 들")로 이끌어 내어 사랑을 고백

---

27) 여기에 쓰인 동사는 '파타'의 피엘형으로서, "꾀다" 또는 "타이르다/설득하다"는 뜻을 가지고 있다: Wolff, *Hosea*, 41; Landy, *Hosea*, 40. 개역은 "타일러"라고 번역하고 있지만, 공동번역과 표준 새번역은 각각 "꾀어내어"와 "꾀어서"로 번역하고 있다.

하는 조용한 시간을 가지실 것이기 때문이다. 광야는 야웨께서 처음에 이스라엘을 애굽에서 이끌어 내어 인도하신 곳이요(출 13:18), 모든 것이 부족하여 전적으로 야웨 하나님만을 의지해야 하는 곳이다(호 13:5). 그러나 야웨께서는 불임(不姙)과 혼돈과 죽음의 장소가 변하여 새로운 탄생과 질서와 생명의 장소가 되게 하실 것이다.28) 그가 광야로 이스라엘을 이끄시고 "그의 마음을 향해 말씀하심"('워디빠르티 알-립바흐')29)으로써 그에게 구애하시면서, 오로지 한 남편이신 하나님만을 의지하고 신뢰할 것을 요청하시리라는 것이 그 점을 뒷받침한다.

그리고 이스라엘은 범죄로 인하여 약속의 땅을 빼앗겼지만 이제는 풍요의 주인이신 야웨 하나님께로부터 신부 값(bride-price) 또는 결혼 예물(bridal gift)에 해당하는 새로운 땅, 곧 자기 소유의 포도원("그의 포도원")을 선물로 받을 것이다(참조. 민 16:14; 신 6:11; 삼하 3:14; 사 5장; 아 7:11-13 등). 야웨께서는 물론 그 선물을 새로운 시작의 장소인 광야로부터("거기서") 주실 것이다. 또한 야웨는 마치 신랑이 신부를 새 집으로 안내하듯이 광야와도 같은 아골 골짜기를 소망의 문으로 삼아 이스라엘과의 새로운 약속의 삶을 시작하실 것이다. 아골 골짜기는 본래 "괴로움(또는 고통)의 골짜기"(valley of trouble)라는 뜻을 가진 곳으로서, 죽음의 어두운 그림자가 머물러 있던 괴로움과 고통의 골짜기(수 7:24-26; 15:7)가 변하여 새로운 삶을 가능케 하는 희망의 골짜기로 바뀔 것임을 뜻하는 말놀이(word-play)를 그 안

---

28) F. Landy, "In the Wilderness of Speech: Problems of Metaphor in Hosea," *Biblical Interpretation* 3 (1995), 35-59.
29) 창세기 34:3; 룻기 2:13; 사사기 19:3 등에서 보듯이 이 표현은 구애를 나타내는 전형적인 것이다: Wolff, *Hosea*, 42. 개역과 표준 새번역은 이사야 40:2에 근거하여 제각기 "말로 위로하고"와 "다정한 말로 달래주겠다"로 번역하고 있으나, 공동번역은 "사랑을 속삭여 주리라"로 번역한다.

에 포함하고 있다(참조. 사 65:10).30) 이것은 야웨께서 마치 범죄한 아간처럼 죽음의 형벌을 받은 이스라엘로 하여금 과거로부터 해방된 자유로운 삶, 곧 과거의 제약을 받지 않는 새로운 삶을 누리게 할 것임을 뜻한다.

하나님의 이러한 사랑에 대하여 이스라엘은 어렸을 때('느우레하'=렘 2:2)와 애굽 땅에서 올라오던 날과 같이 응답할 것이다. 이것은 첫 출애굽의 경험과도 같은 새로운 구원 경험, 곧 새로운 출애굽(New Exodus)31)을 통해서 부부 관계가 회복됨과 아울러 계약 관계의 갱신이 이루어질 것임을 뜻한다. 이스라엘이 이처럼 때 묻지 않은 정결한 처녀로 하나님과의 부부 관계를 새롭게 시작할 것이라는 메시지는 결혼 은유를 통해 16-20절(H 18-22절)에 잘 표현되어 있다.

하나님의 새로운 구원이 이루어지고 부부 관계가 회복되려면 하나님의 구애에 대한 이스라엘의 응답이 필요한 바, 그것은 이스라엘이 남편 아닌 자(바알)를 남편(야웨)과 혼동하지 않고(16절[H 18절]), 더 이상 바알 숭배를 추구하지 않는 것(17절[H 19절])으로 나타날 것이다. 달리 말해서 바알을 야웨 하나님의 별칭으로 생각하고서 야웨를 바알로 부르던 혼합주의적인 형태의 야웨 숭배가 사라질 것이며, 야웨 아닌 다른 신들, 특히 바알을 숭배하는 이교주의가 이스라엘 안에서 사라질 것이다.32) 이것은 창기처럼 음란하게 바알을 섬기던 이스라엘

---

30) F. I. Andersen and D. N. Freedman, *Hosea*, 276.
31) F. M. Cross, *Canaanite Myth and Hebrew Epic: Essays in the History of the Religion of Israel* (Cambridge: Harvard University Press, 1973), 109; Davies, *Hosea*, 81; 장일선,『구약 전승의 맥락』(서울: 대한기독교출판사, 1988), 187; Yair Hoffman, "A North Israelite Typological Myth and a Judaean Historical Tradition: The Exodus in Hosea and Amos," *Vetus Testamentum* 39 (1989), 169-177; 방석종,『호세아/요엘』, 135.
32) Mauchline, "The Book of Hosea," 589; Mays, *Hosea*, 48; Wolff, *Hosea*,

에게 벌을 주어 그로 하여금 본 남편에게로 돌아가게 하려는 하나님의 의도(2:7[H 2:9])가 성취될 것임을 의미한다.

그러나 이러한 변화 역시 이스라엘의 자율적인 노력으로 이루어지는 것이 아니라 야웨 하나님의 직접적인 간섭에 의해 이루어진다. 이스라엘이 바알 종교의 풍요제의에 참여하는 것을 중단하고서 야웨 하나님과의 계약 관계로 복귀하는 일은 오로지 야웨 하나님의 주도적인 행동에 의해서만 가능한 것이다. 17절(H 19절)에 언급된 바와 같이, 풍요제의 참여의 중단은 야웨께서 그들로 하여금 더 이상 바알의 이름을 부르면서[33] 그를 섬기지 못하게 하시고 그에 관한 기억을 제거하실 것이기 때문이다(6-7, 11절[H 8-9, 13절]).

야웨 하나님과의 관계 회복은 부수적으로 계약 관계에서 비롯되는 하나님의 복을 가능하게 하는 바, 그것은 주변 세계와의 평화로 나타난다(18절[H 20절]). 그리고 그 평화는 두 가지 영역에서 이루어진다. 그 하나는 야웨께서 홍수 후에 노아와 그의 가족을 포함한 모든 피조물과 우주적인 계약을 맺은 것처럼(창 9:8-11), 이스라엘을 위하여 모든 피조물-더 정확하게는 들짐승과 공중의 새와 땅의 곤충-과 계약을 맺음으로써 자연계와의 사이에 이루어지는 평화이다.[34] 이 평화는 4:3에서 선포한 저주가 완전히 뒤바뀌는 것을 의미하는 바[35], 특

49; Andersen and Freedman, *Hosea*, 278-279; Davies, *Hosea*, 82; 방석종, 『호세아/요엘』, 151.

33) 안식일 준수에 관한 규정인 출애굽기 23:13이나 여호수아 23:7; 아모스 6:10; 시편 7; 스가랴 13:2 등에서 보듯이, 신의 이름을 부르는 것은 곧 그 이름을 가진 신을 섬기는 제의적인 현실을 전제한다: J. L. Mays, *Hosea*, 49; H. W. Wolff, *Hosea*, 50; F. I. Andersen and D. N. Freedman, *Hosea*, 279.

34) R. Murray, *The Cosmic Covenant* (London: Sheed and Ward, 1992), 31-32, 39; Davies, *Hosea*, 84.

히 짐승들은 포도나무와 무화과나무를 먹어 치우던 심판의 도구로서의 역할을 중단하고, 이제는 평화의 계약에 참여할 자로 그 역할이 바뀔 것이다(참조. 창 9:8-11; 레 26:6; 민 22:21-30; 사 11:6-9; 65:25; 겔 34:25 등).

두 번째 평화는 전쟁의 중단을 통해서 이루어지는 평화이다. 야웨는 계약 규정(레 25:19; 26:6)에 명시된 바와 같이, "활과 창을 꺾어 전쟁을 없이하심"으로써36) 이스라엘이 약속의 땅에서 평안하게 살 수 있게 하실 것이다. 처음에는 이스라엘의 죄에 대하여 그들의 활을 꺾는 일이 있었으나(1:5), 이제는 야웨께서 이스라엘을 위협하는 온갖 전쟁 무기들을 없애실 것이다. 그러나 이러한 복은 여전히 이스라엘의 자발적인 순종에 의해서 이루어지는 것이 아니라, 이스라엘을 계약 관계 안으로 끌어들이시는 야웨 하나님의 은총의 선물로서 주어진다.

이것은 하나님께서 이스라엘의 남편으로 장가들 것이라는 약속(19-20절[H 21-22절])에 의해 더욱 분명하게 드러난다. 세 차례에 걸쳐 반복되는 이 약속은 특히 하나님께서 "영원히" 이스라엘의 남편이 될 것이라는 사실을 강조하고 있다. 이스라엘의 결혼 풍습에 있어서 "장가 든다"는 낱말은, "내가 네게 장가 들어 영원히 살되"라는 표현에서 보듯이, 결혼의 마지막 단계에 속한 것이면서 동시에 남자로 하여금 신부 값을 지불하게 함으로써 혼인 계약에 책임을 지게 하는 것을 포함했다.

---

35) Brueggemann, *Tradition for Crisis*, 77.
36) 호세아는 피조물들과 맺는 우주적인 계약에 관해 말하면서 세 가지 피조물을 언급하며, 사람 사이에 이루어질 평화에 관해 말하면서 활과 칼과 전쟁 등의 세 가지가 제거될 것임을 강조한다. 이러한 세 쌍 개념 유형은 호세아의 자녀들이 세 명이라는 사실과 함께 호세아 문체의 한 특징을 이룬다: Andersen and Freedman, *Hosea*, 280.

야웨께서도 이러한 결혼 관습에 부응하여 공의('체데크')와 정의('미슈파트')와 은총('헤쎄드')과 긍휼히 여김('라하밈') 및 진실함('에무나') 등의 다섯 가지 기본 요소들을 신부 값으로 약속하셨다. 이 다섯은 계약 관계뿐만 아니라 부부 관계를 지탱하는 데 없어서는 안 될 중요한 요소들로서, 단순히 삶에 필요한 물질적인 것들과는 질적으로 다른 것들이었다. 야웨께서는 물질적인 풍요 이상의 정신적인 것들까지도 신부 값으로 지불하겠다고 약속하신 것이다.

그렇다면 결혼의 상대자인 이스라엘은 어떻게 응답해야 하는가? 그들은 야웨께서 주도하시는 새로운 계약 관계에서 아무런 책임도 지지 않는다. 그에게는 어떠한 요구 조건도 없다.[37] 단지 필요한 것은 야웨 하나님을 "아는"('야다') 일일 뿐이다("네가 여호와를 알리라," 20절[H 22절]; 6:3). 이전에는 그들이 바알 숭배에 빠져 야웨 하나님을 잊었지만(1:13, '샤카흐') 이제는 변하여 그를 알게 될 것이다. "안다"는 것은 성적인 관계를 상징(창 4:1; 19:8; 24:16; 38:26; 민 31:17, 35; 삿 11:39; 21:12 등)하는 것이기도 하기 때문에 이 구절은 결혼 은유의 한 부분에 속한다.[38] 그러나 본질적으로는 야웨 하나님과의 계약 관계를 나타내는 것으로서, 계약 백성인 이스라엘이 야웨 하나님의 구원 행동과 그의 뜻에 순종으로 응답하는 것을 의미한다.

이스라엘의 응답과는 별도로, 하나님과의 관계 회복은 마침내 풍요로운 농산물의 수확으로 귀결된다. 야웨 하나님이야말로 풍요의 주인이시기 때문이다. 이 점은 21-23절(H 23-25절)에 있는 종말론적인

---

37) 이러한 형태의 새로운 계약은 호세아가 예레미야 31:31-34의 선구자임을 의미한다: Mays, *Hosea*, 52; Wolff, *Hosea*, 51, 55; Andersen and Freedman, *Hosea*, 281.
38) Mays, *Hosea*, 52; Landy, *Hosea*, 45; Stuart, *Hosea-Jonah*, 60; Hugenberger, *Marriage as a Covenant*, 273-275.

갱신의 메시지에 잘 반영되어 있다. 이 본문에 의하면, 풍요로운 땅의 회복은 전적으로 야웨 하나님의 주도에 의해 이루어진다. 야웨의 자비로운 응답은 풍요의 영역에 있어서 연쇄적인 반응을 일으킬 것이기 때문이다. 21-22절(H 23-24절)에 있는 하나님→하늘→땅→곡식과 포도주와 기름→이스르엘 등의 순환 구조가 그 점을 잘 보여 준다. 이 순환 구조에 의하면, 창조주이신 야웨께서 하늘에 응답하신 결과 하늘이 햇빛과 비를 땅에 내려 땅을 비옥하게 만들고, 하늘이 땅에 응답한 결과 땅은 곡식과 포도주와 기름 등의 풍요(참조. 8절[H 10절])를 이스르엘에게 제공할 것이다. 호세아는 이를 통하여 바알이 아니라 창조주이신 야웨야말로 풍요 생산의 전 과정을 주관하시는 분임을 강조하고 있다.39)

여기서 다시금 분명해지는 것은, 계절의 순환과 곡물의 생장이 야웨와 이스라엘 사이의 계약 관계 안에서 이루어진다는 점이다. 그 관계 안에서 자연은 비신화되고 계약 역사의 한 측면으로 이해된다. 이스르엘이라는 이름 역시 같은 사실을 보여 준다. 이 이름은 이스라엘 백성을 지칭하지만, 이 이름이 본래 가지고 있는 "하나님이 (씨를) 뿌리신다"(God sows)는 어원적인 의미는 야웨가 풍요의 근원임을 드러내기 때문이다. 이로써 이스르엘이라는 이름은 호세아의 첫 아들에게 주어진 불길한 이름(1:4-5)으로부터 야웨의 구원과 풍요 보증을 뜻하는 이름으로 바뀐다.40)

이스르엘이라는 이름이 갖는 이러한 의미는 23절(H 25절)에까지 이어진다. 그 이름의 어근인 '자라' 동사가 사용되어 "그를 이 땅에

---

39) 이것은 21-22절(H 23-24절)이 바알을 풍요의 신으로 섬기는 풍요제의의 허구성을 폭로하는 성격의 본문임을 나타낸다: Mays, *Hosea*, 52-53; Mauchline, "The Book of Hosea," 593; Davies, *Hosea*, 89.
40) Mays, *Hosea*, 53; Wolff, *Hosea*, 54.

심고"라는 문장을 이루기 때문이다.41) 여기서 "그를"은 여성 단수여서 야웨의 아내인 이스라엘을 지칭한다. 이로써 땅의 풍요가 갱신된다는 주제는 다시금 이스라엘과 야웨 사이의 관계를 다루는 주제로 이동한다. 그 결과 호세아의 세 자녀의 이름들은 새로운 의미를 갖는 것으로 바뀌면서 하나의 완전한 문장을 이루어 새 계약의 내용을 이루게 된다. 이제 그들 자녀들은 한 개인으로서가 아니라 이스라엘 백성을 대표하는 자들로서 나타난다.

먼저 이스르엘의 경우를 보면, 이 이름은 1:4-5에서 그 성읍에서 발생했던 피흘림을 회상하는 것이었으나, 이제는 그 어원에 근거하여 하나님이 이스라엘을 약속의 땅에 심으시리라는 약속을 나타내는 것으로 바뀐다. 하나님이 심으신다는 것은 곧 풍성한 수확을 보증하는 것이나 다름이 없다. 이스라엘 백성은 야웨의 약속에 기초한 풍요로운 수확에 기뻐할 것이다(14:5-7[H 14:6-8]). 그리고 하나님의 벌을 받아 긍휼하심을 얻지 못했던 이스라엘은 이제 다시금 광야 생활 초기에 있었던(11:3-4) 하나님의 긍휼하심을 맛볼 것이며, 하나님은 자기 백성이 아니었던 자에게 "너는 내 백성이다"라고 선언하심으로써 이스라엘을 새로운 계약의 상대자로 인정하실 것이다. 그리고 이스라엘은 하나님의 이러한 은총에 "(당신은) 나의 하나님이십니다"라고 고백함으로써 하나님께 대한 자신의 신뢰를 고백할 것이다. 하나님께서 새롭게 맺으시는 계약은 이처럼 하나님과 이스라엘 사이의 신뢰의 대화를 통해서 완성된다.

---

41) G. A. Yee, *Composition and Tradition in the Book of Hosea: A Redaction Critical Investigation* (Atlanta: Scholars Press, 1987), 90; 방석종,『호세아/요엘』, 157.

고멜을 데려옴: 부부 관계의 회복(3:1-5)

(3:1) 여호와께서 내게 이르시되, "이스라엘 자손이 다른 신을 섬기고 건포도 과자를 즐길지라도 여호와가 그들을 사랑하나니, 너는 또 가서 타인의 사랑을 받아 음녀가 된 그 여자를 사랑하라" 하시기로,
(3:2) 내가 은 열다섯 개와 보리 한 호멜 반으로 나를 위하여 그를 사고,
(3:3) 그에게 이르기를, "너는 많은 날 동안 나와 함께 지내고 음행하지 말며 다른 남자를 따르지 말라. 나도 네게 그리하리라" 하였노라.
(3:4) 이스라엘 자손들이 많은 날 동안 왕도 없고 지도자도 없고 제사도 없고 주상도 없고 에봇도 없고 드라빔도 없이 지내다가,
(3:5) 그 후에 이스라엘 자손이 돌아와서 그들의 하나님 여호와와 그들의 왕 다윗을 찾고, 마지막 날에는 여호와를 경외하므로 여호와와 그의 은총으로 나아가리라.

호세아가 2:14-23(H 2:16-25)에서 선포한 회복과 갱신의 메시지는 3장에서 그의 가정생활과 관련된 하나님의 명령과 그에 대한 호세아의 순종으로 연결된다. 3인칭 서술의 1장과는 달리 1인칭 서술로 되어 있는 산문체의 이 본문은 1장에 있는 호세아의 결혼과 마찬가지로 역사적인 사실을 기록하고 있으며 1-2장의 내용에 이어지고 있음이 분명하다. 그 증거로는 3장의 여인이 이미 음부가 되어 있다는 점과 "또"('오드')라는 낱말이 앞선 내용과의 연속성을 암시하고 있다는 점, "가서 취하라"(1:2)는 처음 명령과는 달리 "가서 사랑하라"는 명령이 둘 사이의 결혼을 이미 전제하고 있다는 점, 그리고 내용상에 있어서도 호세아의 재결합을 분명하게 밝히고 있다는 점 등을 들 수 있다.[42]

---

42) Wolff, *Hosea*, 59; Andersen and Freedman, *Hosea*, 291-294.

이 본문은 하나님의 명령(1절), 호세아의 순종(2-3절), 결혼 상징에 대한 해석(4-5절) 등의 기본 구조를 가지고 있는 바, 먼저 서두에서 호세아는 가정과 결혼이라는 울타리를 벗어나 다른 사람과 더불어 간음하고 있는 "한 여인"을 사랑하라는 명령을 받는다. 호세아가 사랑해야 할 여인('잇샤')에게 정관사가 사용되지 않아[43] 그 여인이 누구인지에 대해 논란이 있기는 하지만, 대부분의 학자들은 1장과 3장의 여인이 동일한 사람, 곧 고멜임에 동의하고 있다.[44] 이스라엘을 야웨 하나님의 아내로 보는 호세아의 결혼 은유를 염두에 둔다면, 고멜 이외의 다른 여인은 생각할 수 없기 때문이다. 더욱이 3장을 이곳에 배치한 편집자의 의도를 생각한다면, 이 본문에 있는 사건은 1장에 있는 사건이 발생한 이후의 일을 다루고 있다고 보아야 옳을 것이다.[45]

그런데 호세아가 맨 처음에 받은 명령(1:2)은 "가서 취하라"는 것이었지만, 이제는 "가서 사랑하라"는 내용으로 되어 있다. 이는 호세아와 고멜 사이의 뒤틀려 있는 관계를 회복하는 데 필요한 것이 무엇인지를 분명하게 밝히고 있다.[46] 동시에 그것은 하나님의 "사랑"이

---

43) 영어 번역본들을 보면 이 점을 알 수 있다. 대표적인 예로 NRSV와 REB는 똑같이 부정관사를 사용하여 "a woman"으로 번역하고 있다.
44) 더 구체적인 논증을 위해서는 다음을 참조: J. Lindblom, *Prophecy in Ancient Israel* (Philadelphia: Fortress, 1980), 168; Mays, *Hosea*, 55; Mauchline, "The Book of Hosea," 593-595; Andersen and Freedman, *Hosea*, 164-165; M. Buber, 남정길 옮김,『예언자의 신앙』(서울: 대한기독교출판사, 1982), 174-175; Anderson,『구약성서 이해』, 369; 구덕관,『구약개론(하)』(서울: 대한기독교출판사, 1986), 105-106; Limburg,『호세아·미가』, 43; J. M. Ward, *The Message of the Prophets* (Nashville: Abingdon Press, 1991), 220; Ortlund, *Whoredom*, 72; 방석종,『호세아/요엘』, 160. 공동번역은 "네 아내"로 번역하며 표준 새번역 역시 "그 여인"으로 번역한다.
45) Mays, *Hosea*, 55; Mauchline, "The Book of Hosea," 561-562.
46) 이것은 3:1이 '자나' 동사의 어근을 네 번에 걸쳐 사용하는 1:2과 마찬가지

다른 신들을 섬기고 건포도 과자47)를 "사랑"하며 다른 사람의 "사랑"을 받은 이스라엘을 어떻게 용서하시는가를 잘 보여준다. 호세아는 사랑과 용서를 원하시는 하나님의 명령에 순종하여 고멜을 집으로 사들였다. 이를 위해 그는 일정한 값, 곧 은 열 다섯 개와 보리 한 호멜 반(은 15세겔)을 대가로 지불한다. 여종의 값(출 21:32)이나 야웨께 바치기로 서원한 여인의 값(레 27:4)이 은 30세겔이고 약혼하지 않은 처녀와 통간한 남자가 그 처녀를 위해 지불할 신부 값이 50세겔임(신 22:29)을 고려한다면, 고멜은 호세아가 사들이기 전에 종의 신분으로 전락해 있었거나 서원에 의해 성소에 바쳐진 자로 활동했을 것이다.48)

호세아가 이처럼 고멜을 사들여 부부 관계를 회복한 것은 두 사람이 이혼한 사이가 아니었기 때문에 가능한 일이었다. 아내에게 음행과 같은 "수치 되는 일"이 있어서 같이 살 수 없다고 생각될 경우에 이혼 증서를 써서 그 아내를 내보낼 수 있다고 보는 신명기 법전의 규정(신 24:1-2)을 뒤집어 보면, 그 아내와 그대로 살고자 원할 경우에는 그냥

로 "사랑하다"는 뜻을 가진 '아합' 동사를 네 번에 걸쳐 사용하고 있다는 사실을 통해 확인된다: "…다른 신을 섬기고 건포도 과자를 즐길지라도('아합') 여호와께서 저희를 사랑하나니('아합') 너는 또 가서 타인에게 연애를 받아('아합') 음부가 된 그 여인을 사랑하라('아합')."

47) 건포도 과자는 야웨 제의에 참여한 자들의 원기를 회복시키는 음식으로 사용되기도 하지만(삼하 6:19), 아가서 2:5에서 보듯이 일종의 최음제로 사용되기도 한다. 호세아가 말하는 건포도 과자는 아마도 바알 종교의 풍요제의에서 성관계와 관련된 최음제로 사용되었을 것이다: Andersen and Freedman, *Hosea*, 298; J. Jeremias, *Der Prophet Hosea* (Göttingen: Vandenhoeck und Ruprecht, 1983), 54.

48) Rowley, "The Marriage of Hosea," 225-226(각주 3번); Mays, *Hosea*, 57-58; Mauchline, "The Book of Hosea," 596-597; McKeating, *The Books of Amos, Hosea and Micah*, 90; J. M. Ward, *The Message of the Prophets* (Nashville: Abingdon, 1991), 220; Wolff, *Hosea*, 61.

부부 관계를 계속할 수 있다는 사실이 드러난다. 고대 근동 지방에도 음행한 아내를 용서할 수 있다고 보는 규정이 있음을 염두에 둔다면, 호세아가 고멜의 음행 때문에 이혼을 감행했다고 볼 필연성은 없다.49) 호세아는 이혼을 하지 않았으므로(참조. 사 50:1) 고멜을 자유롭게 되찾을 수 있었던 것이다.

그러나 호세아는 고멜과의 부부 관계를 정상화시키기 전에 고멜에게 근신하는 기간을 갖게 할 필요가 있었다. 이를 위해 호세아는 그녀에게 "많은 날 동안" 가정에 충실할 것을 요청하고, 호세아 자신도 남편으로서의 의무에 최선을 다할 것임을 약속한다. 호세아가 이렇게 많은 날 동안의 격리 기간을 둔 것은 그 기간 동안에 그녀의 마음과 생활 태도에 변화가 생겨나게 되고, 그 결과 사랑에 기초한 건강한 가정이 다시 회복되기를 기대했기 때문이다. 이것은 여인이 부정한 기간에 있는 동안에는 성관계를 피할 것을 명하는 성결법전의 한 규정(레 15:19-30)과도 같은 이치에 속한다.50)

그러나 그것은 궁극적으로는 하나님께서 이스라엘 백성을 다루신 방법, 곧 경고와 심판의 메시지(2:6-7, 9-13[H 2:8-9, 11-15])를 실행하심으로써 그들을 변화시키고자 하시는 방법과 일치한다.51) 또한 그것은 "많은 날 동안" 이스라엘이 국가의 존립과 밀접한 관련을 가지고 있는 각종 제도들, 곧 왕과 군을 중심으로 하는 왕정 제도, 제사와 주

---

49) 설령 호세아가 고멜과 이혼했다고 해도 그것은 이혼한 아내와 다시 결합하는 것을 금하는 규정(신 24:3-4)과 배치되기 때문에 상상하기 어려운 일이라고 볼 수도 있으나, 예레미야 3:8에서 보듯이 계약법의 주인이신 하나님께서 그 법을 넘어서서 유다 나라에게 이혼장을 주는 경우도 있는 까닭에 신명기 본문을 가지고서 이혼의 유무를 가리는 것은 불합리해 보인다: Andersen and Freedman, *Hosea*, 222.
50) Andersen and Freedman, *Hosea*, 304.
51) Rowley, "The Marriage of Hosea," 229-230.

상('마체바')을 중심으로 하는 공중 제의, 에봇과 드라빔을 중심으로 하는 제의 상징물 등을 갖지 못한 채로 지낼 것이라는 메시지(3:4)와 맥을 같이 한다. 이들 여러 제도들이 일정 기간 동안 금지되리라는 것은 정치적이고 종교적인 암흑기인 포로 기간을 암시하는 것으로서, 그것들이 야웨 신앙과는 별도로 바알 숭배의 한 방편으로 크게 오용(誤用)되었기 때문이기도 하지만, 다른 한편으로 보면 호세아의 판단에 그러한 제도들을 갖지 않은 광야 시대야말로 야웨 하나님과 이스라엘 사이에 있는 부부(계약) 관계의 가장 이상적인 시기(2:14-15[H 2:16-17])였기 때문이기도 했을 것이다.52)

이로써 분명해지는 것은 호세아가 고멜을 되찾아 격리 기간을 거쳐 이전의 결혼 관계를 회복하려는 것이, 야웨 하나님과 이스라엘 사이의 관계가 어떻게 회복될 것인가를 나타내는 상징적인 행위로 나타나고 있다는 점이다. 이는 3-4절 사이에 있는 상관관계에서 분명하게 드러나고 있다. 그러나 호세아와 고멜 사이의 관계가 그 후에 실제로 어떻게 되었을 것인가에 대해서는 알 길이 없다. 그에 대한 언급이 없어서이기도 하지만, 야웨 하나님과 이스라엘 사이의 계약 관계의 회복 역시 종말론적인 차원에서 이루어질 것이기 때문이다(2:16-23[H 2:18-25]; 3:5 등).

호세아는 하나님께서 주도하실 이러한 관계 회복의 실제 현실을 3:5에서 아내인 이스라엘의 입장에 서서 그들이 하나님께로 "돌아선다"('슈브')는 메시지를 통해 표현하기도 한다(참조. 신 30:3-5). 이 본문에 의하면, 이스라엘은 하나님의 경고와 심판을 통해 정결 과정을 거친 다음에 마침내 하나님께로 돌아와 그를 경외하게 될 것이다. 여기서 호세아가 강조하는 '슈브'의 신학53)은 이스라엘의 죄가 다른 데

---

52) Mauchline, "The Book of Hosea," 597-598.

있는 것이 아니라 그들이 하나님께로 돌아서는 데 실패한 것에 있다고 본다(11:5; 7:10). 호세아는 이스라엘에게 돌아설 것을 권하지만 (12:6[H 12:7]; 14:1-2[H 14:2-3]), 그들은 음란의 영에 사로잡혀 있어 스스로의 힘으로는 야웨께로 돌아서지 못한다(5:4). 따라서 야웨께서 심판을 통해 그들의 돌아섬을 유도하시는 것이다(2:7[H 2:9]; 6:1; 14:7[H 14:8]).

야웨께서 그들을 돌아서게 하시면 그들은 돌아와서 야웨를 구할('바카쉬') 것이다. 그러나 그것은 이스라엘 자신의 노력에 의해서 이루어지는 것이 아니다. 호세아와 고멜의 경우에 고멜 스스로가 가정으로 돌아온 것이 아닌 것과 마찬가지이다. 이스라엘은 필연적으로 하나님의 은총('투브')을 구해야 하고, 그가 세우신 이상적인 지도자("다윗")의 다스림을 받을 것이다. 여기서 말하는 은총은 본래 물질적인 번영과 관련된 것으로서(창 24:10; 45:18, 20, 23; 신 6:11; 왕하 8:9; 사 1:19; 렘 2:7; 31:12; 스 9:12 등), 하나님께서 주시는 좋은 것들, 곧 2:8-9, 15, 21-22(H 2:10-11, 17, 23-24)에 있는 것들을 말하지만, 더 넓게는 2:19(H 2:21)에 언급된 바와 같이 야웨께서 이스라엘을 위해 지불할 다섯 가지 신부 값도 그에 포함될 것이다. 이것은 결국 이스라엘의 풍요 회복과 이상적인 관계의 회복이 사실은 하나님께 달려 있음을 의미한다.

3. 묵상과 적용

가. 호세아는 결혼이 가능한 나이에 부름을 받은 예언자이다. 호

---

53) 호세아는 신명기(특히 4장과 30장)에 자주 나오는 '슈브' 동사를 무려 23회나 사용하고 있다: Stuart, *Hosea-Jonah*, 16.

세아가 하나님이 명하신 비정상적인 결혼에 순종했다는 것은 그가 그러한 결혼까지도 받아들일 수 있는 사람임을 보여 주며, 궁극적으로는 그가 이스라엘을 향한 하나님의 마음을 얼마나 잘 이해하고 있는가를 한눈에 알게 해 준다. 그는 하나님의 고통을 수용할 수 있는 특별한 감수성을 가진 예언자였던 것이다. 그런데 놀랍게도 그가 느끼고 체험한 하나님의 고통은 자신의 아내를 법정에 고발하는 단계로까지 나아간다. 그는 고멜의 음행으로 인하여 생겨난 부부 관계의 파경이 이스라엘의 신앙적인 탈선으로 인하여 초래된 계약 관계의 파괴와 같은 차원에 속한 것임을 절실하게 느꼈다.

하나님은 계약 관계를 깨뜨린 이스라엘 백성의 음행과 탈선을 고발하면서, 그들이 바알 종교의 풍요제의에 음란하게 참여하던 잘못을 뉘우치고 하나님과의 관계 회복에 최선을 다하지 않는다면, 그들이 바알에게서 기대하던 풍요와 다산—그러나 본질적으로는 하나님과의 계약 관계에서 비롯된 복이요 선물임에 틀림이 없는—을 원천적으로 불가능하게 만들 것이요, 그들을 완전히 벌거벗겨서 그들에게 남아 있는 것들마저도 다 빼앗아 가버릴 것임을 분명하게 밝히신다. 이로써 삶에 필요한 모든 것들과 풍요의 원천을 봉쇄당한 이스라엘이 절망에 빠진 나머지 본 남편과의 옛 삶을 그리워하게 되겠지만, 심각한 중독증에 걸린 이스라엘의 음행과 탈선에 비추어볼 때 그러한 상황은 결코 현실화되지 못할 것이다. 하나님 앞에 서 있는 우리의 삶과 신앙생활은 어떠한가? 법정 소송을 당하지 않으면 안 되었던 고멜처럼, 하나님의 은혜를 망각하면서 세상적인 물질과 풍요를 하나님보다 더 사랑하는 영적인 음행의 죄를 범하고 있지는 않은가?

나. 하나님은 아내와도 같은 이스라엘이 음행과 탈선의 깊은 수렁에 빠져 있다는 것을 잘 알고 계신다. 그들이 계약 관계의 복원 내지

는 갱신을 위한 스스로의 노력을 통하여 또는 토라에 대한 자발적인 순종의 과정을 통하여 그 수렁에서 빠져나올 수 없다는 것도 잘 알고 계신다. 그는 정상적인 부부 관계의 회복을 위한 이스라엘의 변화와 갱신을 도저히 기대할 수 없다는 사실도, 그리고 그들이 심판을 받아 광야나 마른 땅으로 변한 채로 목말라 죽을 수밖에 없을 만큼 절망 상태에 있다는 것도 잘 아신다. 참으로 이스라엘은 사랑과 행복의 터전인 가정을 버리고서 사랑하는 자들을 따라간 고멜과 조금도 다를 바가 없다. 그들은 진정한 풍요의 주인이시요 신실한 남편이신 야웨 하나님을 버리고서 다른 신들을 따라감으로써, 하나님과의 계약 관계를 스스로 깨뜨린 무지하고 몰지각한 아내였던 것이다.

그럼에도 불구하고 하나님께서는 그들을 완전히 버리고 포기할 마음이 전혀 없다. 이스라엘이 아무리 깊은 절망의 수렁에 빠져 있다 할지라도 그들을 향한 하나님의 긍휼하심에는 근본적으로 변함이 없다. 그들을 여전히 사랑하시기 때문이다. 그 까닭에 하나님은 직접 나서서 관계 회복을 위해 일하실 것이다. 처녀를 유혹하는 듯한 방법으로 이스라엘을 광야로 이끌어내어 사랑을 고백하실 것이요, 고통과 죽음의 장소인 그곳이 변하여 기쁨과 생명의 장소가 되게 하실 것이다. 새로운 땅을 포함하는 삶의 온갖 풍요를 회복시켜주실 것이요, 부부 관계의 지속에 필요한 정신적인 가치들-이를테면 평화, 공의, 정의, 은총, 긍휼, 진실 등-을 선물로 주실 것이다. 우리를 향한 하나님의 사랑과 긍휼이 이처럼 고귀함을 잘 알고 있는 자라면, 그의 거룩한 뜻을 따라 사는 삶에 조금도 소홀함이 없어야 할 것이다.

다. 하나님은 불성실한 아내였던 이스라엘과의 부부 관계 회복을 위해 출애굽 해방의 장소인 거친 들(광야)로 그를 이끄신다. 이스라엘에게 사랑을 고백하고 그에게 장가들어 영원히 살기 위한 첫 출발지로 거친 들을 선택하신 것이다. 이처럼 특이한 하나님의 선택은 이스라엘이 첫 출애굽의 때였던 어린 시절로 되돌아가 처음부터 다시 시작하지 않으면 안 될 정도로 많이 비뚤어져 있음을 의미한다. 이것은 곧 하나님이 출애굽 사건 이후에 계속해서 자기 백성 이스라엘에게 베푸셨던 구원 은총과 구속의 역사를 송두리째 부정하셨음을 의미하기도 한다. 또한 그것은 호세아의 시대에 이르기까지 지속해 왔던 이스라엘 민족의 역사를 완전히 거부하신 채로, 출애굽의 장소인 광야에서 그들의 역사를 다시금 새롭게 시작하고자 하시는 하나님의 구원 은총을 암시하는 것이라 할 수 있다.

호세아에게 고멜을 다시 사랑하라고 하신 하나님의 명령은 이러한 맥락에서 이해할 수 있다. 하나님은 깨뜨려진 부부 관계의 회복을 위해 호세아에게 원점에서 다시 시작할 것을 명하신 것이다. 부부 관계의 시작과 회복에 절대적으로 필요한 것이 바로 서로 간의 사랑이기 때문이다. 이로부터 우리는 항상 고통과 절망의 밑바닥에서 자신의 구원을 이루시는 하나님의 귀한 역사 섭리를 배울 수 있다. 고통 속에서 신음하던 이스라엘 백성을 건지셨던(출 2:23-25; 3:7-9; 신 26:6-8 등) 출애굽 해방도 알고 보면 일종의 제로 상태, 곧 영점(零點)에서 구원을 이루시는 하나님의 독특한 역사 섭리를 가장 잘 보여 주는 사건이 아닐 수 없다. 이 점에서 우리는 자신을 쳐서 복종시키면서(고전 9:27) 날마다 죽는 삶을 살고자 했던(고전 15:31) 사도 바울처럼, 항상 하나님과 사람 앞에서 자신을 비우고 부정하는 영점 체험을 통해 날마다 새롭게 하나님의 구원과 사랑을 체험해야 할 것이다.

제3강
하나님을 버린 음행의 죄(4:1-5:7)

1. 들어가는 말

    구약성서에서 호세아에 의해 맨 처음 시작된 결혼 은유는 그의 책 1-3장의 중심 주제를 이루고 있다. 그의 삶과 가정생활을 통하여 구체적으로 실행에 옮겨진 결혼 은유가 1-2장의 전기적인 자료와 3장에 있는 자서전적인 자료의 결합으로 이루어져 있음은 앞서 이미 살핀 바가 있다. 이처럼 결혼 은유를 배경으로 하는 1-3장이 호세아서의 제1부로서 호세아서 전체의 서론을 구성하고 있다면, 후반부인 4-14장은 호세아서의 제2부를 구성하는 것으로, 호세아 자신이 직접 선포한 메시지들을 예언 선포 특유의 시문체[1]로 정리해 놓은 것이라 할 수

---

1) 두움(B. Duhm)은 자신의 이사야서 주석 초판(*Das Buch Jesaja*, 1892년)에서 예언자들이 시인이라는 주장을 내세우면서 예언서의 문학적인 형태-특히 시문체-에 깊은 관심을 기울였다: R. E. Clements, 강성열 옮김, 『구약

있다. 제1부와 제2부의 이러한 차이 때문인지 일부 학자들(Kaufmann, Ginsberg)이 호세아서의 두 부분을 전혀 상이한 시기에 만들어진 자료들로 보지만,[2] 대부분의 학자들은 호세아서의 통일성을 인정한다.[3] 즉 상당 부분이 후기 편집자들의 저작으로 여겨지기는 하지만, 제1부와 제2부의 주요 내용은 여전히 호세아 자신에게로 소급한다는 얘기다.[4]

그런가 하면 호세아서의 제2부인 4-14장은 또 다시 여로보암 2세 말기 이후에 선포된 메시지(4-11장)와 북왕국 이스라엘의 마지막 왕인 호세아(Hoshea)의 때에 선포된 메시지(12-14장)의 둘로 나누어진다.[5] 그 중에서도 앞부분인 4-11장은 특이하게도 하나님께서 말씀하시는 양식에 둘러싸여 있다. 이 단락의 맨 처음이 "여호와의 말씀을 들으라"('드바르 야웨')로 시작하고(4:1), 맨 마지막은 "나 여호와의 말이니라"('느움 야웨')로 끝나기 때문이다(11:11). 한 가지 더 특이한 사실은 호세아가 주전 8세기의 다른 예언자들이 즐겨 사용하는 사자 양식(messenger formula; thus says YHWH, '코 아마르 야웨')을 전혀 사용하지 않는다는 점이다. 신탁 양식(oracle formula; a saying of YHWH, '느움 야웨'; 2:13, 16, 21[H 2:15, 17, 23]; 11:11)을 몇 차례 사용하고 있을 뿐이다.[6] 그리고 한 가지 더 추가할 것은, 4-10장이 거

　　성서 해석사: 벨하우젠 이후 100년』(서울: 나눔사, 1994), 98-99.
 2) 알베르츠는 예레미야스(Jeremias)의 견해를 따라 호세아 4-14장 전체가 호세아의 제자들 집단에서 만들어졌다고 본다: R. Albertz, 강성열 옮김, 『이스라엘 종교사 I』(서울: 크리스챤 다이제스트, 2003), 381.
 3) 그럼에도 불구하고 호세아서는 구약에서 본문 보전 상태가 가장 좋지 않은 책에 속한다. 이것은 아마도 호세아의 메시지가 이스라엘 멸망 직전의 혼란기에 남왕국으로 옮겨오던 어지러운 상황과 무관하지 않을 것이다: Mays, *Hosea*, 5.
 4) Andersen and Freedman, *Hosea*, 68.
 5) Newsome, *The Hebrew Prophets*, 35.
 6) Mays, *Hosea*, 5. 개역 개정판은 2:13의 '느움 야웨'를 "여호와의 말씀이니

의 재난의 말들로 이루어져 있는 반면에, 11장은 희망의 메시지로 가득 차 있다는 점이다.[7]

더 나아가서 호세아서의 제1부인 1-3장이 하나님과 이스라엘 사이의 결혼 관계(출애굽과 광야 인도에서 절정에 달함)에 초점을 맞추고 있는 까닭에 하나님의 은총과 인도하심을 강조하는 전승, 곧 출애굽 전승과 광야 전승에 깊이 뿌리박고 있다고 한다면, 4-14장은 뚜렷한 연속성을 갖지 않은 이질적인 신탁들의 모음집에 해당하며, 주로 이스라엘의 제의적인 범죄와 정치적인 범죄에 초점을 맞추어 비판과 고발의 메시지를 전하고 있다.

물론 여기서 말하는 제의적인 범죄는 우상 숭배적인 야웨 숭배와 야웨 대신에 바알을 숭배하는 태도, 야웨와 바알을 동일시하는 태도 등을 가리킨다. 그리고 잘못된 정치에는 내적인 것과 외적인 것의 두 가지가 있으며, 이 둘은 참된 신앙으로부터의 이탈에 그 뿌리를 두고 있다. 내적인 문제가 연쇄적인 쿠데타로 인하여 신성한 왕의 직책이 더럽혀진 데에 있다면, 외적인 문제는 국가의 안전을 정치적이고 군사적인 동맹 관계에서 찾으려고 한 데에 있다. 강대국 의존은 필연적으로 야웨 신앙을 포기하는 결과를 가져오는 바, 호세아는 이상의 모든 죄악을 향하여 하나님의 심판을 선고한다. 그러면서 동시에 그는 회개를 촉구하며 희망을 선포하기도 한다.[8]

오늘의 본문인 4:1-5:7은 주로 북왕국 이스라엘의 종교적인 범죄

라"로 번역하며, 2:16, 21 (H 2:18, 23)은 "여호와께서 이르시되"로 번역한다. 그런가 하면 11:11은 "나 여호와의 말이니라"로 다소 일관성 없게 번역하고 있다. 이와는 달리 영어 번역본은 거의 일관되게 "declares the Lord"로 번역하고 있다.

7) Limburg, 『호세아-미가』, 29.
8) Andersen and Freedman, *Hosea*, 47-51.

를 고발하고 비판하면서 그에 상응하는 하나님의 심판을 선고하는 단락이다. 호세아가 지적하는 이스라엘의 죄악은 하나님을 떠나 우상을 숭배하는 행동과 거룩한 결혼 의식을 특징으로 갖는 바알 종교의 풍요제의에 직접 참여하는 행동의 두 가지이다. 호세아가 이곳에 기록되어 있는 메시지들을 언제 어느 장소에서 선포했는지를 정확하게 안다는 것은 현실적으로 불가능하지만, 4:6과 5:1이 다른 어떤 계층보다도 제사장들을 우선적으로 언급하는 것으로 보아, 이 본문 단락은 그 제사장이 활동하고 있는 공공장소인 성소에서 선포한 메시지인 듯하며, 여로보암 2세가 죽은 후의 혼란상에 대한 언급이 없다는 사실을 염두에 둔다면, 그것은 여로보암 2세 말기에 선포한 메시지일 가능성이 높아 보인다.9)

2. 본문 주해

4:1-3	이스라엘 백성을 향한 하나님의 법정 소송
4:4-10	제사장들을 향한 법정 소송
4:11-14	풍요제의 참여에 대한 비판
4:15-19	음행과 우상 숭배에 대한 책망
5:1-7	음행과 우상 숭배에 대한 심판 선고

이스라엘 백성을 향한 하나님의 법정 소송(4:1-3)

(4:1) 이스라엘 자손들아 여호와의 말씀을 들으라. 여호와께서 이 땅 주민과 논쟁하시나니 이 땅에는 진실도 없고 인애도 없고 하나님을 아는 지식도 없고

---

9) Davies, *Hosea*, 112.

(4:2) 오직 저주와 속임과 살인과 도둑질과 간음뿐이요 포악하여 피가 피를 뒤이음이라.
(4:3) 그러므로 이 땅이 슬퍼하며 거기 사는 자와 들짐승과 공중에 나는 새가 다 쇠잔할 것이요 바다의 고기도 없어지리라.

호세아는 맨 먼저 "여호와의 말씀을 들으라"('쉬므우 드바르 야웨')10)는 예언 선포 양식(proclamation formula; 암 3:1; 4:1; 7:16; 8:4; 미 3:1, 9; 6:1; 사 1:10)11)을 통하여 1절을 시작한다. 물론 그의 예언 선포를 들어야 할 사람들은 당연히 "이 땅 주민"인 이스라엘 자손('브네 이스라엘')이다. '브네 이스라엘'은 호세아 1:10, 11; 3:1, 4-5 등에서도 나오지만,12) 호세아가 하나님의 말씀을 들어야 할 청중을 직접 '브네 이스라엘'로 칭한 것은 오직 이곳뿐이다. '브네 이스라엘'을 향한 호세아의 예언 선포는 2:2(H 2:4) 이하에서처럼 여기서도 성문에서 이루어지는(참조. 신 21:19; 25:7; 잠 22:22; 사 29:21; 암 5:12, 15; 슥 8:16) 법정 소송13)으로 표현된다. 법정 언어인 '리브'("논쟁하다") 동사의 사용이 이를 잘 보여 준다.14) 두 본문 사이에 차이가 있다면,

---

10) 다른 예언서에서는 많이 사용되는 '드바르 야웨'가 호세아서에서는 1:1과 이곳에서만 사용된다.
11) 호세아서에서는 이러한 선포 양식이 이곳과 5:1에서만 사용된다: Wolff, *Hosea*, 66; Mays, *Hosea*, 61; Davies, *Hosea*, 110.
12) 개역 개정판은 1:10, 11; 3:5에서 '브네 이스라엘'을 "이스라엘 자손"으로 번역하지만, 3:4; 4:1에서는 이상하게도 "이스라엘 자손들"로 번역하고 있다. 참고로 개역은 3:5절의 경우만 '브네 이스라엘'을 그냥 "저희"로 번역하였으나, 개역 개정판은 이를 수정하여 "이스라엘 자손"으로 옳게 번역하였다.
13) 성문에서 이루어지는 이 법정 소송은 하나님과 이스라엘 사이의 계약 관계에 기초하여 이루어지는 소송이라는 점에서 일종의 계약 소송(covenant lawsuit)이면서 동시에 예언 소송(prophetic lawsuit)의 성격을 갖는다: Davis, *Hosea*, 113.

2:2(H 2:4) 이하의 법정 소송이 하나님의 아내인 이스라엘("어머니")을 대상으로 하는 것인 반면에, 이곳의 법정 소송은 이스라엘 자손인 "이 땅 주민"을 대상으로 하고 있다는 점이다.

하나님은 이 법정 소송에서 피고인 자격으로 소환된 이스라엘 백성을 고발하면서, 그들에게 없는 것 세 가지와 그들에게 있는 것 여섯 가지를 지적하신다.15) 1절에 의하면, 당시의 이스라엘 백성에게는 진실('에메트'; trustworthiness/faithfulness/genuineness)16)과 인애('헤쎄드'; loyalty/devotion/mercy)17)와 하나님을 아는 지식('다아트 엘로힘'; knowledge of God)18) 등의 세 가지가 없었다. 수직적인 차원에 속한 이 세 가지는 하나님과 계약 관계 속에 있는 이스라엘이 꼭 가지고 있어야 하는 것들이었음에도 불구하고, 계약 백성인 이스라엘에게는 불행하게도 그것들이 없었던 것이다. 고멜의 삶 속에서 보듯이, 그들 스스로가 하나님의 계약을 깨뜨렸으니 계약 관계의 중심 내용에 해당하는 세 가지의 것들이 없었다는 것은 너무도 당연한 일이었을

---

14) 2:2-4(H 2:4-6)에 대한 설명을 참조. '리브' 동사를 사용한 예언 소송은 미가 6:1-2에서도 똑같이 발견되는 바, 개역 개정판은 여기서 '리브' 동사를 "변론하다"는 낱말로 번역하고 있다.
15) 그들에게 없는 것 세 가지를 총론적인 죄라 한다면, 그들에게 있는 것 여섯 가지는 각론적인 죄라 할 수 있다: 박준서, 『이스라엘아! 여호와의 날을 준비하라』(서울: 대한기독교서회, 2001), 147.
16) 호세아서에서 이곳에만 나오는 이 낱말은 2:20(H 2:22)에서 사용되는 '에무나'와 거의 같은 의미를 가지고 있다.
17) 이 낱말에 대한 고전적인 연구로는 다음을 참조: N. Glueck, *Hesed in the Bible*, tr. Gottschalk (Cincinnati: Hebrew Union College Press, 1967); K. D. Sackenfeld, *The Meaning of Hesed in the Hebrew Bible: A New Inquiry* (Missoula: Scholars Press, 1977).
18) '다아트 엘로힘'은 호세아서에서 이곳과 6:6에서만 사용되며, '다아트'는 4:6에서 두 번 사용된다.

것이다. 그리고 그 세 가지 중의 마지막 것인 '다아트 엘로힘' – 더 정확하게는 하나님의 율법에 대한 지식과 그에 기초한 생활 속의 실천 – 이 그들에게 없었던 것은 전적으로 제사장의 잘못이었다(6절). 그 까닭은 그들이 하나님께서 주신 '다아트'를 버렸기 때문이다.

이에 더하여 호세아는 하나님의 계약 백성인 이스라엘에게 있어서는 안 될 나쁜 것 여섯 가지 – 앞의 세 가지 것들과는 달리 수평적인 차원에 속한 – 가 있음을 지적하기도 한다. 저주와 속임과 살인과 도둑질과 간음과 포악하여 피가 피를 뒤이음 등이 그렇다. 이 여섯 가지 것들은 순전히 계약 관계의 기초를 이루는 앞의 세 가지 것들이 그들에게 없었기 때문에 생겨난 것들이다. 그런데 이 여섯 가지 중에서 앞의 다섯 가지는 제각기 십계명의 세 번째, 아홉 번째, 여섯 번째, 여덟 번째, 일곱 번째 계명을 가리키고 있음이 분명하다. 그 중 첫 번째인 "저주"(cursing 또는 swearing)는 하나님의 이름을 빙자하여 다른 사람을 저주하는 행동을 가리키는 바, 이는 야웨의 이름을 망령되게(misuse 또는 take in vain) 부르지 말 것을 명하는 세 번째 계명(출 20:7)과 관련되어 있는 것으로 보이며, 두 번째인 "속임"(lying 또는 deception)은 사법적인 측면에서 이웃을 향한 거짓 증거를 금하는 아홉 번째 계명(출 20:16; 23:1, 7)을 위반하는 행동임이 분명해 보인다.[19]

그런가 하면 세 번째부터 다섯 번째까지인 "살인"(murder)과 "도둑질"(stealing) 및 "간음"(adultery) 등은 제각기 여섯 번째 계명(출 20:13)과 여덟 번째 계명(출 20:15) 및 일곱 번째 계명(출 20:14) 등을 가리키고 있음이 너무도 확실하다(참조. 레 19:11-12=도둑질, 속임수, 거짓말, 거짓 맹세; 렘 7:9=도둑질, 살인, 간음, 거짓 맹세, 우상 숭배).[20] 그리고

---

[19] 넓게 보면 불법적인 저울추와 되를 사용하는 거짓된 상거래 행위도 이에 포함될 것이다(신 25:13-16): Mays, *Hosea*, 64; Stuart, *Hosea-Jonah*, 76.

마지막의 "포악하여 피가 피를 뒤이음"은 1장 4절에 있는 "이스르엘의 피"나 5장 2절의 "살육죄" 또는 "강도떼가 사람을 기다림 같이 제사장의 무리가 세겜 길에서 살인하니"라는 6장 9절의 고발과 같은 맥락에 속할 것이다. 이는 북왕국 말기의 연쇄적인 유혈 쿠데타(왕하 15:10, 15, 25, 30)를 가리킨다기보다는, 여로보암 2세 말기와 그 이후의 북왕국 이스라엘에서 행해지던 사회적인 폭력 행위들-살인을 포함하는-을 가리킨다고 보는 것이 옳을 것이다.[21]

이어지는 3절은 전형적인 심판 선고 어구인 '알-켄'("그러므로"; therefore)으로 시작한다. 하나님은 이상에서 언급한 이스라엘 백성의 죄악에 대하여 대대적인 기근의 형벌을 내리실 것이다. "땅이 슬퍼한다"는 것은 땅이 큰 기근과 흉년으로 인하여 시들어버릴 것임을 비유적으로 표현한 것으로서, 궁극적으로는 그 땅에 거주하는 모든 생명체의 삶에 치명적인 영향을 줄 것이다. 이것은 하나님의 창조 세계인 자연과 인간이 서로에게 의존하는 운명 공동체임을 보여 주는 중요한 사례에 해당한다. 달리 말해서 그것은 인간의 행동-더 정확하게는 인간의 잘못된 행동 내지는 죄악-이 자연계에 상당한 영향을 미친다는 사실을 의미한다는 얘기다.[22]

이 점에 있어서 호세아는 북왕국 이스라엘이 그들의 죄악으로 인

---

20) 여기서 일곱 번째 계명과 여덟 번째 계명의 순서가 바뀐 것은 누가복음 18:20(간음, 살인, 도적질, 거짓 증거, 부모 공경)이나 로마서 13:9(간음, 살인, 도적질, 탐심)에서 보듯이 십계명 후반부의 짧은 계명들이 신약 시대에 이르기까지 순서가 일정하지 않았음을 보여 준다: Davies, *Hosea*, 115.
21) Wolff, *Hosea*, 68. 그러나 앤더슨과 프리드만은 이것을 인신제사로 이해한다: Andersen and Freedman, *Hosea*, 338-339.
22) 인간의 죄로 인한 자연의 변화에 대해서는 다음을 참조: G. Friedrich, "생태학과 성서," 이정배 (편), 『생태학과 신학-생태학적 정의를 향하여』(서울: 종로서적, 1989), 44-50.

하여 받을 심판을 생태학적인 차원에서 설명하고 있는 것이다. 호세아의 이러한 심판 신탁은 노아 홍수 때에 있었던 심판을 암시하는 것으로 보인다. 비록 호세아가 바다의 물고기까지 심판의 대상이 될 것이라고 예언하고 있다는 점에서 홍수 심판과 차이를 보이고 있긴 하지만 말이다.23) 정도는 덜하지만 호세아보다 약간 앞서 활동을 시작한 아모스 역시 북왕국 이스라엘에 대한 하나님의 심판이 마치 출애굽 사건 때의 자연 재앙들과도 같은 결과를 초래할 것임을 강조한다(암 5:8-9; 8:8-10; 9:5-6).24) 그런가 하면 예레미야는 하나님의 심판을 받아 망하게 될 남왕국 유다의 모습을 창조 때의 혼돈과도 같은 자연의 대파국과 관련시킨다(렘 4:23-26).25)

제사장들을 향한 법정 소송(4:4-10)

(4:4) 그러나 어떤 사람이든지 다투지도 말며 책망하지도 말라. 네 백성들이 제사장과 다투는 자처럼 되었음이니라.
(4:5) 너는 낮에 넘어지겠고 너와 함께 있는 선지자는 밤에 넘어지리라. 내가 네 어머니를 멸하리라. 너희 어머니와 논쟁하고 논쟁하라. 그는 내 아내가 아니요 나는 그의 남편이 아니라.
(4:6) 내 백성이 지식이 없으므로 망하는도다. 네가 지식을 버렸으니 나도 너를 버려 내 제사장이 되지 못하게 할 것이요, 네가 네 하나님

---

23) Wolff, *Hosea*, 68.
24) 이에 대해서는 다음을 참조: H. W. Wolff, *Joel and Amos*, tr. W. Janzen (Philadelphia: Fortress, 1977), 329; Ronald A. Simkins, *Creator and Creation: Nature in the Worldview of Ancient Israel* (Peabody: Hendrickson Publishers, 1994), 213-214.
25) M. Fishbane, "Jeremiah IV 23-26 and Job III 3-13. A Recovered Use of the Creation Pattern," *Vetus Testamentum* 21 (1971), 151-153; R. P. Carroll, *Jeremiah 1-25* (London: SCM, 1986), 169; J. Bright, *Jeremiah* (New York: Doubleday, 1981), 34.

의 율법을 잊었으니, 나도 네 자녀들을 잊어버리리라.
(4:7) 그들은 번성할수록 내게 범죄하니 내가 그들의 영화를 변하여 욕이 되게 하리라.
(4:8) 그들이 내 백성의 속죄제물을 먹고 그 마음을 그들의 죄악에 두는도다.
(4:9) 장차는 백성이나 제사장이나 동일함이라. 내가 그들의 행실대로 벌하며 그들의 행위대로 갚으리라.
(4:10) 그들이 먹어도 배부르지 아니하며 음행하여도 수효가 늘지 못하니, 이는 여호와를 버리고 따르지 아니하였음이니라.

1-3절이 하나님과의 계약에 충실하지 못한 이스라엘 백성 전체를 대상으로 하는 고발과 심판의 메시지를 담고 있다면, '아크'라는 불변화사(particle)로 새로운 단락을 시작하는26) 4절 이하에서 호세아는 이스라엘 백성의 제의 활동을 책임지고 있는 제사장 집단을 대상으로 하여 고발과 비판의 메시지를 전하고 있다. 한 가지 특징적인 것은 4-6절이 제사장을 2인칭 남성 단수로 칭하고 있는 반면에, 7-10절은 제사장을 3인칭 남성 복수로 칭하고 있다는 점이다(예외적으로 9절은 제사장을 단수형인 '코헨'으로 표현함).27) 따라서 4-10절 단락은 인칭 변화에 따라 4-6절과 7-10절의 두 단락으로 세분할 수도 있다. 비록 7절 하반절과 9-10절에서 비판과 고발의 메시지 대신에 심판 선고의

---

26) '아크'(surely, indeed, however)는 구약 본문들에서 종종 새로운 단락을 시작하는 불변화사로 나타난다(창 26:9; 29:14; 삼상 25:21; 시 73:1; 사 19:11 등): Wolff, *Hosea*, 76. 개역 개정판은 이 불변화사를 "그러나"로 번역하고 있다.
27) 볼프는 단수로 표현된 4-6절의 제사장이 대제사장을 가리킬 것이라고 본다: Wolff, *Hosea*, 77. 그러나 다수의 학자들은 제사장 집단을 가리키는 단수형으로 이해한다: Mays, *Hosea*, 67; Stuart, *Hosea-Jonah*, 77; Davies, *Hosea*, 117-118; 이동수, 『호세아 연구』, 86(각주 40번을 참조).

내용이 나오고, 4-9절에서 야웨 하나님이 1인칭으로 묘사되는 것과는 달리 10절에서는 그가 3인칭으로 표현되는 등의 사소한 변화가 있기는 하지만 말이다.

호세아는 4절에서 법정 용어인 '리브'를 두 차례에 걸쳐 사용하면서,28) 이스라엘 백성 중에 어느 누구도 다른 사람을 법정에 고소하거나 고발하지 말라고 명한다. 그 까닭은 그들이 다른 사람이 아니라 바로 제사장 집단과 소송을 벌이는 자들과 같이 되었기 때문이다. 이로써 호세아는 4절 상반절에서 '리브'를 부정적인 시각에서 서술하며, 하반절에서는 도리어 '리브'를 긍정적으로 서술한다. 그런데 여기서 문제가 되는 것은 "네 백성들이 제사장과 다투는 자처럼 되었음이니라"('워암므카 키므리베 코헨')로 번역되어 있는 하반절이다. 히브리어 본문(BHS)의 비평장치는 맛소라 본문의 이 구절이 변질된 것으로 보아, "제사장이여, 나의 다툼(소송)은 바로 너와 더불어 하는 것이다"('워 임므카 아니 랍 [하]코헨' 또는 '워임므카 리비 [하]코헨')로 고쳐서 읽을 것을 제안하고 있는 바, 볼프를 비롯한 많은 학자들이 이를 따르고 있다.29) 이렇게 본다면, 법정 소송의 금지를 명하는 상반절은 4:1-3의 법정 소송에 대하여 호세아를 침묵시키려는 제사장의 위협(암 7:12ff.)임이 분명해지고, 호세아는 이를 그대로 인용한 것이 된다.30)

---

28) 개역 개정판은 4절 상반절과 하반절에 두 번 나오는 '리브' 동사를 똑같이 "다투다"로 번역한다.
29) Wolff, *Hosea*, 77; Mays, *Hosea*, 67; Andersen and Freedman, *Hosea*, 346-350; Stuart, *Hosea-Jonah*, 77; Davies, *Hosea*, 117; 이동수, 『호세아 연구』, 72-99. NRSV와 NEB도 마찬가지이다. 표준새번역은 "이 일로 네 백성은 너에게 불만이 크다"로 번역하면서도, 각주에서 "제사장아, 나는 네게 불만이 있다"로 번역할 수 있음을 지적하고 있다.
30) Andersen and Freedman, *Hosea*, 345-346. 하반절은 제사장의 위협에 대한 호세아의 대응("나의 다툼[소송]은 제사장과 더불어 하는 것이다")일 수도

호세아는 이어지는 5절에서 법정 소송의 결과에 대해서 언급하면서, 제 구실을 못하는 제사장들뿐만 아니라 거짓 예언자들('나비')까지도 함께 심판의 대상에 포함시킨다. 거짓된 제사장 집단은 정상적인 상황에서라면 넘어질 수 없는 대낮에 넘어질 것이요(신 28:29), 거짓 예언자 집단은 밤에 넘어질 것이다(미 3:6). 여기서 제사장 집단과 "함께 있는"31) 거짓 예언자들은 아마도 오염된 제의 안에서 제사장들과의 협력 체제를 이루어 활동하던 제의 예언자들(cultic prophets)을 가리킬 것이다. 더 나아가서 호세아는 그들이 받을 심판을 5절 하반절에서 "네 어머니를 멸하겠다"고 선포하는 바, 이는 호세아 2장에 있는 결혼 은유의 메시지를 가리킨다기보다는, 사무엘상 2:27-36에서처럼 가문의 중단과 멸망을 의미할 것이다(삼상 15:33; 암 7:17; 렘 22:26; 시 109:14).32) 문맥의 흐름이 다르기 때문이다.

호세아는 6절에 가서야 비로소 심판 받아 망할 제사장들의 죄악에 대해서 구체적으로 언급한다. 상반절에서 그는 "내 백성"33)의 망함을 인해 탄식하는 야웨 하나님의 안타까운 마음을 전하고, 하반절에서는 하나님이 직접 제사장들을 책망하는 말씀을 전한다.34) 그의 예언 메시지에 의하면, 하나님의 심판을 받아 망하는 자들은 거짓 제사

있으나(Davies, *Hosea*, 117), 야웨를 1인칭으로 보는 본문의 흐름에 기초하여 볼 때 근본적으로는 야웨 하나님의 대응으로 보는 것이 옳을 것이다: Wolff, *Hosea*, 77.
31) "함께 있는"으로 번역된 '임므카'는 제사장 집단과 함께 있다는 의미보다는 제사장 집단과 "함께" 넘어질 것이라는 의미로도 새길 수 있다.
32) Wolff, *Hosea*, 78; Mays, *Hosea*, 68; Davies, *Hosea*, 118-119.
33) 호세아서에서 "내 백성"은 항상 하나님의 자비와 긍휼을 반영하는 표현으로 사용된다(2:3, 25[H 2:1, 23]; 4:8, 12; 6:11b; 11:7): Wolff, *Hosea*, 79. 그러나 이스라엘 백성이 설령 여러 차례에 걸쳐서 "내 백성"으로 불리긴 해도 그들의 죄가 면제되는 것은 결코 아니다.
34) Davies, *Hosea*, 119.

장들이나 거짓 예언자들만이 아니다. 애석하기는 하지만 하나님과의 계약 관계를 깨뜨린 이스라엘 백성도 심판에서 벗어나지 못한다. 호세아는 그들이 심판을 받아 망하는 가장 결정적인 이유를 그들에게 지식('다아트')이 없다는 사실(4:1)에서 찾는다. 물론 그들에게 지식이 없다는 것은 무엇보다도 그러한 '다아트' – 더 정확하게는 '다아트'를 이스라엘 백성에게 전하고 가르쳐야 할 직무(신 31:9-13; 33:10) – 를 버린 거짓 제사장들에게 근본적인 책임이 있다. 그 때문에 하나님은 동해보복법(lex talionis)의 원칙을 따라,[35] 직무 유기의 심각한 죄를 범한 제사장들을 버려 제사장 노릇을 못하게 하실 것이요, 그들이 '다아트 엘로힘'의 핵심을 이루는 하나님의 율법을 잊었으니 하나님도 그들의 자녀들을 잊어버림으로써 그들로 하여금 더 이상 세습직인 제사장 직무를 수행하지 못하게 막으실 것이다.[36]

제사장들의 죄악에 대한 호세아의 책망과 심판 선고는 그들을 3인칭 남성 복수로 칭하는 7절 이하에서 계속 이어진다. 점점 늘어나는 성소들(호 8:11; 10:1)을 관리하는 데 필요한 제사장들의 수가 점점 늘어났지만,[37] 그들은 숫자가 불어날수록[38] 하나님께 더욱 범죄하는 모습을 보였다. 이는 번성하는 제사장들이 한결같이 하나님을 올바로 섬기는 자리에 서지 못했음을 의미한다. 그러기에 숫자가 늘어나는 만큼이나 범죄의 양도 증가할 수밖에 없었던 것이다. 하나님은 그들의 이러한 모습을 보시고 진노하신 나머지 그들이 여로보암 2세 시대의

---

35) Wolff, *Hosea*, 79.
36) 엘리 제사장에게 임한 심판이 이에 해당한다(삼상 2:27-36).
37) Limburg, 『호세아-미가』, 53.
38) 이를 제사장들의 숫자가 불어나는 것으로 보기보다는 여로보암 2세 시대의 성공과 번영으로부터 비롯된 수익 증대나 부의 획득 또는 자부심 증대로 보는 견해도 있다: Stuart, *Hosea-Jonah*, 79; Andersen and Freedman, *Hosea*, 354.

번영과 성공의 뒷전에서 누리고 있던 명예와 권세("그들의 영화"='카보드')39)를 수치스러운 것('칼론')40)으로 바꾸어버리실 것이다.

제사장들은 또한 "내 백성"의 속죄 제물('하타아트')41)을 먹고 그 마음('네페쉬')을 그들의 죄악('아본')에 두는 파렴치한 모습을 보이기도 했다(8절). 호세아의 이러한 비난은 제사(염불)보다 잿밥에 밝은 제사장들의 탈선을 지적한 것으로서, 백성이 죄를 많이 범할수록 자기들에게 분배되는 몫도 덩달아 많아질 것이기에(레 7:28-38) 백성이 죄를 더 많이 짓기를 간절히 바라는 제사장들의 잘못된 태도와 탐욕을 폭로하는 말이다. 그러면서 호세아는 이스라엘 백성이나 제사장들(단수형인 '코헨')이나 하나님을 향한 범죄 행위에 전혀 차이가 없음을 지적한다. 범죄의 양상이 똑같기에 그들은 제각기 자신의 행실과 행위대로 하나님의 벌을 받아 망할 것이다(9절). 이는 제사장들의 죄악이 이스라엘 백성의 죄악이나 마찬가지여서 똑같은 처벌을 받게 될 것임을 의미한다.

이어지는 10절의 "그들"은 문맥으로 보아 앞 절의 제사장들을 의미한다.42) 그들이 먹어도 배부르지 않고 음행하여도 수효가 더하지

---

39) 이 영광을 야웨 하나님을 가리킬 수도 있다(시 106:20): Andersen and Freedman, *Hosea*, 355.
40) 이는 우상 숭배나 바알 같은 거짓 신들을 가리키는 환유법(metonymy)일 수도 있다(렘 2:11): Andersen and Freedman, *Hosea*, 355; Stuart, *Hosea-Jonah*, 79.
41) 많은 주석들이 '하타아트'를 "속죄 제물"보다는 "죄"로 번역해야 한다고 본다. 그래야만 하반절의 '아본'과 평행 대구가 성립되기 때문이다: Mays, *Hosea*, 70; Stuart, *Hosea-Jonah*, 79; Davies, *Hosea*, 120. NRSV와 REB도 '하타아트'를 "sin"으로 번역한다. '하타아트'가 죄의 객관적인 측면을 좀 더 강조하는 낱말이라면, '아본'은 죄의 주관적인 측면을 좀 더 강조하는 낱말이라 할 수 있다: Wolff, *Hosea*, 81.
42) Wolff, *Hosea*, 81-82; Stuart, *Hosea-Jonah*, 80; Limburg, 『호세아-미가』,

못한다는 것은 그들의 풍요제의 참여—거룩한 결혼 의식을 포함하는 —를 암시하며, 계약법의 저주 규정(레 26:26; 신 28:30-31, 38-40)이 응한 것으로 이해된다. 이와 비슷한 심판 메시지는 아모스 5:11; 미가 6:14-15; 학개 1:6; 스바냐 1:13 등에서도 발견된다. 그리고 10절의 "음행하여도"는 '자나' 동사의 히필 사역형이어서(4:18; 5:3에도 나옴)[43] 아버지가 딸들을 신전 창기로 만들었음을 의미할 수도 있다.[44] 그들은 그렇게 함으로써 자기 딸들이 자녀 출산을 포함한 삶의 모든 영역에서 풍요의 복을 얻게 되리라고 기대했겠지만, 호세아는 "그들의 수효가 늘지 못할 것"(10절)이라고 말함으로써 애초에 그들이 기대하던 효과가 전혀 나타나지 않을 것임을 분명하게 밝힌다. 그들에게 이러한 벌이 임하는 이유는 그들이 야웨 하나님을 버리고[45] 다른 신들을 따랐기('샤마르'; 시 31:6[H 31:7]) 때문이다.

풍요제의 참여에 대한 비판(4:11-14)

(4:11) 음행과 묵은 포도주와 새 포도주가 마음을 빼앗느니라.
(4:12) 내 백성이 나무에게 묻고 그 막대기는 그들에게 고하나니, 이는 그들이 음란한 마음에 미혹되어 하나님을 버리고 음행하였음이니라.
(4:13) 그들이 산 꼭대기에서 제사를 드리며 작은 산 위에서 분향하

---

54. 이와는 달리 10절의 "그들"을 이스라엘 백성으로 보아야 한다는 견해도 있다: Davies, *Hosea*, 121.
43) '자나' 동사의 히필 사역형은 출애굽기 34:16(두 번째의 "음란하게 섬기게"가 '자나'의 히필 사역형임); 레위기 19:29("창녀가 되게"); 역대하 21:11 ("음란하듯"); 21:13("음란하듯") 등에서도 발견된다. 그러나 '자나' 동사의 히필 사역형에 별다른 의미를 부여하지 않고 그냥 신전 창기와 성관계를 맺는 풍요제의 관습을 가리키는 것으로 볼 수도 있다: Wolff, *Hosea*, 82.
44) Davies, *Hosea*, 121.
45) 일반적으로 하나님을 "버리는"('아잡') 행동은 다른 신들을 섬기는 행동을 포함한다(신 31:16; 렘 1:16; 2:3, 17, 19; 5:7, 19 등): Wolff, *Hosea*, 82.

되, 참나무와 버드나무와 상수리나무 아래에서 하니, 이는 그 나무 그 늘이 좋음이라. 이러므로 너희 딸들은 음행하며 너희 며느리들은 간음을 행하는도다.
(4:14) 너희 딸들이 음행하며 너희 며느리들이 간음하여도 내가 벌하지 아니하리니 이는 남자들도 창기와 함께 나가며 음부와 함께 희생을 드림이니라. 깨닫지 못하는 백성은 망하리라.

호세아는 제사장들의 죄와 그에 대한 하나님의 심판을 선고(4-10절)한 연후에 1-3절의 흐름을 이어받아 이스라엘 백성의 풍요제의 참여를 책망하고 비판하는 쪽으로 방향을 선회한다. 11절의 "음행과 묵은 포도주와 새 포도주가 마음('렙')을 빼앗는다"는 것은 주연(酒宴; orgy) 참여에 의한 술 취함(intoxication)을 뜻할 수도 있고, 풍요제의에 참여하여 풍성한 수확을 얻으려는 욕구가 지나치게 강한 것을 가리킬 수도 있다.46) 이어지는 12-14절에서 호세아는 이스라엘 백성의 잘못된 예배 장소와 예배 방식을 매우 완곡한 어조로 비판하되, 특히 13-14절에서는 연속적으로 미완료(imperfect) 동사를 사용함으로써 신들 사이의 거룩한 결혼에 근거한 신전 창기 풍습이 이스라엘 안에서 상습적으로 이루어지고 있었음을 지적한다.47)

그의 메시지를 조금 더 구체적으로 살펴보면, 그는 가장 먼저 "나무"와 "막대기"를 사용한 이스라엘 백성의 주술 행위를 문제 삼았다(12절). "나무"나 "막대기"는 나무로 만든 우상을 지칭하는 것으로서 주로 점술을 하는 데 사용되었지만(겔 21:21), 미가 5:12-14에서 보듯이 나무로 만든 아세라 상을 빗댄 것일 수도 있었다. 이렇게 본다면,

---

46) Davies, *Hosea*, 123.
47) Wolff, *Hosea*, 86; Andersen and Freedman, *Hosea*, 369; Chisholm, 『예언서 개론』, 527.

12절의 비판 메시지는 신전 창기 풍습과 밀접한 관련을 가지고 있는 아세라 숭배를 야웨 신앙의 입장에서 비판함과 동시에, 가나안의 바알 종교와 이스라엘의 민간 신앙에서 널리 통용되던 것들을 비신화화하여 공격한 것이라 할 수 있다.48) 호세아는 14:8(H 14:9)에서 야웨 하나님을 "푸른(또는 무성한) 잣나무"로 칭함으로써, 아세라 숭배에 관한 비판 메시지를 야웨 신앙의 한 차원으로까지 끌어 올리고 있다.49)

더 나아가서 호세아는 당시의 이스라엘 백성이 제사장들의 잘못된 가르침에 미혹되어(4:6), 여로보암 1세(주전 922-901년) 때에 제정된 벧엘과 단의 중앙 성소(왕상 12:26-33)와는 아무런 관계가 없는 비중앙화된(decentralized) 가나안 종교의 지역 성소들을 부지런히 찾았음을 비판한다(13-14절). 그에 의하면 이스라엘 백성은 틈만 있으면 "산꼭대기"와 "작은 산," 그리고 "참나무와 버드나무와 상수리나무 아래"50)를 찾아가 그곳에서 이방 신들에게 제사를 드리면서 분향하였

---

48) Wolff, *Hosea*, 84; McKeating, *Amos, Hosea, Micah*, 100; Andersen and Freedman, *Hosea*, 366; Mays, *Hosea*, 73; Davies, *Hosea*, 124; Smith, *The Early History of God*, 84-85; Drinkard, "Religious Practices Reflected in the Book of Hosea," 209; G. A. Yee, "The Book of Hosea," *New Interpreter's Bible VII* (Nashville: Abingdon Press, 1996), 240.
49) Wolff, *Hosea*, 237; Mays, *Hosea*, 189; J. Day, "Asherah in the Hebrew Bible and Northwest Semitic Literature," *Journal of Biblical Literature* 105 (1986), 404-406; Yee, *Composition and Tradition in the Book of Hosea*, 138; Smith, *The Early History of God*, 95-96.
50) 이 표현이나 그 변형 형태인 "모든 높은 산 위와 모든 푸른 나무 아래서"라는 표현은 구약에 모두 16회 사용되는 것으로, 풍요 제의의 장소를 나타내는 신명기 사가의 전형적인 표현으로 알려져 있다(신 12:2; 왕상 14:23; 왕하 16:4; 17:10; 사 30:25; 57:5, 7; 65:7; 렘 2:20; 3:6; 17:2; 겔 6:13; 20:28; 34:6; 호 4:13; 대하 28:4). 그러나 보다 분명하게는 호세아에 의해 처음 사용된 이 표현이 신명기 사가에 의해 채택되었고, 그 후에 여러 저자들에 의해 풍요 제의와 관련된 음행을 지칭하는 전형적인 표현으로 정착되

으며, 그곳에서 남녀 신들을 대표하는 이른바 거룩한 창기들(sacred prostitutes)과 성적인 관계를 맺는 일에 깊이 빠져 있었다.51)

호세아의 이러한 지적과 비판은 "이스라엘의 딸들과 며느리들이 음행하며 간음했다"는 사실을 두 번씩이나 반복해서 설명하는 메시지에 의해 더욱 강화된다(13-14절). 여기서 언급되는 딸들과 며느리들의 음행을 제의적인 맥락에서 보지 않고 단순히 일상생활에서 흔히 발생하는 것으로 보아 그들을 일반 창기로 볼 수도 있으나,52) 호세아서 전체의 메시지와 관련시켜 본다면 오히려 그것은 10절의 경우에서 보는 것과 같은 일종의 "신부 의식"(bridal rites)53)으로 볼 수 있을 것이다. 아마도 이스라엘 백성의 아버지들은 자기 딸들이나 며느리들 — 더 정확하게는 자기 아들의 신부가 될 자54) — 로 하여금 신전 남자 창기와

었다고 볼 수 있다: William L. Holladay, "On Every High Hill and Under Every Green Tree," *Vetus Testamentum* 11 (1961), 176; M. Weinfeld, *Deuteronomy and the Deuteronomic School* (Oxford: The Clarendon Press, 1972), 322, 366.

51) Wolff, *Hosea*, 86; A. Phillips, "Prophecy and Law," in *Israel's Prophetic Tradition*, 224-225; Limburg, 『호세아-미가』, 56-57; P. J. King, *Amos, Hosea, Micah: An Archaeological Commentary* (Philadelphia: The Westminster Press, 1988), 122; S. Ackerman, *Under Every Green Tree: Popular Religion in Sixth-Century Judah* (Atlanta: Scholars Press, 1992), 152, 187-188.

52) Stuart, *Hosea-Jonah*, 82-83.

53) 볼프는 이 신부 의식이 일생에 한 번 있었던 것이라고 본다: Wolff, *Hosea*, 14, 86-87; 장일선, 『구약 전승의 맥락』, 182-183;『히브리 예언서 연구』(서울: 대한기독교서회, 1991), 227; 이경숙, "호세아서에 나타난 야훼, 바알, 아스다롯?"『신학사상』 78 (1992 가을), 544-545. 이를 반대하는 견해와 참고자료에 대해서는 다음을 참조: 우택주, "고대 이스라엘에 성전창기가 존재하였는가?: 호세아서의 새로운 해석을 위하여,"『구약논단』 10 (2001), 65-84.

54) Wolff, *Hosea*, 86; Andersen and Freedman, *Hosea*, 369.

관계를 맺거나 또는 직접 신전 창기 노릇을 하게 함으로써 자녀 출산을 비롯한 각종 풍요를 보증 받게 하고자 했을 것이며, 딸들이나 며느리들 스스로도 그러한 풍요제의에 자발적으로 참여하여 풍요의 복을 얻고자 했을 것이다.55)

신전 창기와의 성관계를 중심으로 하는 그러한 풍요제의에는 남자들도 예외 없이 폭넓게 관여하고 있었다. 14절 하반절에 그 점이 분명하게 드러난다. 이 본문에 의하면 이스라엘 남자들은 창기들과 함께 어울려 다님으로써 성적인 만족감을 얻음과 동시에 풍요의 복을 받고자 했던 것으로 보인다. 호세아가 비록 이 구절에서 일반 창기를 뜻하는 낱말('조노트')을 사용하고 있기는 해도, 바로 이어 나타나는 낱말('크데쇼트')과의 평행 관계를 고려한다면 이 낱말은 여자 신전 창기들을 지칭한다고 보아야 옳을 것이다.56)

그리고 남자들이 신전 창기들과 함께 "나갔다"는 것은 '파라드' 동사의 피엘형에 의해 표현되는 것으로서, "따로 다닌다"(go apart, abseits gehen)는 뜻을 가지고 있는 바, 이는 공동번역의 예("으슥한 데를 찾는데")에서 보듯이 그러한 행동이 공적인 예배에서가 아니라 은밀하게 사적으로 이루어지고 있었으며, 이스라엘 남자들이 "음란한 마음"('루아흐 즈누님')에 이끌려 신전 창기 풍습을 매개로 하여 육체적인 쾌락을 추구하는 데 탐닉하고 있었음을 의미했다.57) 그 뿐만이

---

55) A. J. Heschel, *The Prophets: An Introduction* (New York: Harper Torchbooks, 1962), 45; Mays, *Hosea*, 73-75; King, *Amos, Hosea, Micah*, 101; 장일선, 『구약 전승의 맥락』, 183-184.
56) B. A. Brooks, "Fertility Cult Functionaries in the Old Testament," *Journal of Biblical Literature* 60 (1941), 239; Davies, *Hosea*, 126; Landy, *Hosea*, 61-62; Andersen and Freedman, *Hosea*, 370.
57) Andersen and Freedman, *Hosea*, 370.

아니었다. 적어도 이스라엘의 민간 신앙에서는 신전 창기들이 성소에서 드리는 희생 제사에 공식적으로 참여하는 자들이었기 때문에, 남자 예배자들의 경우에는 여자 신전 창기들과 함께 희생 제사를 드리는 일이 지극히 당연한 일이었고, 그것은 여자 예배자들의 경우에도 예외가 아니었을 것이다.

그러나 호세아가 보기에 이스라엘 백성이 이처럼 가나안 지역의 풍요 제의에 참여하는 것은 야웨 신앙의 견지에서 볼 때 용납할 수 없는 성격의 것이었으며, 젊은 여자들이 그 제의 안에서 여신의 역할을 수행하는 자, 곧 신전 창기로 바쳐지는 것은 더욱 그러했다. 그 까닭에 호세아는 그들에게 임할 하나님의 심판에 관해 말하면서, 하나님께서 이스라엘의 딸들과 며느리들의 소행을 벌하지 않으실 것이라는 반어적(反語的)인 어법을 사용하고 있다. 이것은 결국 하나님이 그들의 빗나간 종교 행위들을 벌하지 않으시겠다는 것이 아니라, 도리어 "그런 못된 짓들을 하는데도 내가 그들을 벌하지 않고 그냥 두겠느냐?"는 수사학적인 질문의 성격을 가진 것으로, 그들에게 하나님의 엄한 심판이 있을 것임을 암시한다.[58]

음행과 우상 숭배를 향한 책망(4:15-19)

(4:15) 이스라엘아, 너는 음행하여도 유다는 죄를 범하지 못하게 할 것이라. 너희는 길갈로 가지 말며, 벧아웬으로 올라가지 말며, 여호와의 사심을 두고 맹세하지 말지어다.
(4:16) 이스라엘은 완강한 암소처럼 완강하니 이제 여호와께서 어린 양을 넓은 들에서 먹임 같이 그들을 먹이시겠느냐
(4:17) 에브라임이 우상과 연합하였으니 버려두라.

---

58) Anderson and Freedman, *Hosea*, 368; Stuart, *Hosea-Jonah*, 83; Light, "The New Covenant in the Book of Hosea," 230.

(4:18) 그들이 마시기를 다 하고는 이어서 음행하였으며 그들은 부끄러운 일을 좋아하느니라.
(4:19) 바람이 그 날개로 그를 쌌나니, 그들이 그 제물로 말미암아 부끄러운 일을 당하리라

호세아는 이스라엘에게 설령 자기들은 음행을 할지라도 유다만큼은 죄를 범하지 못하게 막으라고 명하면서, 길갈이나 벧아웬으로 올라가지 말고 야웨의 살아 계심을 걸고서 맹세하지 말 것을 경고한다(15절).59) 볼프를 비롯한 일부 학자들은 15절의 유다 언급을 남왕국 유다에 있던 후대 편집자의 추가 구문으로 보는 바,60) 호세아가 보기에 유다 백성에게 북왕국을 향하여 선포한 것과 똑같은 경고의 메시지가 필요했던 이유는, 나무가 우거진 지역 성소나 산당에 대한 언급들(왕하 16:4; 17:10; 이사야 1:29-30; 30:25; 57:5, 7; 65:7; 렘 2:20; 3:6; 17:2; 겔 6:13; 20:28; 34:6; 대하 28:4 등)에서 보듯이, 유다 백성 역시 풍요제의에 깊이 빠져 있었기 때문이다.

유다에 대한 간결한 언급 이후에 호세아는 다시금 이스라엘 백성을 향하여 길갈과 벧아웬으로 올라가지 말라는 경고의 메시지를 발한다. 이것은 길갈과 벧아웬을 찾아가는 순례행위 자체가 비판의 대상이 되고 있음을 의미한다. "길갈에서는 무리가 수송아지로 제사를 드리

---

59) 11-13a절까지 이스라엘 백성을 3인칭 복수형으로 칭한 호세아는 13b절-14절에서 그들을 2인칭 복수형으로 고쳐 부른 다음에, 네 개의 금지 명령들로 이루어진 15절에서는 다시금 2인칭 단수형과 복수형으로 변형시켜 부른다. 이스라엘 백성을 표현하는 호칭은 16-19절에서 다시금 3인칭 복수형으로 되돌아온다.
60) Wolff, *Hosea*, 89; Davies, *Hosea*, 128. 호세아가 남왕국 유다까지도 염두에 두고 있다는 견해도 만만치 않다: Mays, *Hosea*, 77; Anderson and Freedman, *Hosea*, 371.

며"라는 호세아 12:11(H 12:12)의 비판 메시지나 "사마리아 주민이 벧아웬의 송아지로 말미암아 두려워할 것이라. 그 백성이 슬퍼하며 그것을 기뻐하던 제사장들도 슬퍼하리니 이는 그의 영광이 떠나감이며"라는 10:5의 심판 선고가 그 점을 잘 보여 준다. 아모스 역시 4:4-5와 5:5에서 제각기 "벧엘과 길갈"을 찾아가거나 "벧엘과 길갈과 브엘세바" 등의 지역 성소를 방문하는 행위를 비판한 적이 있다.61)

잘 알려진 바와 같이, 여리고 부근의 요단 계곡에 있는 길갈은 가나안 정착 초기(수 3-5장; 10장)와 왕정 초기(삼상 10-15장)에 중요한 역할을 수행한 곳이어선지 이스라엘 백성에게 중요한 성지순례의 장소로 인식되었을 것이다. 그리고 "그들의 모든 악이 길갈에 있다"(호 9:15)는 호세아의 비판 메시지는 아마도 길갈이 사울을 왕으로 삼은 곳이면서(삼상 11:14-15) 동시에 사울이 사무엘을 통하여 주어진 하나님의 지시 사항을 어긴 채로 자신의 손으로 직접 번제를 드린 곳이기도 했다는 사실(삼상 13:8-15)과 무관하지 않을 것이다.

벧엘의 경우는 어떠한가? 호세아는 조상 야곱의 삶과 밀접한 관련을 가지고 있던(창 28:10-22) 벧엘을 "벧엘" 그대로 칭하기도 하지만(10:15; 12:5[H 12:6]) "벧아웬"(Beth-aven)이라는 변형된 지명을 더 자주 사용한다(4:15; 5:8; 10:5). 이는 그가 아모스의 벧엘 비판 메시지, 곧 "벧엘은 비참하게('아웬'이) 될 것임이라"('벤-엘 이흐예 르아웬')는 메시지(암 5:5)의 영향을 받았음을 의미할 것이다.62) 아마도 호세아는 "벧아웬"이라는 지명 변경을 통하여 왕의 성소(왕상 12:28-32; 암 7:13)요 바알 숭배의 본산지인 벧엘이 "하나님의 집"이 아니라

---

61) 아마도 호세아는 아모스가 선포한 이러한 비판 메시지의 영향을 받았을 것이다: Wolff, *Hosea*, 89.
62) Mays, *Hosea*, 77; Anderson and Freedman, *Hosea*, 372.

"죄악" 또는 "비참함"('아웬')의 도시임을 풍자적으로 꼬집고자 했을 것이다.63)

호세아가 이스라엘 백성에게 금지한 또 한 가지는 야웨의 살아 계심('하이-야웨')을 두고 맹세하는 일이다. 이스라엘 역사를 보면 그렇게 하는 일이 흔했다. 사울은 음식물 섭취 금지령을 위반한 사람을 색출하기 직전에 요나단이 위반자라 할지라도 죽을 것임을 맹세할 때 그러한 표현을 사용했으며(삼상 14:39), 엘리야는 예언 활동 초기에 수 년 동안 비도 이슬도 없을 것임을 그러한 맹세 형식을 빌어 선언한 바가 있고(왕상 17:1), 오바댜는 아합이 바로 그 엘리야를 찾으려고 백방으로 노력하였음을 그러한 맹세 형식으로 강조한 적이 있다(왕상 18:10). 그런가 하면 미가야는 야웨께서 자신에게 말씀하시는 것을 말하겠다는 결심을 그러한 맹세 형식을 통하여 밝히며(왕상 22:14), 엘리사 역시 엘리야를 따라 벧엘로 가겠다는 자신의 결심을 같은 방식으로 표현한다(왕하 2:2). 그리고 예레미야는 하나님의 구원 은총을 입은 사람들이 그의 도를 부지런히 배우면서 살아 있는 야웨의 이름으로 맹세하면 복을 받을 것이라고 말하며(렘 12:16), 애굽 땅으로 옮겨간 유다 사람들 중에 다시는 야웨의 살아 계심을 두고 맹세하는 자가 없을 것임을 강조한다(렘 44:26).

야웨의 살아 계심을 두고 맹세하는 일이 이처럼 예언자들과 신실한 하나님의 사람들에 의해서도 얼마든지 행해지는 것이었음에도 불구하고(참조. 신 6:13; 10:20; 삿 8:19; 룻 3:13; 렘 4:2; 23:7-8; 사

---

63) Mays, *Hosea*, 78; Davies, *Hosea*, 129. 구약에서 "벧아웬"이라는 지명은 모두 일곱 군데에서 발견된다(수 7:2; 18:12; 삼상 13:6; 14:23; 호 4:15; 5:8; 10:5). 벧아웬의 이러한 본문 분포는 호세아가 아모스에게서 취한 이 변화된 지명이 나중에 신명기 사가 집단에서 널리 사용되었을 것이라는 추측을 가능케 한다: Wolff, *Hosea*, 90.

45:23; 48:1) 호세아가 이를 금한 것은, 그것이 죽었다가 다시 살아나는 신으로 여겨지던 바알과 관련하여64) 남용됨으로써 십계명의 세 번째 계명을 위반하는 것과도 같은 결과를 초래했기 때문일 것이다(렘 5:2; 7:9).65) 실제로 아모스는 사마리아의 죄된 우상을 두고 맹세하는 일이 빈번했음을 비판한 바가 있으며(암 8:14), 예레미야는 유다 백성이 바알로 맹세하는 일이 빈번했음을 지적한 적이 있다(렘 12:16).

15절에서 이스라엘 백성을 2인칭 단수와 복수로 칭하던 호세아는 본 단락을 마무리하는 16-19절에서 다시금 3인칭 복수형 표현을 사용하면서, 그 서두인 16절에서 이스라엘을 완강한 암소에 비교한다. 그런데 흥미롭게도 그는 16절을 시작할 때 원인을 나타내는 접속사 '키'를 일종의 감탄사(Indeed! 또는 Exactly!)66)로 활용하여 15절의 말씀에 부정적인 반응을 보였을 이스라엘 백성의 주의를 환기시킨다.67) 이어서 그는 어찌 야웨께서 완강한 암소와도 같은(렘 31:18, "멍에에 익숙하지 못한 송아지 같은") 이스라엘 백성을 먹이되 어린 양을 넓은 들에서 먹임 같이 먹이시겠느냐고 말함으로써, 야웨 하나님의 목자 이미지(참조. 시 23편; 미 7:14; 렘 31:10; 사 40:11)를 활용하는 중에 이스라엘의 신앙적인 탈선이 그들을 굶주려 죽게 할 만큼 현저한 범죄 행위가 되는 것임을 분명하게 밝힌다.

이 점은 17-18절의 비판 메시지에 그대로 반영되어 있다. 그는 북왕국 이스라엘을 자신이 평소에 즐겨 쓰는 "에브라임"(5:3[×2]; 5:9,

---

64) 바알의 죽음과 부활에 관한 바알 신화집의 내용에 대해서는 필자의 다음 책을 참조: 『고대 근동 세계와 이스라엘 종교』(서울: 한들출판사, 2003), 313-315.
65) Stuart, *Hosea-Jonah*, 85.
66) 개역 개정판은 이 낱말을 "(완강)하니"(since)로 번역하나, 표준 새번역은 이를 "그렇다"로 번역하고 있다.
67) Wolff, *Hosea*, 90; Anderson and Freedman, *Hosea*, 344.

11, 12, 13[×2], 14 등)으로 칭하면서, 그들이 우상과 연합함으로써 계약 관계를 깨뜨렸으니 아무런 희망도 없는 그들을 그대로 내버려두라는 심판의 말씀을 전한다(17절). 아울러 그는 이스라엘 백성이 술잔치를 한바탕 벌인 다음에 언제나 음행하기를 즐겼으며,[68] 또한 그들이[69] 수치스러운 일('칼론'=7절)을 기뻐한다고 말한다(18절).[70] 바로 이러한 죄 때문에 그들은 하나님의 심판을 피하지 못한다. 호세아는 마지막 19절에서 '루아흐 즈누님'(4:12; 5:4)에 사로잡힌 그들을[71] 바람('루아흐')이 그 날개로 에워싸고 휩쓸어갈 것이요, 그들이 바친 희생제물이 그들을 부끄럽게 만들 것이라고 말한다. 이것은 하나님의 심판이 태풍처럼 강하게 임해서 북왕국을 쓸어버릴 것임을 예언하는 말씀이라 하겠다.

음행과 우상 숭배에 대한 심판 선고(5:1-7)

(5:1) 제사장들아 이를 들으라, 이스라엘 족속들아 깨달으라. 왕족들아 귀를 기울이라. 너희에게 심판이 있나니, 너희가 미스바에 대하여 올무가 되며 다볼 위에 친 그물이 됨이라.
(5:2) 패역자가 살육죄에 깊이 빠졌으매 내가 그들을 다 벌하노라.

---

[68] 호세아는 '자나' 동사의 부정사 절대형('하즈네')을 본동사('히즈누') 앞에 사용함으로써 이스라엘 백성이 그러한 음행에 매우 깊이 빠져 있었음을 잘 보여 준다.
[69] 표준 새번역은 "대신들이"로 번역한다. NIV와 NASB도 이와 비슷하게 "the rulers"로 번역하고 있다.
[70] 18절이 안고 있는 복잡한 번역상의 문제점들에 대해서는 다음을 참조: 이동수, 『호세아 연구』, 100-117.
[71] 맛소라 본문은 '오타흐'("그녀")로 되어 있으나 히브리어 본문(BHS)의 비평장치는 '오탐'으로 읽을 것을 제안한다. 표준새번역도 이를 따라 "그들을"로 번역하고 있으며, NRSV와 REB, NIV, NASB 등도 마찬가지로 번역하고 있다. 반면에 개역 개정판은 "그를"로 번역하고 있다.

(5:3) 에브라임은 내가 알고 이스라엘은 내게 숨기지 못하나니, 에브라임아, 이제 네가 음행하였고 이스라엘이 더러워졌느니라.
(5:4) 그들의 행위가 그들로 자기 하나님에게 돌아가지 못하게 하나니 이는 음란한 마음이 그 속에 있어 여호와를 알지 못하는 까닭이라.
(5:5) 이스라엘의 교만이 그 얼굴에 드러났나니, 그 죄악으로 말미암아 이스라엘과 에브라임이 넘어지고 유다도 그들과 함께 넘어지리라.
(5:6) 그들이 양 떼와 소 떼를 끌고 여호와를 찾으러 갈지라도 만나지 못할 것은 이미 그들에게서 떠나셨음이라.
(5:7) 그들이 여호와께 정조를 지키지 아니하고 사생아를 낳았으니, 그러므로 새 달이 그들과 그 기업을 함께 삼키리로다.

음행과 우상 숭배에 대한 심판 선고를 다루는 1-7절 단락은 이스라엘의 지도자들이나 지배 계층을 대상으로 하는 1-2절과 이스라엘 백성 전체를 대상으로 하는 3-7절의 둘로 나누어진다. 그리고 전체적으로 보아 이 본문은 심판 선고를 목적으로 하는 단락이지만, 비판과 고발을 중점적으로 다루는 1-4절과 심판 선고를 중점적으로 다루는 5-7절의 둘로 나눌 수도 있다. 그런가 하면 1-7절은 야웨 하나님을 1인칭으로 표현함으로써 야웨 하나님 자신의 말씀을 그대로 전하는 1-3절과 야웨 하나님을 3인칭으로 표현함으로써 예언자 자신의 논쟁적인 메시지를 전하는 4-7절의 둘로 나누어지기도 한다.[72]

삼중 명령 형태("들으라… 깨달으라… 귀를 기울이라!")로 하나님의 심판('미슈파트')을 선고하는[73] 1절을 먼저 보도록 하자. 1-7절 전체 중에서 유일하게 신탁 대상을 2인칭 남성 복수형으로 표현하고 있는 1절에는 제사장들('코하님'; 4:4-10)과 왕족('베트 함멜렉'; 1:4)

---

72) Wolff, *Hosea*, 95; Anderson and Freedman, *Hosea*, 382.
73) 볼프는 '미슈파트'를 심판 개념으로 보기보다는 지배 계층이 책임져야 마땅한 정의(justice) 개념으로 이해한다: Wolff, *Hosea*, 98.

이 주요 신탁 대상으로 나타나지만, 그 중간에 언급되어 있는 이스라엘 족속('베트 이스라엘') 역시 신탁 대상에 포함되어 있다. 중간의 "이스라엘 족속"이 제사장들과 왕족 사이에 들어 있는 것으로 보아 그들은 이스라엘 백성을 대표하는 자들을 가리키고 있음이 분명하다 (미 3:1, 9).74) 따라서 2절 하반절의 "그들을 다"75)는 당연히 이들 지배 계층 전체를 가리킬 것이다.

사냥꾼들의 전문적인 사냥 기술을 이스라엘 백성의 지도자들에게 적용하고 있는 1절 하반절은 그들이 이스라엘 백성에게 대하여 미스바에 놓은 올무('파흐')요 다볼 위에 친 그물('레쉐트')76)과도 같은 악독한 자들이어서 심판을 피할 수가 없음을 지적하고 있다. 호세아가 여기서 언급하는 예루살렘 북쪽의 미스바(베냐민 지파의 미스베, 수 18:26; 삼상 7:6, 16; 10:17)와 이스르엘 골짜기 북동쪽의 다볼산(수 19:12, 22, 34)은 제각기 바알 종교의 풍요제의와 관련된 산당을 지칭할 것이다. 왕족이 이와 관련하여 언급된 것은 왕이 때때로 제의에서 주도적인 역할을 수행하기도 했기 때문이다(왕상 12:26-33; 왕하 10:18-28). 6절 역시 이 단락 전체가 바알 종교의 음란한 제의 행사와 관련된 것임을 뒷받침한다. 그런데 문제가 되는 것은 올바른 제의 행사

---

74) 어쩌면 그들은 이스라엘의 장로들(신 19:12; 삼상 11:3) 또는 장로들과 귀족들(신 31:28; 왕상 21:8)을 가리킬 것이다: Wolff, *Hosea*, 96-97. 1-2절이 지배 계층을 겨냥하고 있다는 사실은 이 예언 메시지가 수도권 지역인 사마리아에서 선포되었을 가능성을 암시한다: Mays, *Hosea*, 79; Stuart, *Hosea-Jonah*, 90. 이스라엘 백성 전체를 가리킨다고 보는 견해도 있다: Anderson and Freedman, *Hosea*, 384; Davies, *Hosea*, 137.
75) 표준 새번역은 70인역을 따라서 "너희를 모두"로 번역하고 있다.
76) '파흐'는 주로 새들을 사냥하는 데 쓰이는 도구이지만(암 3:5; 시 124:7; 잠 7:23), '레쉐트'는 새들뿐만 아니라(호 7:12) 사자까지도 사냥할 수 있는 도구이다(겔 19:4): Wolff, *Hosea*, 98.

를 책임져야 할 지배 계층-특히 제사장들-이 도리어 일반 백성들을 넘어지게 하는 올무와 그물의 역할을 수행하고 있다는 점이다. 호세아는 2절에서 그들을 패역자들(revolts/rebels)로 칭하면서 그들이 살육죄에 깊이 빠진 까닭에77) 야웨 하나님이 그들 모두를 벌하실 것임을 분명하게 밝힌다.

일반 백성들의 죄악 역시 하나님 앞에서 숨기우지 못한다. 3절에서 에브라임과 이스라엘을 번갈아 가면서 언급하되, 두 번째 에브라임을 2인칭 남성 단수("네가")로 칭하는 호세아는 '야다' 동사를 사용하여 하나님이 이스라엘 백성의 죄악을 샅샅이 알고 계심을 강조하며, 그들의 죄가 하나님 앞에서 "숨겨지지 못한다"는 사실 역시 지적한다. 하나님의 전지(全知, omniscience)하심 앞에서는 어느 누구도 피할 수 없기 때문이다. 물론 호세아가 지적하는 그들의 죄악은 한 마디로 말해서 그들이 제의적인 음행에 빠져 있고 그들이 더러워졌다('타메'; 6:10; 9:4)는 데 있었다. 그런데 여기서 그들이 더러워졌다는 것은 무엇을 뜻하는 것일까? 아마도 그것은 제의적인 부정함을 가리킬 것이다(레 5:2; 7:20-21; 13장; 15장; 민 9:6-7 등).78) 부정하고 정한 것을 분별하는 일이 제사장의 직무에 속한 것임을 전제한다면(레 10:10), 이스라엘 백성이 이처럼 제의적인 부정함에 이르렀다는 것은 제사장

---

77) 다수의 학자들은 "패역자가 살육죄에 깊이 빠졌으매"('워샤하타 세팀 헤으미쿠')로 번역되어 있는 2a절의 히브리어 본문이 많이 손상되어 있다고 보아 이를 "싯딤에 깊이 파놓은 함정"('워샤하트 바셋팀 헤으미쿠')으로 번역하고자 한다: Wolff, *Hosea*, 94; Mays, *Hosea*, 80; Stuart, *Hosea-Jonah*, 88; Davies, *Hosea*, 137-138. NRSV도 마찬가지이다(and a pit dug deep in Shittim). 그러나 맛소라 본문에 큰 하자가 없으므로 그 본문을 그대로 취하기로 한다(NIV, NASB, 표준새번역): Andersen and Freedman, *Hosea*, 386-388.
78) Davies, *Hosea*, 141.

들의 직무 태만에 기인한 것이라 할 수 있다.[79]

이어지는 4절에 의하면, 이스라엘의 음란한 우상 숭배 행위는 그들의 돌이킴 내지는 방향 전환, 곧 회개('슈브')를 불가능하게 만든다. 그들은 음란한 마음('루아흐 즈누님')의 지배를 받아 야웨를 알지 못하는 까닭에 회개할 수가 없는 것이다. 설령 그들이 하나님을 안다고 할지라도(8:2) 그것은 거짓말이다. 상황이 이러하기에 이제 그들 스스로의 힘으로는 방향 전환이 불가능하다. 오로지 하나님의 심판과 간섭이 아니고서는 아무 것도 이루어질 수가 없는 것이다. 5절의 넘어지게 하는 것이나 6절의 하나님 부재 상황이 그러한 심판에 해당한다. 2:7에는 바알 숭배를 차단하겠다는 평행 구절이 나온다. 15절도 그러한 부재 상황이 고난과 연결되는 것임을 강조한다.

호세아가 5절에서 지적하는 이스라엘의 교만은 여로보암 2세 시대의 번영과 성공에 대한 그들의 자부심을 뜻할 수도 있지만, 다른 한편으로는 풍요제의 중심의 잘못된 제의와 사회적인 불의를 통하여 야웨의 토라를 무시하는 이스라엘 백성의 뻔뻔스러운 삶의 방식을 가리키기도 할 것이다.[80] 그리고 그들의 교만이 얼굴에 드러났다는 것은 그들이 결코 회개할 수 없는 상태에 빠져 있음을 의미한다. 5절 하반절의 "유다" 언급은 편집자의 추가 구문에 해당하는 것으로, 북왕국 이스라엘 백성에게 임할 심판("넘어짐"; 잠 16:18)이 결국에는 후대의 남왕국 유다 백성에게도 똑같이 임할 것임을 암시하는 것으로 보인다. 상황이 이러한 까닭에 설령 이스라엘 백성이 뒤늦게 깨우치고서 야웨 하나님께 희생제물로 드리고자 양떼와 소떼를 이끌고서 그를 찾으러 다닌다고 해도 아무 소용이 없다.[81] 바알화된 그들의 일상생활과 희

---

79) Mays, *Hosea*, 83; Stuart, *Hosea-Jonah*, 92.
80) Mays, *Hosea*, 84; Stuart, *Hosea-Jonah*, 93.

생제사를 받기 싫어하시는 그가 이미 그들을 떠나셨기 때문이다(6절; 신 31:17-18; 32:20). 이는 그들 자신이 이미 하나님을 버렸기 때문에 (4a절) 너무도 당연한 귀결이 아닐 수가 없다.

그러나 하나님은 단순히 그들을 떠나고 버리는 것으로 심판을 끝내지는 않으신다. 도리어 앞으로 나서서 적극적으로 그들의 죄악을 심판하실 것이다. 7절과 다음에 살필 8절 이하의 본문이 이를 분명하게 보여 준다. 이곳의 7절은 그 이유를 하나님과 이스라엘 사이를 부부 관계로 보는 결혼 은유의 메시지에 근거하여 밝히되, 그들이 야웨 하나님께 정조를 지키지 않고서(계약 관계의 파기; 렘 3:20) 사생아('바님 자림')를 낳았다는 강렬한 메시지를 담고 있다. 호세아가 여기서 말하는 "사생아"는 앞서 언급된(1:2; 2:4[H 2:6]) "음란한 자식들"('얄르데 즈누님'=1:2; '브네 즈누님'=2:4[H 2:6])과 마찬가지로 야웨께로 말미암지 않고 바알―더 정확하게는 바알 종교의 풍요제의―로 말미암아 낳은 자식이라는 뜻을 가지고 있다. 그리고 "새 달"(new moon)은 매월 초하루에 지키는 이른바 초하루 축제(new moon festivals)를 가리키는 바, 새 달이 그들과 그들의 기업을 함께 삼킬 것이라는 심판 선고는 야웨께서 역설적으로 이스라엘 백성이 자신에게 제물을 드리고 제사를 드릴 축제의 날에[82] 그들을 멸망시킬 것이라는 의미, 또는

---

81) 흥미롭게도 호세아는 2:7(H 2:9)에서 하나님의 심판을 받은 이스라엘 백성이 사랑하는 자들, 곧 바알을 비롯한 이방 신들을 따라갈지라도 만나지 못할 것이라는 메시지를 전하고 있다.
82) 어쩌면 이스라엘 백성은 초하루 축제의 날에 거룩한 결혼 의식을 중심으로 하는 바알 종교의 풍요제의에 참여했을지도 모른다. 그렇다면 7b절은 바알을 찾는 그 날이 그들에게 심판의 날이 될 것이라는 메시지로 이해할 수 있을 것이다. 볼프는 70인역을 따라 "새 달"을 메뚜기 떼(locust)로 번역한다: Wolff, *Hosea*, 95, 101. 그런가 하면 스튜어트는 "새 달"이 "새 민족," 곧 북왕국 이스라엘을 멸망시킬 앗수르 제국을 가리킬 것이라고 본다: Stuart,

축제의 날이 멸망의 날이 되게 할 것이라는 의미를 포함한다.

3. 묵상과 적용

가. 바알 종교의 풍요제의에 몰입함으로써 야웨 하나님과의 계약 관계를 깨뜨린 이스라엘 백성에게서는 계약 관계의 중심 내용에 해당하는 진실과 인애와 하나님을 아는 지식 등을 찾아볼 길이 없었다. 도리어 그들은 토라의 핵심을 이루는 십계명을 마음껏 무시하고 위반했을 뿐만 아니라, 살인을 포함하는 사회적인 폭력 행동에 탐닉하는 모습을 보였다(4:1-2). 그 결과 북왕국 이스라엘 안에서는 하나님을 향한 신실한 믿음과 순종이 원천적으로 불가능했고, 토라가 규정하는 평화(샬롬)의 공동체도 도저히 이루어질 수 없었다. 수평적이고 사회적인 차원의 범죄가 도처에 난무했기 때문이다.

하나님은 계약 관계의 파기와 사회적인 일탈로 얼룩진 북왕국 이스라엘의 현실을 결코 그냥 두지 않으신다. 이스라엘 백성의 온갖 죄악에 진노하신 야웨께서는 그들의 거주 공간 전역에 큰 기근과 흉년이 임하게 하심으로써, 그 땅에 거하는 모든 생명체가 빠른 속도로 생명력을 잃어가는 무서운 생태학적 재앙을 내리실 것이다(4:3). 이것은 하나님의 계약 백성인 이스라엘의 죄악이 그들 모두와 그들의 거주 공간인 땅, 그리고 그 땅에 사는 생명체 전체를 하나로 묶는 대대적인 심판을 초래할 것임을 의미한다. 이 점에서 우리는 하나님의 백성이 말씀에 순종하지 못한 채로 세상 속에서 범하는 온갖 죄악들이 종국에는 지구 공동체 내지는 이 땅의 생명 공동체 모두를 파괴하는 무서운 재앙을 초래한다는 사실을 잊어서는 안 될 것이다.

Hosea-Jonah, 89, 94-95.

나. 이스라엘 백성은 가나안 땅의 바알 종교가 가지고 있던 풍요제의의 핵심, 곧 남녀 신들의 성적인 결합을 모방하고 재현하는 거룩한 결혼 의식에 깊이 빠져 있었다. 그들은 나무와 숲이 우거진 산당(山堂, high place)을 즐겨 찾았으며, 풍요와 다산을 보증받기 위하여 그곳에서 신전 창기와 관계를 맺는 행동에 탐닉하였다. 신전 창기 풍습에는 이스라엘 백성 중의 딸들이나 며느리들도 예외가 아니었다(4:11-14). 이스라엘 백성은 또한 길갈이나 벧아웬으로 순례 여행을 다니면서 야웨 하나님을 버리고 폭넓게 바알 종교의 풍요제의에 참여하기도 하였다(4:15). 참으로 그들은 완강한 암소와도 같았고(4:16) 정조를 지키지 못하여 낳은 사생아와도 같았다(5:7). 뿐만 아니라 음란한 마음이 그들을 사로잡고 있었기에 그들은 도저히 하나님께로 돌아설 수 없는 상황에 처해 있었다(5:4).

야웨 하나님은 아내와도 같은 이스라엘 백성의 이처럼 광범위한 신앙적인 탈선, 곧 우상 숭배와 풍요제의 참여에 대하여 다양한 방식으로 심판과 재앙을 내리실 것이다. 어린 양과도 같은 자기 백성을 먹이시던 야웨께서는 이제 더 이상 목자로서의 역할을 수행하지 않음으로써 그들을 굶주림에 내버려두실 것이요, 그들을 버리시고 넘어지게 하실 것이다. 심지어는 그들이 희생제물을 가지고서 찾아올지라도 그들을 만나주지 않으실 것이요, 그들이 즐기던 초하루 축제가 변하여 심판과 재앙의 날이 되게 하실 것이다. 오늘의 우리도 이처럼 엄위하신 하나님의 심판을 두려워하는 중에 하나님 아닌 것들을 하나님보다 더 섬기고 앞세우는 우상 숭배의 행습을 버려야 할 것이요, 음란과 음행의 특징을 갖는 세속 문화의 물결에 맞서 하나님 중심의 신앙생활을 꾸준히 지속해야 할 것이다.

다. 이스라엘 백성이 바알 종교의 풍요제의에 빠져들면서 하나님께서 원치 않는 삶의 방식에 몰입함으로써 그의 심판과 재앙을 받게 되는 것은 왕족이나 장로들을 포함하는 지배 계층에 큰 책임이 있다. 그러나 무엇보다도 큰 책임은 '헤쎄드'와 '다아트 엘로힘'을 가르치고 실천해야 할 제사장들에게 있다. 그들은 이 두 가지 덕목의 원천인 토라를 백성에게 가르쳐야 할 뿐만 아니라, 하나님을 향한 이스라엘 백성의 신앙과 삶이 토라에 기초한 것이 되게 해야 할 중한 책임을 지고 있다. 그 까닭에 하나님은 지배 계층에 속한 사람들 중에서도 특히 제사장 집단을 따로 선택하여 법정 소송을 제기하고 있으며(4:4-10), 지배 계층을 향한 심판을 선고하심에 있어서도 제사장들을 가장 먼저 언급하심으로써(5:1) 그들의 죄악이 가장 심각한 것임을 분명하게 드러내신다.

제사장들은 '다아트 엘로힘'과 그 기초를 이루는 토라를 무시하고 버림으로써, 이스라엘 백성이 '다아트'("지식")의 부족과 결핍으로 인하여 망하게 한 장본인들이다(4:6). 점점 늘어나는 성소를 관리해야 할 제사장 인력의 증대에 비례하여 하나님을 향한 그들의 범죄 양상도 발전하였으며, 속죄 제물을 통한 수익 증대를 꾀하기 위하여 이스라엘 백성의 범죄를 부추기는 탐욕스러운 모습을 보이기도 했다(4:7-8). 그들은 이스라엘 백성이 자주 왕래하는 곳에 올무와 그물을 치고서 기다리는 사냥꾼들과도 같은 파렴치한 성직자들이었다. 이에 대하여 하나님은 세습을 원칙으로 하는 그들의 제사장직을 박탈하실 것이요, 그들이 기대하던 온갖 배부름과 풍요를 다 빼앗아 가실 것이다. 이스라엘 제사장들에게서 발견되는 온갖 신앙적인 탈선과 그에 대한 하나님의 준엄한 심판은 오늘의 성직자들이 반드시 마음에 두어야 할 소중한 교훈이 아닐 수 없다.

제4강
번제보다 하나님을 아는 것의 소중함(5:8-6:11)

1. 들어가는 말

호세아서의 제2부인 4-14장에서 호세아는 북왕국 이스라엘의 제의적인 범죄와 정치적인 범죄에 대한 고발과 비판, 그리고 하나님의 심판 및 회복과 구원 등의 메시지를 선포하고 있다. 이 셋 중에서 뒤의 두 가지, 곧 하나님의 심판 및 회복과 구원의 메시지가 앞으로 있을 미래에 초점을 맞추고 있는 것들이라면, 맨 처음의 메시지인 고발과 비판은 이스라엘의 현재에 초점을 맞추되, 이스라엘 백성이 경험한 규범적인 과거를 그러한 고발과 비판의 기준 내지는 근거로 활용하고 있다. 여기서 말하는 규범적인 과거라는 것은 무엇보다도 하나님께서 그들과 더불어 맺으신 시내산 계약과 그 계약에서 비롯된 율법을 가리키며, 하나님이 그들에게 베푸신 온갖 구원 은총 역시 규범적인 과거의 한 중요한 부분을 차지하고 있다.

계약 위반과 계약 파기(6:7)로 압축되는 이스라엘의 죄는 크게 세 가지로 나누어진다. 그 첫 번째는 앞서 여러 차례 살핀 바 있는 우상 숭배(2:5[H 2:7]; 3:1; 4:17; 8:4-6; 9:10 등)와 풍요제의 참여 행위(4:11-14)이다. 이러한 종교적인 탈선은 야웨 하나님과의 계약 관계를 깨뜨리는 결과를 초래하였고, 그것은 야웨가 그들의 하나님이 아니요, 그들은 야웨의 백성이 아니라는 심판 선고로 이어졌다(1:9). 그리고 두 번째는 제사장들을 비롯한 모든 백성이 하나님을 아는 지식을 버렸고 율법을 무시했다는 점이다(4:6; 8:1, 12). 계약 관계의 핵심을 이루는 십계명을 멸시한 행동(4:2)이 그 점을 잘 보여 준다. 마지막 세 번째로는 이스라엘 백성이 절대 권력을 가진 지상의 인간 왕을 세움으로써 야웨 하나님의 왕권을 가볍게 여겼다는 사실(8:4; 9:9, 15; 10:9; 13:11)을 지적할 수 있다.[1] 이에는 하나님의 절대 왕권을 인정하지 않고서 강대국의 무력에 의존하는 태도(5:13; 7:11; 9:3; 11:5; 12:1[H 12:2])도 포함된다고 할 수 있다.

오늘의 본문 5:8-6:11은 처음부터 끝까지 야웨 하나님을 1인칭으로 서술하는 단락으로, 방금 언급한 세 가지 계약 위반죄들을 마지막 세 번째의 경우부터 첫 번째의 경우까지 차례대로 다루고 있다. 먼저 5:8-15 단락은 남왕국 유다와 북왕국 이스라엘 사이에 벌어진 전쟁(시리아-에브라임 전쟁)[2]에 대해 언급하면서, 북왕국 이스라엘의 앗수르 의존 정책을 비판함과 아울러 그들에게 임할 하나님의 심판을 선고하고 있으며, 6:1-3 단락은 야웨 하나님께서 북왕국 이스라엘에게서 기대하는 진실한 회개의 모습과 하나님의 구원 은총을 그들이 직접 말

---

1) Newsome, *The Hebrew Prophets*, 37-38; 구덕관, 『구약개론(하)』, 109-110.
2) 이 전쟁에 대해서는 제1강의 세 번째 항목("호세아의 역사적인 배경")을 참조.

하는 형식으로 표현하고 있다. 그리고 6:4-11은 '헤쎄드'와 '다아트 엘로힘'을 무시하는 두 번째 차원의 계약 위반 행동을 먼저 고발(6:4-6)한 후에, 살인을 비롯한 사회적 폭력과 우상 숭배를 통하여 하나님과의 계약 관계를 깨뜨리는 첫 번째 계약 위반죄(6:7-11)를 이어서 다루고 있다.

그런데 학자들은 일반적으로 5:8-6:6의 배후에 이집트의 후원과 지지를 배경으로 하는 시리아-에브라임 전쟁(735-733년)이 있다는 알트(A. Alt)의 주장을 거의 받아들이고 있는 것으로 보인다.3) 당시의 상황을 다시금 재구성하면 이렇다: 앗수르 제국을 강대국으로 다시금 부상시킨 디글랏 빌레셀 3세(745-727년)는 북왕국의 므나헴(745-737년)으로부터 738년에 조공을 받았는데, 므나헴은 살룸(745년, 1개월)을 죽이고서 왕위를 찬탈한 사람이었다(왕하 15:19). 북왕국의 왕권을 장악한 므나헴이 이처럼 당시의 강제국이던 앗수르를 가까이 하기 위하여 친(親) 앗수르 정책을 실시한 것과는 달리, 그의 아들 브가히야(737-736년)를 제거하고서 왕위에 오른 베가(736-732년)4)는 이집트의 후원을 받아 다메섹(시리아)의 르신(740-732년)과 함께 반(反) 앗수르

---

3) Mays, *Hosea*, 86-87; Blenkinsopp, 『이스라엘 예언사』, 143; Newsome, *The Hebrew Prophets*, 35; C. L. Seow, "Book of Hosea," *The Anchor Bible Dictionary 3*, 294. 반면에 림버그는 5:8-9:9 단락 전체가 시리아-에브라임 전쟁의 혼란기를 반영하는 말씀들이라고 본다: Limburg, 『호세아-미가』, 3-7.
4) 베가는 열왕기하 15:27에서 20년을 통치한 것으로 되어 있지만, 틸레(E. R. Thiele, *The Mysterious Numbers of the Hebrew Kings* [Grand Rapids: Eerdmans, 1965])에 의하면, 베가는 여로보암이 죽기 전부터 요단 동편인 길르앗을 장악하고 있었을 것이다(왕하 15:25). 반면에 므나헴과 브가히야는 주로 요단 서편인 에브라임과 수도인 사마리아를 장악하고 있었을 것이다: Andersen and Freedman, *Hosea*, 36.

동맹군을 결성하였다.

베가와 르신이 주도하던 반 앗수르 동맹군은 735년에 남왕국의 아하스에게 사신을 보내어 반 앗수르 동맹 체제에 가담할 것을 요청했다. 그러나 이미 친 앗수르 정책을 실시하고 있던 아하스는 그들의 요청을 거절하였다. 이에 앙심을 품은 베가는 시리아의 르신과 함께 연합군을 편성하여 예루살렘을 공격하였고, 위기에 직면한 아하스는 앗수르의 디글랏 빌레셀에게 원군을 요청하였다. 북왕국 이스라엘은 디글랏 빌레셀이 이끈 군대의 공격을 받고서 큰 타격을 받게 되었다(왕하 15:29, 37; 16:5-9; 사 7:1-17). 베가와 더불어 연합군을 편성하여 남왕국을 공격했던 시리아 역시 마찬가지였다. 유다의 아하스가 디글랏 빌레셀에게 원군을 요청하자 그는 군대를 소집하여 다메섹을 공격하였고, 공격의 와중에 마침내 그곳의 왕인 르신을 죽이고 말았던 것이다(왕하 16:7-9). 그런가 하면 나중에 베가를 죽이고서 왕위에 오른 북왕국의 마지막 왕 호세아(732-722년)는 이집트의 지원을 받아 반 앗수르 정책으로 돌아섰고, 디글랏 빌레셀의 뒤를 이은 살만에셀 5세(726-722년)는 북왕국의 수도인 사마리아를 포위 공격함으로써 호세아의 반 앗수르 정책을 응징하였고, 그의 후임자인 사르곤 2세(722-705년)는 마침내 722년에 이스라엘 정복을 마무리하였다(왕하 17:1-6).

2. 본문 주해

5:8-11	전쟁을 통한 경고와 심판
5:12-15	에브라임과 유다를 향한 하나님의 심판
6:1-3	이스라엘에게서 기대하는 참회의 고백
6:4-6	헤쎄드와 다아트 엘로힘이 없는 두 나라

6:7-11   살인과 음행의 죄

전쟁을 통한 경고와 심판(5:8-11)

(5:8) 너희가 기브아에서 뿔나팔을 불며 라마에서 나팔을 불며 벧아웬에서 외치기를, "베냐민아! 네 뒤를 쫓는다" 할지어다.
(5:9) 벌하는 날에 에브라임이 황폐할 것이라. 내가 이스라엘 지파 중에서 반드시 있을 일을 보였노라.
(5:10) 유다 지도자들은 경계표를 옮기는 자 같으니 내가 나의 진노를 그들에게 물 같이 부으리라.
(5:11) 에브라임은 사람의 명령 뒤따르기를 좋아하므로 학대를 받고 재판의 압제를 받는도다.

호세아는 이스라엘 백성 - 더 정확하게는 파수꾼(watchman) - 에게 기브아에서 전쟁을 알리는 뿔 나팔('쇼파르')을 불고, 라마에서도 비상 나팔('하초츠라')을 불며, 벧아웬에서는 "베냐민아! 네 뒤를 쫓는다"라고 외칠 것(수 6:5)을 명한다(8절).[5] 여기서 호세아가 말하는 두 종류의 나팔은 제각기 짐승(양이나 염소)의 뿔로 된 나팔(horn)과 금속제 나팔(trumpet)을 의미하는 것으로, 각종 축제 행사를 알리거나 적군의 공격이 있음을 알릴 때 또는 전쟁 경보를 울리거나 군대를 소집할 때 널리 사용된 것으로 알려져 있다('쇼파르'=출 19:16; 수 6:4-20; 삿 3:27; 6:34; 7:16-22; 삼하 2:28; 18:16; 20:22; 욥 39:24-25; 시 81:4; 사 18:3; 렘 4:5, 19, 21; 6:1; 51:27; 호 8:1; 욜 2:1; 암 3:6; 습 1:16; 슥 9:14 등; '하초츠라'=민 10:1-10; 왕하 11:14; 12:13 등).

---

[5] 이러한 전쟁 경보가 8:1에서 다시금 나타나기에 볼프는 5:8-7:16 단락을 하나로 묶어서 다룬다. 그는 이 단락이 구문론적으로나 문체상으로 또는 주제에 있어서 통일성을 가지고 있다고 본다: Wolff, *Hosea*, 108.

북왕국 사람들이 나팔을 불어 전쟁의 경보를 울려야 할 곳은 기브아와 라마 및 벧아웬 등으로 언급되어 있다. 베냐민 지파에 속한 이 세 성읍들이 북왕국에 임할 심판의 메시지에 포함되어 있는 것으로 보아, 당시에 이곳들은 북왕국의 영토에 편입되어 있었음이 분명하다. 이 세 성읍들은 본래 북왕국의 베냐민 지파에 속해 있었으나(수 18:21-23), 주전 9세기 무렵에 남왕국의 아비야에 의해 남왕국의 영토에 편입되었다가(대하 13:19), 북왕국의 요아스가 남왕국의 아마샤를 공격하여 예루살렘을 성공적으로 공략했을 때 다시금 북왕국의 영토로 되돌아온 것으로 보인다(왕하 14:8-14).[6]
　　북왕국의 파수꾼이 나팔을 불어야 할 첫 번째 성읍인 기브아는 예루살렘으로부터 북쪽으로 3마일 떨어진 곳에 있는 성읍으로서, 베냐민 지파에 속한 사울의 고향이고(삼상 10:26), 예루살렘으로부터 북쪽으로 5마일 떨어진 곳에 있는 라마 역시 베냐민 지파에 속한 지역이다(수 18:25; 참조. 왕상 15:17, 21-22). 기브아와 라마는 사사기 19:13; 이사야 10:29에서 함께 언급되며, 지리적으로 높은 지대에 있어서 나팔을 불어 전쟁 경보를 하기에 적당한 곳들이었다. 그리고 벧엘을 뒤틀려 부르는 지명인 벧아웬은 예루살렘으로부터 북쪽으로 11마일 떨어진 곳에 있는 성읍으로, 베냐민 지파와 에브라임 지파 사이의 경계 지역에 있었으며, 기브아나 라마와 마찬가지로 베냐민 지파에 속해 있었다(수 18:22).
　　호세아가 베냐민 지파에 속한 두 군데의 도시에서 전쟁 나팔을 불고 역시 베냐민 지파에 속한 벧아웬에서 전쟁 경고의 메시지를 발했다는 것은, 앗수르 군대의 지원을 받은 남왕국 유다의 군대가 북왕국 이스라엘을 구성하고 있는 베냐민 지파의 군대를 추격할 것임을 예고

---

6) Wolff, *Hosea*, 113.

한 것이라 할 수 있다.7) 실제로 호세아는 예루살렘으로부터 가장 가까운 곳인 기브아를 가장 먼저 언급하고, 세 지역 중에서 예루살렘으로부터 가장 멀리 떨어진 벧아웬을 맨 나중에 언급한다. 이것은 남왕국의 군사적인 공격이 남쪽으로부터 북쪽으로 진행될 것임을 암시하는 것에 다름 아니다.8) 어쩌면 남왕국의 아하스는 디글랏 빌레셀의 북왕국 공격에 힘입어 북왕국에 편입된 베냐민 지파의 지역들을 되찾고자 했을 것이다.9)

호세아는 하나님이 앗수르의 공격(왕하 15:29)과 남왕국의 침공(호 5:8)을 통하여 북왕국을 벌하시는 날에, 이스라엘 땅을 대표하는 지역들로 언급되는 베냐민 지파의 성읍들뿐만 아니라 북왕국 이스라엘의 영토 전체가 황무지로 변할 것임을 선포함으로써, 하나님이 북왕국에 속한 "이스라엘 지파들"에게 반드시 하실 일이 어떠한 것인지를 분명하게 보여 준다(9절). 그러나 남왕국 유다의 통치자들('싸르'의 복수형; leaders/rulers/princes)이라고 하나님의 진노와 심판에서 벗어나는 것은 아니다. 북왕국의 경우에는 심판의 이유(주로 제의적인 차원의 범죄)를 이미 여러 차례 앞에서 밝힌 바가 있기에 이곳에서 그것을 따로 언급하지 않지만, 남왕국을 향한 심판의 메시지는 드물게 나타나기에 상황이 조금 다르다. 그래서인지 호세아는 심판의 이유(여기서는 정치적인 차원의 범죄)를 10절에서 밝히고 있다.

---

7) 아마도 북왕국의 베가는 앗수르와 남왕국의 협공에 위협을 느낀 나머지 자기 나라의 남쪽 지역으로부터 자신의 군대를 철수시켰을 것이고, 그 결과 상대적으로 무방비 상태에 빠진 베냐민 지파의 땅은 아하스 군대의 일차적인 보복과 공격의 대상이 되었을 것이다: Stuart, *Hosea-Jonah*, 103.
8) Wolff, *Hosea*, 112-113; Stuart, *Hosea-Jonah*, 102; Andersen and Freedman, *Hosea*, 406; Davies, *Hosea*, 154.
9) Wolff, *Hosea*, 113; Mays, *Hosea*, 88.

10절의 설명에 의하면, 유다의 지도자들 또는 통치자들은 하나님이 땅의 분배 과정에서 정해 주신 경계표를 불법적으로 옮기는 자들과도 같아서 물처럼 부어지는 하나님의 진노를 피하지 못할 것이다. 경계표는 본래 이스라엘 각 지파에게 땅을 골고루 분배한 후 땅과 땅 사이의 경계를 나타내는 의미에서 돌로 세워둔 지계석 또는 경계석('그불'; boundary marker/boundary stone/landmark)을 가리키는 바, 지배 계층에 속한 자들이나 강한 자들이 사회적인 약자를 무시하고서 그러한 경계표를 자기 마음대로 옮기는 행위는 토라에서 금지의 대상(신 19:14; 27:17; 욥 24:2; 잠 15:25; 22:28; 23:10)으로 간주되었다. 그러나 여기서는 남왕국의 아하스가 베냐민 지파의 영토를 침략함으로써 각 지파 고유의 경계표를 해치는 행동을 비난하고 있는 것으로 보인다(8절).10)

호세아는 남왕국 유다의 권력층에게 있는 이러한 경계표 침탈의 죄악을 비판하면서 그에 대한 하나님의 심판을 선고한 후에, 다시금 방향을 돌려 에브라임에게 임한 심판, 곧 북왕국 이스라엘이 하나님께로부터 받은 심판과 재앙에 관해 언급한다. 그가 선포한 재앙은 그들이 학대를 받고('아슈크'; 신 28:29, 33) 재판에서 압제를 당한다('르추츠 미슈파트'; 신 28:33)는 것이었다.11) 아마도 북왕국이 당한 학대

---

10) 멀게는 100여 년쯤 전에 남왕국의 아사 왕이 베냐민의 게바와 미스바를 점령한 행동을 가리킬 수도 있으나 본문의 흐름에 비추어 본다면 아하스의 베냐민 침공 행동으로 이해하는 것이 적절해 보인다: Wolff, *Hosea*, 114; Stuart, *Hosea-Jonah*, 103; Andersen and Freedman, *Hosea*, 404, 408; Davies, *Hosea*, 155.

11) 개역 개정판은 수동태인 '아슈크' 동사와 '르추츠' 동사를 제각기 호세아 5:11에서는 "학대 받다"와 "압제 받다"로 번역하나, 신명기 28:29, 33에서는 "압제 당하다"와 "학대 받다"로 바꾸어 번역하고 있다. 수정이 필요한 부분이 아닐 수 없다. 한 가지 더 참고할 것은, 똑같은 '아샤크' 동사가 개

와 압제는 앗수르의 디글랏 빌레셀이 북왕국을 공격한 일을 가리킬 것이다(왕하 15:29). 어쩌면 남왕국의 북왕국 압박 역시 그러한 학대와 압제의 범주에 포함될 수 있을 것이다.12)

에브라임이 이처럼 하나님의 거센 심판과 재앙을 받는 이유(11절 서두의 '키'=because)는 어디에 있는가? 그것은 그들이 하나님을 의지하고 신뢰하기보다는 도움을 구하러 "허무한 것('차브')"13)을 뒤쫓았다는 데에 있다(11절). 여기서 말하는 "허무한 것"은 아마도 반 앗수르 동맹 체제에 가담한 다메섹의 르신을 가리킬 것이다.14) 이렇게 본다면, "허무한 것"이라는 표현은 다메섹이 북왕국에게 아무런 도움도 주지 못하는 무가치한 나라임을 경멸하는 투로 지적하는 것에 다름 아니다.

에브라임과 유다를 향한 하나님의 심판(5:12-15)

(5:12) 그러므로 내가 에브라임에게는 좀 같으며 유다 족속에게는 썩이는 것 같도다.

역 개정판의 레위기 19:13; 신명기 24:14; 아모스 4:1; 미가 2:2 등에서 제각기 "억압하다"; "학대하다"; "학대하다"; "강탈하다" 등으로 달리 번역되어 있다는 점이다.
12) Mays, *Hosea*, 90.
13) 여기서는 70인역과 표준 새번역을 따랐다. 개역 개정판은 "(사람의) 명령" 뒤따르기를 좋아했다고 번역하지만 의미가 분명치 않다. NRSV와 NIV는 이를 제각기 "vanity"와 "idols"로, 그리고 REB는 "worthless"로 번역한다. 반면에 NASB는 이를 "man's command"로 번역하고 있다.
14) 반 앗수르 동맹 체제를 후원하는 이집트를 가리킬 수도 있으나 7:11, 16에서 이집트의 이름을 공개적으로 언급하는 것으로 보아 그럴 가능성은 낮아 보인다: Wolff, *Hosea*, 114; Mays, *Hosea*, 90; Stuart, *Hosea-Jonah*, 104-105. 설령 개역 개정판을 따른다고 해도 "(사람의) 명령"은 르신의 명령을 가리키는 것으로 이해할 수 있을 것이다.

(5:13) 에브라임이 자기의 병을 깨달으며 유다가 자기의 상처를 깨달았고 에브라임은 앗수르로 가서 야렙 왕에게 사람을 보내었으나 그가 능히 너희를 고치지 못하겠고 너희 상처를 낫게 하지 못하리라
(5:14) 내가 에브라임에게는 사자 같고 유다 족속에게는 젊은 사자 같으니 바로 내가 움켜갈지라. 내가 탈취하여 갈지라도 건져낼 자가 없으리라.
(5:15) 그들이 그 죄를 뉘우치고 내 얼굴을 구하기까지 내가 내 곳으로 돌아가리라. 그들이 고난 받을 때에 나를 간절히 구하리라.

호세아는 에브라임이 자신의 생존을 보증해 주지 못하는 군사 동맹에 목을 거는 태도를 비난하면서 그들과 유다 족속을 아울러 벌하시는 하나님을 매우 특이한 언어로 표현한다. 야웨 하나님이 그들에게 좀('아쉬'=moth; 시 39:11[H 39:12]; 욥 4:19[15]); 사 50:9; 51:8) 같고 유다 족속에게는 썩이는 것('라캅'=rottenness; 합 3:16; 잠 12:4; 14:30) 같다는 표현이 그렇다(12절).[16] 이것은 전쟁을 통한 하나님의 징계와 심판이 미약하게 여겨지는 좀과 썩히는 것의 활동처럼 눈에 보이지 않을 정도로 조용하게 진행되지만, 그 결과는 사람의 뼈까지 썩게 만들 정도로 확실하고도 강력할 것임을 의미한다. 이는 야웨 하나님을 곰팡이 균이나 박테리아에 비교한 것으로, 구약성서 안에서 가장 기괴한 비유법이 아닐 수 없다.

하나님의 심판을 받은 결과 북왕국과 남왕국은 제각기 자신의 병이나 상처(신 28:21-22, 27, 35, 59-61; 32:24) – 대적의 공격을 받아 정치적으로 곤궁해진 상태(사 1:5-6; 렘 30:12-13) – 를 깨닫게 된다. 디글랏 빌레셀의 공격을 받거나 시리아-에브라임 동맹군의 공격을

---

15) 개역 개정판과 표준 새번역은 동일한 낱말을 "하루살이"로 번역하고 있다.
16) 욥은 자신의 비참한 상황을 묘사할 때 이 두 낱말을 사용하는 바, 욥기 13:28에서는 이 두 낱말의 순서가 정반대로 언급되어 있다.

받았으니 그 상처가 클 수밖에 없었기 때문이다. 그러나 두 나라들 중에 호세아의 메시지 수령 대상인 에브라임의 경우, 자신에게 닥친 병이나 상처에 대한 진단과 처방이 정상적으로 올바르게 내려지지 않았다. 이는 그들이, 특히 북왕국의 마지막 왕 호세아가, 계약 관계에 기초하여 하나님께로 방향을 돌이켜 그의 도우심을 바란 것이 아니라, 도리어 당시의 국제 정세에 기초하여 모든 문제의 근원이 앗수르에게 있다고 판단하고서는 앗수르의 야렙 왕,17) 곧 디글랏 빌레셀에게 특사를 보내 도움을 요청했다는 사실(왕하 17:3; 참조. 7:11)에 의하여 확인된다(13a절).18)

하지만 그들의 이러한 응급조치는 아무런 소용이 없다. 앗수르 제국이 그들을 능히 고치지 못하고 그들의 상처를 치료하지 못할 것이기 때문이다(13b절).19) 에브라임이 앗수르의 도움을 의지할 필요가 없는 다른 이유(14절 서두의 '키'=because)가 하나 더 있다. 그것은 곧 하나님이 범죄한 그들에게 사자처럼 달려들 것이요, 북왕국과 똑같

---

17) 호세아서의 10:6에서 한 번 더 언급되는 표현인 '멜렉 야렙'("싸움의 왕")은 문맥상 앗수르의 디글랏 빌레셀 3세(앗수르어로 '샤루 라부')를 가리킨다. 다수의 학자들은 BHS 비평장치의 제안을 따라 이 구절을 '말르키 랍' 또는 '멜렉 랍'(the great king)으로 수정하여 읽는다: Wolff, *Hosea*, 104.
18) Wolff, *Hosea*, 115; Stuart, *Hosea-Jonah*, 102; Chisholm, 『예언서 개론』, 532. 13절의 앗수르 의존책이 시리아-에브라임 전쟁 직전인 주전 738년경에 앗수르 왕에게 상당한 양의 조공을 바쳐 그의 공격을 무마시킨 므나헴의 행동(왕하 15:17-20)을 가리킨다고 보는 견해도 있다: Mays, *Hosea*, 91. 남왕국의 아하스 역시 많은 예물을 바쳐 디글랏 빌레셀의 지원을 요청한 적이 있다(왕하 16:7-8).
19) 이곳의 본문 단락은 에브라임을 계속해서 3인칭 남성 복수형으로 칭하고 있지만, 예외적으로 13절 하반절에서만은 2인칭 남성 복수형으로 칭함으로써 호세아가 남왕국과 북왕국 모두를 대상으로 하여 직접 말하는 형식을 취하고 있다: Stuart, *Hosea-Jonah*, 105.

이 범죄한 남왕국 유다에게도 젊은 사자로서 자신을 드러내실 것이기 때문이다(11:10; 13:7-8; 사 38:13; 렘 25:38; 애 3:10; 참조. 신 28:26; 32:24).20) 아모스(암 1:2; 3:8)에게서 빌려온 것임이 분명하면서도 아모스가 단순히 하나님의 목소리를 사자의 부르짖음에 비교한 것과는 달리, 하나님의 존재와 그의 행동 자체를 지상에서 가장 두렵고도 강한 짐승인 사자에 비교하는 이 비유의 말씀에서, 호세아는 다른 어떤 신이 아니라 바로 야웨 하나님이(1인칭 단수 인칭 대명사의 반복 사용을 주목할 것; '아니 아니')21) 굶주린 사자처럼 움켜쥐고(tear to pieces and go away) 탈취하여(carry away) 가면 그의 손아귀에서 건져낼 자가 없을 것이라는 삼중적인 심판의 메시지를 선포한다(14절; 신 32:39; 시 50:22).

질병이나 상처로 인하여 남은 것까지도 하나님이 다 파괴할 것임을 뜻하는 이 강렬한 심판 메시지는, 13절의 경우와 마찬가지로, 두 나라가 강대국에 원군을 요청하여 도움을 바랄지라도 아무런 소용이 없을 것임을 의미한다. 남왕국의 경우에 그것은 앗수르의 디글랏 빌레셀이 아하스와 그의 나라를 돕기는커녕 도리어 남왕국을 공격하고 괴롭힌 행동을 가리킨다(대하 28:16-21; 사 8:7-8). 그리고 북왕국의 경우를 보자면, 그것은 앗수르 제국의 살만에셀 5세와 사르곤 2세가 연이어 북왕국을 집요하게 공격하고 괴롭힘으로써 마침내는 수도인 사마리아를 함락시켜 북왕국을 멸망에 이르게 한 것을 가리킨다(왕하 17:1-6).

이어지는 15절은 앞의 5:8-14 단락을 바로 다음의 6:1-3 단락과

---

20) 이스라엘 백성의 남은 자들을 사자에 비교하거나(미 5:8), 강대국 앗수르와 바벨론의 왕들을 사자에 비교하는 말씀들도 있다(렘 50:17; 참조. 사 31:4).
21) 이를 개역 개정판은 "바로 내가"로 번역하며, NASB는 "I, even I"로, 그리고 NRSV는 "I myself"로 번역하고 있다.

이어주는 역할을 수행하는 본문으로,22) 이스라엘이 자신의 죄를 뉘우치고 하나님의 얼굴을 구할 때까지 하나님이 자신의 곳 — '미드빠르' ("거친 들" 또는 "광야"; 2:14[H 2:16])23) — 으로 돌아가실('슈브') 것임을 분명하게 밝힌다. 이는 마치 사자가 사냥을 끝낸 후에 자신의 거처로 되돌아가는 것과도 같이 하나님이 자신의 처소로 돌아가 버리실 것임을 의미한다(5:6, "이미 그들에게서 떠나셨음이니라"). 하나님이 이렇게 자기 백성의 곁을 떠나 자신의 처소로 돌아가신다는 것은 그들이 고통 중에 파멸 당할 것임을 의미한다(참조. 시 104:29). 722년의 사마리아 함락과 북왕국 멸망이 보여 주듯이 말이다.

그러한 고통과 파멸을 견디지 못한 그들은 마침내 간절히 하나님을 구하게 될 것이다. 이것은 그들에게 임할 고통과 파멸이 어디까지나 엄한 징계와 심판을 통하여 그들을 온전한 계약 백성이 되게 하려는 하나님의 섭리와 구원 계획에 속한 것임을 암시한다(참조. 신 4:25-31).24) 이 점에 비추어 본다면, 15절은 5:8-15 단락에서 유일하게 희망의 메시지를 담고 있는 본문임에 틀림이 없다. 비록 이스라엘 자신의 회개와 뉘우침을 통한 관계의 회복이 호세아 1-3장에서 보았듯이 불가능에 가까운 일이요, 도리어 그 일이 전적으로 하나님의 은총과 섭리에 의해서 이루어지는 것임에 틀림이 없지만 말이다.

이스라엘에게서 기대하는 참회의 고백(6:1-3)

(6:1) "오라! 우리가 여호와께로 돌아가자. 여호와께서 우리를 찢으셨

---

22) Mays, *Hosea*, 92; Stuart, *Hosea-Jonah*, 106.
23) Davies, *Hosea*, 158. 아니면 야웨 하나님의 거처인 시온(암 1:2)이나 다른 현현 장소(신 33:2; 삿 5:4; 시 18:6; 46:4 등)를 가리킬 수도 있을 것이다: Mays, *Hosea*, 93.
24) Andersen and Freedman, *Hosea*, 416.

으나 도로 낫게 하실 것이요, 우리를 치셨으나 싸매어 주실 것임이라.
(6:2) 여호와께서 이틀 후에 우리를 살리시며 셋째 날에 우리를 일으키시리니 우리가 그의 앞에서 살리라
(6:3) 그러므로 우리가 여호와를 알자. 힘써 여호와를 알자. 그의 나타나심은 새벽 빛 같이 어김없나니 비와 같이, 땅을 적시는 늦은 비와 같이 우리에게 임하시리라" 하니라.

이 본문에서 호세아는 '슈브' 동사의 연장형(cohortative; 1절, "돌아가자")과 '야다' 동사의 연장형(3절, "알자")을 포함하는 참회시(penitential song)의 형식을 빌어[25] 야웨 하나님의 구원이 어떠한 성격을 갖는지를 설명하고자 한다. 전후 문맥을 볼 때 그는 하나님의 심판(5:8-15)이 이스라엘의 회개(6:1-3)를 불러일으킬 것이라는 논리를 전개하지만, 회개 본문의 밑바닥에는 이스라엘 백성이 진실한 마음으로 뉘우칠 것임을 기대하고 또 그것을 촉구하려는 의도보다는, 이스라엘을 긍휼히 여기신 야웨께서 그들을 구원하실 것이라는 의미가 더 진하게 깔려 있다. 그리고 이 본문의 내용을 두고 본다면, 호세아는 야웨께서 크게 상처를 입은 이스라엘을 완전히 치료해 주실 것이며(1절), 죽은 자와 같이 된 이스라엘을 사흘 만에("이틀 후에"="셋째 날에")[26] 다시 살리실 것(2절)임을 분명하게 밝히고 있다.

여기서 우리의 주목을 끄는 것은 2절의 내용이다. 이 본문의 신학

---

25) Mays, *Hosea*, 93; Wolff, *Hosea*, 116; McKeating, *Amos, Hosea, Micah*, 109.
26) 이 본문에 있는 사흘은 전승사적으로 볼 때 예수 그리스도의 죽음-부활과 관련된 사흘의 기원을 이루고 있다: Wolff, *Hosea*, 117-118. 아주 짧은 기간을 뜻하는(창 22:4; 34:25; 40:20; 42:18; 출 19:11, 16 등) 사흘은 아마도 죽은 인간의 혼이 사흘 후에 그의 몸을 떠난다는 대중적인 믿음(욘 2:1; 요 11:39)과 관련될 것이다: Andersen and Freedman, *Hosea*, 420-422.

적인 의미에 관해서는 논란이 많다. 논란의 주안점은 이 본문이 1절처럼 상처의 치료에 관해서 다루고 있느냐 아니면 죽은 자의 부활에 관해서 다루고 있느냐 하는 데에 있다. 1절과 2절이 동일한 중상－치료 메타포("찢으셨으나 도로 낫게 하실 것이요－치셨으나 싸매어 주실 것임이라"; "이틀 후에 우리를 살리시며 셋째 날에 우리를 일으키시리니")를 변형시켜 표현했을 수도 있고, 죽음은 모든 것을 끝장내기 때문에(시 6:5; 30:9; 88:10-12) 죽음－부활의 메타포는 2절에 맞지 않는 것이라고 볼 수도 있겠지만27), 야웨께서 사자처럼 자기 백성을 공격하실 것(5:14)이라든가 실제로 야웨께서 그들을 죽였다가(6:5) 다시 살리실 것(13:14)이라는 메시지, 또는 야웨 하나님이 죽이기도 하시고 살리기도 하신다는 신명기 32:39과 사무엘상 2:6을 고려한다면, 호세아는 의미 강화를 위해서 중상 입은 자의 치료(1절)로부터 죽은 자의 부활(2절)로 메타포의 점차적인 상승을 꾀했을 가능성이 높다.28)

그렇다면 죽은 자의 부활에 관한 메타포는 어디서 비롯된 것일까? 아마도 그것은 호세아의 시대에 널리 퍼져 있던 바알 종교의 죽음－부활 주제(바알이 건기[乾期] 때에 죽었다가 우기[雨期] 때에 다시 살아나는 신이라는 주제)와 관련될 것이다.29) 앞서 여러 차례 언급한 바와

---

27) Mays, *Hosea*, 95; Wolff, *Hosea*, 117-119; Davies, *Hosea*, 161.
28) J. Wijngaards, "Death and Resurrection in Covenantal Context (Hos. VI 2)," *Vetus Testamentum* 17 (1967), 229; M. L. Barré, "New Light on the Interpretation of Hos 6:2," *Vetus Testamentum* 28 (1978), 131, 137; Andersen and Freedman, *Hosea*, 419; Stuart, *Hosea-Jonah*, 108; M. G. Swanepoel, "Solutions to the crux interpretum of Hosea 6:2," *Old Testament Essays* 7 (1994), 51-52. 실제로 예수 그리스도의 부활에 관한 본문인 고린도전서 15:4과 누가복음 24:7의 중심 내용은 70인역의 호세아 6:2와 상당 부분 일치한다: H. K. McArthur, "On the Third Day," *New Testament Studies* 18 (1971-1972), 81-86.
29) F. F. Hvidberg, *Weeping and Laughter in the Old Testament: A Study of*

같이 호세아 당시의 바알 종교가 이스라엘 백성의 종교적인 삶을 지배하고 있었다면, 바알 종교의 중심부에 있는 죽음-부활의 주제, 곧 바알이 죽었다가 다시 살아남으로써 풍요를 회복시킨다는 믿음 역시 이스라엘 대중의 삶 속에 깊이 뿌리를 내리고 있었을 것이다. 설령 이스라엘 대중이 바알과 관련된 죽음-부활의 신화를 선택적으로 거부했다 할지라도, 그들이 그러한 개념에 매우 친숙했으리라고 가정하는 데에는 무리가 없을 것이다.

이를 잘 알고 있었을 호세아는 이스라엘의 죄악을 고발하고 그에 상응하는 하나님의 심판을 선고하거나 그들에게 임할 하나님의 구원을 설명함에 있어서 죽음-부활의 주제를 차용할 필요성을 느꼈음이 분명하다. 그러나 호세아가 그것을 아무런 생각 없이 맹목적으로 차용한 것은 결코 아니다. 도리어 그는 풍요신의 죽음-부활과 관련된 표상을 신학적으로 재해석하여 계약 백성의 죽음과 부활을 뜻하는 것으로 변형시켰다.[30] 그에게 진정으로 중요했던 것은 계약 백성의 죽음

Canaanite-Israelite Religion (Leiden: E. J. Brill, 1962). 127-128, 130-131; de Vaux, *The Bible and the Ancient Near East*, tr. D. McHugh (Garden City: Doubleday, 1971), 230; McKeating, *Amos, Hosea, Micah*, 109; J. Day, "Baal," *Anchor Bible Dictionary 1*, 549; "Religion of Canaan," *Anchor Bible Dictionary 1*, 835; 방석종, 『호세아/요엘』, 200. 양자 사이의 직접적인 의존 관계를 인정하지 않거나 호세아 본문을 죽음-부활보다는 중상 치료와 관련시키는 이들도, 죽었다가 다시 살아나는 신에 관한 신화가 2절에 암시되어 있다는 사실을 완전하게 부정하지는 않는다: Mays, *Hosea*, 95; Wolff, *Hosea*, 118. 그러나 호세아 본문을 계약 백성의 죽음-부활과 관련시키면서도 그것이 바알 종교의 죽음-부활 주제와는 무관하다고 보는 견해도 있다: Wijngaards, "Death and Resurrection in Covenantal Context," 227-228; Andersen and Freedman, *Hosea*, 419-421.

30) 이 점에서 본다면 통일된 이스라엘 공동체의 회복에 관해 예언하는 에스겔 37장의 해골 골짜기 환상도 마찬가지 시각에서 이해할 수 있을 것이다: B. Otzen, H. Gottlieb, and K. Jeppesen, *Myths in the Old Testament*, tr. F.

과 부활에 있었다. 풍요신의 죽음과 부활은 그가 보기에 전적으로 무의미한 것이었다.

호세아의 이러한 신학화 작업은 죽음-부활의 신화적인 주제에 익숙해 있던 이스라엘 대중에게 야웨 하나님은 결코 죽었다가 다시 살아나는 신이 아니요, 도리어 자연계의 순환 및 죽음과 생명을 주관하는 분으로서 죽음의 형벌을 받은 자기 백성을 다시 살리시는 분임을 널리 선전하려는 의미를 가지고 있었을 것이다.31) 호세아가 2절에 바로 이어지는 3절에서 비의 순환과 관련된 바알 종교의 신화적인 사유를 염두에 두고서32), 풍요와 다산을 주관하는 야웨 하나님이야말로 날마다 새벽 여명이 어김없이 찾아오는 것과도 같이33) 가을의 이른 비와 봄의 늦은 비를 주시는 분(신 11:14; 욥 5:10; 시 65:9-10; 147:8; 렘 5:24; 14:22; 욜 2:23)임을 강조하는 것도 이와 무관하지 않으리라 여겨진다. 호세아가 이렇듯이 하나님의 나타나심을 비에 비교하는 것은, 하나님이 공의를 비처럼 내리신다고 말하는 호세아 10:12이나 그의 말씀이 비와 같다고 말하는 이사야 55:9-10과 유사한 모습을 보이는 것으로서, 야웨의 현현이 폭풍우를 동반함으로써 사람들에게 두려움을 안겨주는 것(사 28:2, 17; 겔 13:11, 13; 38:19-23, 특히 22절)과

Cryer (London: SCM Press, 1980), 106-107.
31) 이것은 야웨 하나님과 이스라엘 사이에 있는 계약 관계의 부활을 뜻할 수도 있다: Wijngaards, "Death and Resurrection in Covenantal Context," 236-239.
32) Mays, *Hosea*, 96; Wolff, *Hosea*, 119; Davies, *Hosea*, 163. 그러나 정통 야웨 신앙이 비와 관련된 바알 종교의 표상에 의존하지 않고서도 얼마든지 야웨 하나님을 자연계를 주관하시는 분으로 나타낼 수 있다고 보는 견해도 있다: Stuart, *Hosea-Jonah*, 109.
33) 하나님의 나타나심이 "새벽 빛 같이 어김없다"는 것은 태양이 날마다 새롭게 떠오르는 일출 광경을 연상시킨다(시 19:5-6; 말 3:20).

는 달리 은총의 선물을 주기 위한 것임을 의미한다.

헤쎄드와 다아트 엘로힘이 없는 두 나라(6:4-6)

> (6:4) 에브라임아, 내가 네게 어떻게 하랴? 유다야, 내가 네게 어떻게 하랴? 너희의 인애가 아침 구름이나 쉬 없어지는 이슬 같도다.
> (6:5) 그러므로 내가 선지자들로 그들을 치고 내 입의 말로 그들을 죽였노니 내 심판은 빛처럼 나오느니라.
> (6:6) 나는 인애를 원하고 제사를 원하지 아니하며 번제보다 하나님을 아는 것을 원하노라.

야웨께서는 이스라엘의 진정한 뉘우침과 회개(1-3절)를 간절히 원하셨지만, 그들에게서는 아무 것도 기대할 만한 것이 없었다. 그 까닭에, 앞서 언급한 바와 같이, 1-3절의 본래 의도는 이스라엘의 회개를 기대하기보다는 하나님의 은총과 자비를 받을 자격이 없는 그들을 야웨께서 어떻게 새롭게 만들 것인지를 밝히는 데 있었다. 그러나 그러한 일조차도 그렇게 쉽게 빨리 이루어질 수 있는 것이 아니었다. 그 이유를 잘 설명해 주는 본문이 바로 이스라엘 백성의 불성실함에 대한 하나님의 반응을 다루는 4-6절 단락이다.

4-6절 단락의 첫 구절인 4절은 서두에서 연달아 에브라임(북왕국)과 유다(남왕국)를 2인칭 남성 단수로 칭하면서, 그들을 향하여 "내가 네게 어떻게 하랴?"는 질문을 던진다. 마치 불순종하는 자녀를 벌해야 하는 부모의 안타깝고도 고통스러운 심정으로 말이다.[34] 이 두 가지 질문에 이어지는 하반절에서 호세아는 이 두 나라의 백성을 2인칭 남성 복수로 칭하되, 하나님께서 1-3절에 표현된 은총과 자비를 쉽게 이

---

34) Stuart, *Hosea-Jonah*, 109.

루시지 못하는 이유를 3절에서처럼 자연계에 속한 것들(새벽 빛이나 비)을 가지고 설명하면서, 그것이 해가 떠오르면 금방 사라지는 아침 구름이나 이슬과도 같이(=13:3) 일시적이고 한시적인(evanescent/temporary) 그들의 '헤쎄드'("인애") 때문이라고 말한다. 절대적으로 신뢰하고 의지할 수 있는 야웨의 '헤쎄드'가 태양 빛처럼 일정할 뿐만 아니라 이른 비나 늦은 비처럼 사람들에게 유익을 주는 반면에(3절), 도저히 믿을 수 없는 이스라엘의 '헤쎄드'(covenant loyalty)는 아침 구름이나 이슬처럼 잠시 있다가 없어져 버리는 것(4절; 참조. 9:10)이라는 얘기다.35) 참으로 절망적인 상황이 아닐 수 없다.

호세아는 4절에서 에브라임과 유다를 2인칭 단수 또는 복수로 칭하다가 5절에 가서는 그들을 3인칭 남성 복수로 칭한다. 4절의 질문에 대한 답변에 해당하는 5절 서두에서, 그는 죄악의 고발과 비판에 이어서 심판 선고를 이끌 때 흔히 사용되는 "그러므로"('알-켄')를 언급함으로써, 5절 말씀이 하나님의 심판을 선고하는 말씀임을 분명하게 밝힌다: 하나님은 '헤쎄드'를 보여 주지 못한 에브라임과 유다를 벌하시되, 예언자들을 통하여 그들을 치셨으며, 자기 입에서 나오는 말로 그들을 죽이셨다.36) 하나님이 여기서 말씀하시는 예언자들은 호세아 이전이나 그와 동시대에 활동했던 예언자들, 이를테면 실로 사람 아히야나 엘리야, 엘리사, 미가야, 아모스, 그리고 심지어는 호세아 자신까지도 가리키고 있음이 분명하다.37)

---

35) Andersen and Freedman, *Hosea*, 427.
36) 말씀이 갖는 파괴적인 힘은 예레미야의 두 본문에 잘 반영되어 있다: "네 입에 있는 나의 말을 불이 되게 하고 이 백성을 나무가 되게 하여 불사르리라"(렘 5:14); "내 말이 불 같지 아니하냐? 바위를 쳐서 부스러뜨리는 방망이 같지 아니하냐?"(렘 23:29).
37) Wolff, *Hosea*, 120; Davies, *Hosea*, 167. 호세아가 당대의 아모스, 이사야,

하나님은 이들 예언자들을 통하여 선포하신 말씀, 곧 자기 입의 말씀("내 말"=렘 23:22; 겔 3:4)으로 그들을 죽이셨다고 말씀하시는 바, 이사야 55:11은 하나님의 입에서 나가는 말이 헛되이 그에게 되돌아오지 않고 그의 기뻐하는 뜻을 이룰 것이요, 그가 보낸 일에 형통할 것이라고 말한다. 이 두 본문 사이에 차이가 있다면, 예언자들이 선포한 저주와 심판의 말씀(5절)이 자기 백성을 죽이는 심판의 말씀이라면(참조. 사 11:4), 이사야 55:11의 말씀은 자기 백성을 살리는 말씀이라는 점이다. 하나님은 이처럼 예언자들로 하여금 선포하게 하신 심판의 말씀과 관련하여 "내 심판38)이 빛처럼 나온다"고 말씀하심으로써, 한 번도 예외 없이 새벽이면 떠오르는 태양 빛과도 같이 자신의 심판이 확실한 것이요, 감추어진 모든 것들을 새벽빛처럼 누구나 볼 수 있게끔 있는 그대로 드러내는 것임을 강조하고 계신다(5b절; 참조. 신 32:4).

이어지는 6절은 원인을 나타내는 접속사 '키'(for)39)를 사용하여 심판의 이유를 밝히면서, 하나님이 진정으로 원하시는 것이 무엇인지를 알리려는 목적을 가진 본문이다. 호세아는 이 본문에서 당시의 이

미가 등을 어느 정도나 알고 있었는지는 불분명하지만, 그가 12:13(H 12:14)에서 모세와 사무엘을 칭하고 있음은 확실해 보인다. 두 사람의 이름이 밝혀져 있지는 않으나 본문의 흐름이 모세와 사무엘을 암시하고 있음이 분명하기 때문이다.

38) 맛소라 본문의 '미슈파테카 오르'("당신의 심판들은 빛[처럼]")가 본문의 흐름에 맞지 않기 때문에 대부분의 번역은 70인역과 타르굼 및 시리아역 등의 사본들과 BHS 비평장치의 제안을 따라서 '미슈파티 카오르'("나의 심판은 빛처럼")로 수정하여 읽는다(개역 개정판, 표준 새번역, NRSV): Wolff, *Hosea*, 105; Andersen and Freedman, *Hosea*, 429; Stuart, *Hosea-Jonah*, 98-99; Davies, *Hosea*, 168. 반면에 NIV는 복수형을 사용하여 "my judgments"로 번역하고 있으며, NASB는 약간 애매모호하게 "judgments on you"로 번역하고 있다.

39) 개역 개정판이나 표준 새번역에는 이 접속사가 전혀 번역되어 있지 않다.

스라엘 백성에게 없던 세 가지(4:1), 곧 진실('에메트')과 인애('헤쎄드')와 하나님을 아는 지식('다아트 엘로힘') 중에서 뒤의 두 가지 것을 하나님이 자기 백성에게서 간절히 원하신다고 말한다. 예언자들의 과격한 제의 비판 메시지(prophetical radicalism against the cult; 암 4:4-5; 5:21-24; 사 1:12-17; 66:3; 렘 6:20; 7:1-7, 21-23; 미 6:6-8)[40)]에 해당하는 이 구절에서 호세아는 하나님이 진정 원하시는 것이 제사('제바흐')보다는 '헤쎄드'요, 번제('올라'의 복수형)보다는 '다아트 엘로힘'임을 분명하게 밝힘으로써, "순종이 제사보다 낫고 듣는 것이 숫양의 기름보다 낫다"는 사무엘의 가르침(삼상 15:22)을 충실하게 계승하고 있다. 호세아의 이러한 메시지는 제사 자체를 부정하거나 거부[41)]하는 것이라기보다는, 토라에 순종하는 삶 내지는 하나님이 원하시는 삶을 배제한 채로 오로지 제사만 드리면 된다고 생각하는 일종의 제사 만능주의를 비판하는 것이라 할 수 있다(참조. 시 40:6; 50:8-13; 51:16-17 등).

예수께서는 6절 본문을 두 번에 걸쳐서 반복 인용하신 적이 있다. 한 번은 예수께서 세리와 죄인들의 친구가 되어 그들과 함께 식사하시는 것을 비난하는 바리새인들에게 답변하시면서 호세아 6:6을 인용하셨고(마 9:13, "내가 긍휼을 원하고 제사를 원하지 아니하노라"), 두 번째로는 안식일에 밀밭 사이로 지나가던 제자들이 이삭을 잘라 먹은

---

40) Mays, *Hosea*, 98.
41) 우상을 숭배함으로 토라에 불순종하는 이스라엘의 제사를 하나님이 거부하실 뿐만 아니라, 그들의 제의 자체를 인정하지 않고 도리어 파괴하실 것이라고 말하는 시내산 계약의 저주 규정 역시 같은 맥락에 속한 것이다: "내가 너희의 산당들을 헐며 너희의 분향단들을 부수고… 너희의 성소들을 황량하게 할 것이요, 너희의 향기로운 냄새를 내가 흠향하지 아니하고"(레 26:30-31): Stuart, *Hosea-Jonah*, 110.

것을 바리새인들이 비난하자 그들에게 다윗과 제사장들의 예를 들면서 호세아 6:6을 인용하셨던 것이다(마 12:7, "나는 자비를 원하고 제사를 원하지 아니하노라"). 이것은 호세아 6:6이 신약 시대에 이르기까지 신앙인들의 삶과 신앙을 결정짓는 매우 중요한 원리를 그 안에 담고 있음을 의미한다.

살인과 음행의 죄(6:7-11)

(6:7) 그들은 아담처럼 언약을 어기고 거기에서 나를 반역하였느니라.
(6:8) 길르앗은 악을 행하는 자의 고을이라. 피 발자국으로 가득 찼도다.
(6:9) 강도떼가 사람을 기다림 같이 제사장의 무리가 세겜 길에서 살인하니 그들이 사악을 행하였느니라
(6:10) 내가 이스라엘 집에서 가증한 일을 보았나니 거기서 에브라임은 음행하였고 이스라엘은 더럽혀졌느니라
(6:11) 또한 유다여, 내가 내 백성의 사로잡힘을 돌이킬 때에 네게도 추수할 일을 정하였느니라

7절은 '워헴마'("그런데 그들은")로 시작함으로써 새로운 단락이 시작되고 있음을 암시한다. 아마도 9절에 언급되어 있는 제사장의 무리가 그들에 해당할 것이다.[42] 5:1-2의 제사장 비판이 정의를 무시하고 우상 숭배를 조장하는 행동에 초점을 맞추고 있다면, 이곳의 7-9절은 강도와 살인 등의 공적인 범죄 행위에 초점을 맞추고 있다. 그리고 이어지는 10-11절은 이스라엘 백성 전체를 대상으로 하는 메시지임이 분명하다.

7절은 서두에서 제사장들이 "아담처럼('크아담') 언약을 어겼다"

---

42) Mays, *Hosea*, 101; Andersen and Freedman, *Hosea*, 433.

고 말한다. 전통적인 해석은 이곳의 아담을 창세기 3장의 아담으로 보아, 제사장들이 아담과도 같은 범죄자들이라고 본다. 이러한 해석은 아담과의 계약에 대한 언급이 없어도 본문에 우회적으로 암시되어 있다고 본다. 그러나 이 해석은 특정 지역을 암시하는 7절 하반절의 "거기에서('샴'=there) 나를 반역하였다"('바가드'="속이다")43)는 표현과 어긋날 수도 있다. 그래서인지 많은 학자들은 이곳의 '크아담'("아담처럼")을 지명을 암시하는 표현인 '브아담'("아담에서")으로 고쳐 읽을 것을 제안한다.44) 그렇게 볼 경우, 지명으로서의 아담은 세겜으로부터 트랜스요르단으로 이어지는 주요 도로상에 있는 요단 강변 지역으로, 이스라엘 자손이 요단강을 건널 때 물이 쌓인 곳을 가리킬 것이요(수 3:16), 그들이 위반한 계약은 아담과의 계약이 아니라 이스라엘의 조상들과 더불어 맺은 시내산 계약을 의미할 것이다.

7절이 이처럼 아담 지역에서의 범죄 행위에 대해서 언급하고 있다면, 8절은 길르앗에서의 범죄 행위에 대해서 언급한다. 여기서 말하는 길르앗은 아마도 도피성으로 선택된 길르앗 라못(수 20:8; 21:38)을 가리킬 것이다.45) 그렇다면 8절은 무고한 자의 피를 흘리지 않기 위한 성읍이 도리어 악을 행하는 자들('포알레 아웬')의 본거지가 되

---

43) NRSV는 이를 "deal faithlessly with me"로 번역하며, NIV와 NASB는 제각기 "were unfaithful to me"와 "have dealt treacherously against me"로 번역하고 있다.
44) Wolff, *Hosea*, 121; Mays, *Hosea*, 100; Andersen and Freedman, *Hosea*, 436, 438-439; Davies, *Hosea*, 171; Chisholm, 『예언서 개론』, 534-535. NRSV도 같은 입장을 취하고 있다("at Adam"). '크아담'을 '크아다마'로 고쳐 읽음으로써 그들이 하나님의 계약을 "티끌"(또는 "먼지"='아다마')처럼 여겼다고 해석할 것을 제안하는 견해도 있다: Stuart, *Hosea-Jonah*, 98-99, 111.
45) Mays, *Hosea*, 101; Stuart, *Hosea-Jonah*, 111; Davies, *Hosea*, 173; Chisholm, 『예언서 개론』, 534.

었고 피살자들의 피로 가득하게 되었음을 의미한다. 달리 말해서 무고한 생명을 구원하기 위하여 도피성으로 지정된 장소(신 19:3-10)가 이제는 폭력을 행하는 자들의 고을이요, 피 발자국으로 가득 찬 고을이 되고 말았다는 얘기다.46) 이것은 제사장들이 도피성으로 피신하는 자들을 보호해 주기는커녕 그들이 피의 보복을 당하게 내버려두었을 뿐만 아니라, 그들 자신이 직접 나서서 그들의 생명을 해치는 악을 행했음을 의미한다.

제사장들의 죄악은 이것으로 끝나는 것이 아니다. 마치 강도 떼가 숨어서 습격할 사람들을 기다리듯이 제사장의 무리가 에브라임 산지의 세겜으로 가는 길목에 숨어 있다가 사람들을 죽이는('라차흐')47) 사악을 행하기도 했던 것이다(9절; 5:2).48) 세겜도 길르앗 라못처럼 도피성으로 지정된 성읍으로서(수 20:7), 그 주변에는 제사장과 레위인들이 모여 살았다(수 21:20-21). 에발산 기슭 쪽에 자리한 세겜은 오래 전부터 아브라함(창 12:6-7)이나 야곱(창 33:18-20; 34장)과 강한 인연을 가지고 있었고, 이스라엘 사람들에 의해 중요한 종교 성지로 여겨지기도 했다(신 27:4, 13; 수 8:30-35; 24장; 왕상 12:1, 25). 제사장들이 세겜 길에서 죽인 사람들은 아마도 벧엘과 단의 국가 성소를

---

46) 북왕국의 군대장관 베가가 므나헴의 아들 브가히야를 죽이고서 왕위에 오를 때 길르앗 사람 50명을 동원했다는 것(왕하 15:25)을 이와 관련시키는 견해도 있다: Mays, *Hosea*, 101; Stuart, *Hosea-Jonah*, 111.
47) '라차흐' 동사는 십계명의 6계명(칼형)과 호세아 4:2(칼형)에도 나오지만, 6:9에서는 피엘 미완료 형태가 사용됨으로써 직접적인 살인이 아니라 남을 시킨 살인이 자주 행해졌음을 암시한다: Davies, *Hosea*, 174.
48) 맛소라 본문은 9절 마지막 소절에서 강조를 뜻하는 부사 '키'(surely, indeed)를 사용함으로써 그들이 "확실히"(또는 "참으로") 사악을 행했음을 분명하게 밝히고 있다. 개역 개정판이나 표준 새번역, NIV, NRSV 등에는 이 부사가 반영되어 있지 않으나, NASB는 이 낱말을 "surely"로 제대로 번역하고 있다.

등지고서 세겜 성지로 가는 순례자들49) 또는 도피성으로 피신하는 자들을 가리킬 것이다. 이러한 해석이 옳다면, 9절에 있는 비판과 고발의 메시지는 생명을 구원하는 직무를 수행해야 할 제사장들이 도리어 살벌하고도 잔인한 죄악의 선봉에 서서 세겜 길을 죽음의 길로 변화시켰음을 의미한다.

7-9절이 이렇듯이 제사장들의 죄악을 고발하는 본문이라면, 10-11절은 이스라엘 백성 전체의 죄악을 고발하는 본문이다. 이 두 절에 있는 이스라엘, 에브라임, 유다의 세 명단은 5:5에서도 똑같이 나타나는 바, 그 첫 번째인 "이스라엘 집"('베트 이스라엘')은 아담(7절), 길르앗(8절), 세겜(9절) 등의 지명을 순차적으로 언급하는 7-9절의 문맥에 비추어볼 때, 이스라엘의 국가 성소인 벧엘이나 벧엘 성소(암 5:6; 호 10:15)를 가리키는 '베트-엘'로 수정해서 읽을 수도 있다.50) 7절에서와 같은 논리로 접근한다면, "거기서"('샴'=there) 에브라임이 음행하였고 이스라엘은 더럽혀졌다고 말하는 하반절(=5:3b)이 그러한 추론을 뒷받침한다. 그러나 만일에 이스라엘의 가증한 일―살인을 포함하는 사회적 폭력과 제의적인 음행―을 고발하는 10절이 7-9절의 요약 진술에 해당하는 것이라면, 히브리어 본문을 그대로 둔 채로, "이스라엘 집"이 북왕국 이스라엘을 가리키는 표현이라고 보는 것이 오히려 문맥에 더 적합할 것이다.51)

---

49) 메이스는 조심스럽게 이러한 추론도 가능하지 않은지를 의문문 형태로 묻고 있다: Mays, *Hosea*, 101. 만일에 이러한 추론이 옳다면, 세겜 길에서 살인하는 제사장들은 벧엘과 단의 국가 제의(state cult)를 책임지고 있는 자들을 가리킬 것이다.
50) BHS의 비평장치 역시 '베트 이스라엘'을 '베트-엘'(벧엘)로 읽어야 한다고 본다.
51) Wolff, *Hosea*, 122; : Mays, *Hosea*, 102; Andersen and Freedman, *Hosea*, 443-444; Stuart, *Hosea-Jonah*, 112.

11절은 '감'("또한")이라는 표현과 함께 유다에 대해 언급하면서 유다를 2인칭으로 부르고 있지만, 에브라임이나 이스라엘처럼 죄악을 고발하는 내용이 나오지 않는다. 그럼에도 불구하고 11a절은 "또한 유다여, 네게도 추수할 일을 정하였느니라"고 말함으로써,52) 남왕국의 상황이 북왕국과 크게 다를 바 없음을 암시하고 있다. 추수할 일이 때로는 긍정적인 의미를 가진 것(호 10:12)으로 여겨질 수도 있으나, 여기서는 죄악의 수확(호 10:13)이나 심판의 수확(암 8:2)과도 같은 부정적인 의미를 갖는 것(렘 51:33)으로 이해함이 옳을 것이다.53) 이어지는 11b절의 "내가 내 백성의 사로잡힘을 돌이킨다('슈브')"는 메시지는 포로 상황을 가리킬 수도 있고 그에 버금가는 운명의 전환을 가리킬 수도 있다.54) 11b절의 이러한 희망의 메시지는 이제까지의 문맥에 잘 들어맞지 않지만, 7:1 서두에 잠시 언급되는 문장("내가 이스라엘을 치료하려 할 때에")과 자연스럽게 연결되는 것으로 보아, 7:1 이하의 단락을 예비하는 전이(transition) 단계의 본문으로 이해된다.

---

52) 개역 개정판은 맛소라 본문의 11a절과 11b절을 거꾸로 번역하여 혼란을 초래하고 있다.
53) Davies, *Hosea*, 177-178. 스튜어트는 11절의 수확 성취가 701년에 있었던 앗수르 왕 산헤립(705-681년)의 예루살렘 공격을 가리킬 수도 있다고 보면서도 본질적으로는 그것이 부정적인 의미보다는 긍정적인 의미를 갖는다고 본다: Stuart, *Hosea-Jonah*, 102, 112.
54) Andersen and Freedman, *Hosea*, 444. 많은 학자들은 11a절("유다여, 네게도 추수할 일을 정하였느니라")과 11b절("내가 내 백성의 사로잡힘을 돌이킬 때에")을 구분하여, 상반절을 7-10절 단락에 속한 것으로, 그리고 하반절은 7:1 이하의 단락에 속한 것으로 이해한다(표준 새번역, NRSV, NIV, NSAB): Wolff, *Hosea*, 123; Mays, *Hosea*, 102-103; Davies, *Hosea*, 178; Chisholm, 『예언서 개론』, 533-536. 반면에 스튜어트는 7:1을 둘로 나누어 7:1a까지를 7-10절 단락에 속한 것으로, 그리고 그 이하의 내용은 다음 단락에 속한 것으로 이해한다: Stuart, *Hosea-Jonah*, 112.

3. 묵상과 적용

가. 우상 숭배와 풍요제의 참여를 통하여 하나님과의 계약 관계를 깨뜨렸을 뿐만 아니라 그의 율법을 무시함으로써 '헤쎄드'와 '다아트 엘로힘'을 버린 북왕국 이스라엘의 신앙적인 탈선은 하나님의 심판을 초래할 수밖에 없었다. 하나님이 예언자 호세아를 자신의 입으로 삼아 북왕국의 파수꾼들로 하여금 전쟁의 경보를 발하게 하신 것이 그 점을 잘 보여 준다. 기브아와 라마 및 벧아웬을 향한 전쟁 경보의 메시지에 의하면, 앗수르의 지원을 받은 남왕국이 하나님의 심판을 대리하는 자가 되어 북왕국을 침공할 것이요, 하나님보다는 주변 나라의 힘(이집트나 다메섹)을 의지하고자 했던 북왕국 사람들은 하나님의 심판을 받아 학대와 압제를 당할 것이다. 그러나 하나님의 심판은 사람들에게 고통을 안겨주는 것만으로 끝나지 않는다. 그것은 북왕국의 영토 전체를 황무지로 변하게 하는 파괴적인 결과를 초래할 것이다. 그뿐이 아니다. 하나님의 심판은 국경선을 넘어 남왕국에까지 미친다. 북왕국을 공격함으로써 하나님이 정해 주신 경계표를 옮기고자 하는 남왕국의 불법적인 침략 행위 역시 심판의 범위에서 벗어나지 못한다.

하나님의 심판을 받아 깊은 상처를 입은 북왕국과 남왕국은 자신의 질병과 상처의 원인을 야웨 하나님께 대한 불순종에서 찾기보다는 당시의 국제 정세에서 찾는다. 강대국에게 충분한 조공을 바치지 못한 것에 원인이 있다고 생각한 두 나라는 앗수르 제국의 그늘 아래 피하기 위하여 갖은 노력을 다한다. 그러나 그들의 그러한 정치-외교적인 행동이 하나님의 마음에 들 리가 없다. 아무런 도움도 주지 못하는 강대국의 무력에 의존하고자 했던 그들의 부정확한 진단과 처방에 분노하신 하나님께서는 좀이나 썩히는 것이 되어 그들을 철저하게 응징하실 것이요, 사자나 젊은 사자와도 같이 그들을 공격하여 갈기갈기 찢으실 것이다. 어느 누구도 그들을 심판과 재앙의 손길로부터 건져내거나 구원해내지 못할 것이다. 본문이 주는 이러한 교훈으로부터 우리는 질병이나 상처에 대한 하나님 중심의 올바른 진단과 처방을 배울 필요가 있으며, 어느 누구도 인간의 삶과 세상 역사를 주관하시고 이끄시는 하나님의 눈으로부터 벗어나지 못한다는 지극히 당연한 사실을 마음 깊이 새겨야 할 것이다.

나. 하나님은 엄한 심판을 받아 고통에 사로잡힌 자들이 방향을 돌이켜 자신에게로 돌아오기를 간절히 원하시는 분이다. 설령 그들이 돌아오지 않는다 할지라도 하나님은 결코 자신의 계약 백성을 포기하시는 분이 아니다. 그들의 상처를 고쳐주시고 심판을 받아 죽은 자와 방불하게 된 그들을 다시 살려주실 것이다. 그의 나타나심은 새벽 빛같이 일정하고 변함이 없으며, 정해진 시기에 따라 필요한 비를 내려주시는 구원 은총 역시 한 치의 오차도 없이 정확하게 이루어질 것이다. 이처럼 신실하시고 자비로우신 하나님의 품성에 비한다면, 북왕국과 남왕국의 '헤쎄드'("인애")에는 도무지 칭찬할 것이 없고 기대할 것도 없다. 그들의 '헤쎄드'는 잠깐 있다가 사라지는 아침 구름이나 이슬 같아서 오래 가는 법이 없다. 하나님이 진정으로 그들에게서 원하시는 것이 풍성하고 넉넉한 제사나 번제가 아니라 '헤쎄드'와 '다아트 엘로힘'인데도 그들은 도무지 그것들에 관심이 없다.

그 까닭에 하나님은 아내와도 같은 그들을 치료하고 싶고 또 그들을 살려주고 싶으면서도 그들의 죄악과 탈선을 쉽게 용서하지 못한다. 그는 예언자들을 도구로 하여 심판의 말씀을 선포하게 하시며, 그 말씀으로 그들을 죽이기까지 하신다. 이처럼 엄중한 하나님의 심판을 피할 수 있는 방법은 하나 밖에 없다. 그것은 곧 하나님께 값비싼 제물을 준비하여 드리는 데 있는 것이 아니라, 어떠한 상황에도 변함이 없는 '헤쎄드'와 '다아트 엘로힘'을 자신의 삶 속에 평생 동안 심는 데 있다. 이에는 토라에 순종하는 삶, 그리고 하나님이 원하시는 삶을 꾸준히 세워 나가는 것이 포함된다. 순종의 삶이 배제된 제사를 하나님이 원치 않으시기에, 순종의 삶과 제사(예배)를 연결시키고자 하는 노력이야말로 하나님의 은혜와 복을 받는 지름길일 것이다.

다. 북왕국의 제사장들은 아담에서, 길르앗에서, 그리고 세겜 길에서 폭력을 행하는가 하면 다른 사람들을 보내어 살인을 일삼음으로써, 하나님께서 선물로 주신 계약을 어기고 그에게 반역하는 모습을 보였다. 그들은 강도 떼와도 같이 무리지어 활동하면서 힘없고 약한 백성을 무자비하게 죽이는 악독한 사람들이었다. 그들의 범죄 행위는 도피성이라고 예외일 수 없었다. 그들 앞에서는 무고한 생명을 구원하기 위하여 만든 도피성조차도 아무 의미가 없었고, 벧엘과 단의 국가 성소를 제외한 다른 종교 성지들이나 지역 성소들을 방문하는 일도 그들에게는 단죄와 처벌의 대상으로 간주되었다. 참으로 그들은 생명 수호의 거룩한 사명을 망각하였으며, 하나님을 향한 건강한 제사와 정의의 확립보다는 시기심이나 지나친 경쟁의식에서 비롯된 폭력과 살인에 익숙한 사람들이었다.

북왕국 이스라엘의 일반 대중이라고 예외는 아니었다. 그들은 하나님 보시기에 온갖 가증한 일, 곧 우상 숭배와 제의적인 음행의 죄에 빠져 있었고, 그 결과 하나님께 용납될 수 없는 부정한 자들이 되고 말았다. 남왕국 유다의 경우도 마찬가지였다. 하나님은 계약 위반 행동에 있어서나 우상 숭배 또는 풍요제의 참여 등에 있어서 북왕국 이스라엘 백성들과 별다른 차이가 없는 남왕국 유다 백성들에게도 심판의 수확을 미리 정해 두셨던 것이다. 이 점에 비추어 볼 때, 오늘의 시대를 살아가는 주의 종들은 자신의 삶과 행동이 혹시나 성도들이나 다른 사람들에게 유익과 도움을 주는 것이 아니라 도리어 그들의 삶과 생명에 해를 끼치는 것은 아닌지 한 번쯤은 깊이 생각해볼 필요가 있을 것이다. 부지중에 이루어지는 자신의 불성실한 사역과 고의적인 악행이 하나님 나라의 확장에 막대한 지장을 초래할 뿐만 아니라, 다른 사람들의 생명까지도 위태롭게 만드는 것은 아닌지 심각하게 반성할 필요도 있을 것이다.

제5강

*하나님의 진노를 불러일으키는
왕들과 우상(7:1-8:14)*

1. 들어가는 말

호세아가 활동하던 당시에 북왕국 이스라엘의 왕정과 정치는 모략과 살인(쿠데타)으로 가득 차 있었다. 그가 보기에 왕정은 참으로 악의 근원지나 다름이 없었다. 호세아는 이 점을 줄기차게 비판하였다 (7:16; 8:14; 9:15; 10:13; 13:11 등). 실제로 이스라엘은 왕정 역사를 통해 계약 관계에 기초한 하나님의 사랑을 수도 없이 거역했다. 그래서인지 왕정의 핵심을 구성하고 있는 이스라엘의 왕들은 호세아의 메시지에서 하나님과 이스라엘 사이의 관계를 파괴하는 중심인물들로 이해된다. 예후 혁명에 대한 하나님의 준엄한 심판(1:4), 사울을 이스라엘의 초대 왕으로 세웠던 길갈에 대한 부정적인 평가(9:15; 삼상 11:15), 사무엘 때의 왕정 요구에 대한 비판적인 언급(13:10) 등이 이 점을 잘 보여 준다.

그러다 보니 왕정에 대한 호세아의 태도는 당연히 왕권을 거부한 기드온(삿 8:23)이나 사무엘(삼상 8:6)의 입장과 비슷할 수밖에 없다. 그것을 우리는 호세아 7:3-7이나 8:4 이하의 본문들에서 확인할 수 있다. 이 본문들에서 그는 여로보암 2세 이후의 연쇄적인 쿠데타로 인한 정치적인 혼란 상황, 곧 살룸이 쿠데타를 일으켜 여로보암 2세의 아들 스가랴를 죽이고서 왕위에 오른 일이나 므나헴이 살룸을 죽이고서 왕위에 오른 일, 이어서 베가가 므나헴의 아들 브가히야를 죽이고서 왕위에 오른 일, 그리고 마지막으로 호세아가 베가를 죽이고서 왕위에 오른 일 등을 노골적으로 비난했던 것이다. 이것은 역으로 왕정에 대한 호세아의 부정적인 평가가 여로보암 2세 말기 이후의 복잡한 음모들과 쿠데타로 인하여 생겨난 정치적인 불안정의 영향을 많이 받았음을 암시하는 것일 수도 있다.

그래서인지 호세아는 기드온이나 사무엘과 마찬가지로 왕정 제도가 본질적으로 하나님의 뜻을 거역하는 것으로서, 하나님이 싫어하는 죄악 자체임을 여러 군데에서 강조했던 것이다.[1] 그의 왕정 비판이 이스라엘의 우상 숭배 행위 내지는 풍요제의 참여와 나란히 언급되고 있는 것을 보면(8:4), 호세아에게 있어서 이스라엘의 비뚤어진 왕정 경험은 가나안 지역의 풍요제의에 참여하는 행동과 조금도 다를 것이 없는 것이었음이 분명해 보인다. 일반 백성을 선하고 의로운 길로 이끌어야 할 지배 계층이 도리어 바알 종교의 풍요제의에 깊이 빠져 있었고, 심지어는 왕정 시대의 건강한 신앙을 이끌어야 할 제사장들마저도 하나님과의 계약 관계를 깨뜨렸고, 계약 관계의 기초를 이루는 율법을 어기면서 '헤쎄드'와 '다아트 엘로힘'을 무시하였기 때문이다

---

1) Newsome, *The Hebrew Prophets*, 37-38.

(4:6-8; 6:6-9; 8:1, 12). 특히 호세아가 조롱해 마지않는 "사마리아의 송아지"(8:5-6)는 북왕국 이스라엘의 수도권 지역에 거주하는 왕족이나 지배 계층이 얼마나 열심히 우상 숭배에 빠져 있었는지를 한눈에 알게 해준다.

상황이 이러하다 보니, 호세아에게는 이스라엘의 왕들이 국가의 안전을 위하여 이집트와 앗수르에 기대는 외교 정책도 비판의 대상이 될 수밖에 없었다(5:13; 7:11; 8:9; 12:1[H 12:2]). 야웨 하나님께서 일찍이 자기 백성 이스라엘을 압제와 속박의 땅 이집트에서 구원하여 주시고 그들을 자신의 계약 백성으로 삼으셨지만, 계약 관계에 충실하기는커녕 위기가 닥칠 때마다 바알을 비롯한 이방 신들의 도움을 의지하는 한편으로, 전능하신 하나님의 구원 은총보다는 강대국의 무력과 군사력에 자신의 명운을 걸고자 하였으니 이보다 더 큰 배은망덕함이 어디 있겠는가! 참으로 이스라엘의 죄악은 제의적이고 정치적인 삶 전체에 걸쳐 있었다. 어디 하나 성한 데가 없었다. 이 때문에 호세아는 하나님의 심판을 선고하지 않을 수 없었던 것이다.

오늘의 본문인 7-8장은 호세아 당시의 이처럼 난감한 상황을 적절하게 잘 반영하고 있다. 먼저 7장에서 호세아는 겉으로 드러나는 이스라엘의 죄악을 낱낱이 고발하며(1-2절), 네 차례의 쿠데타를 통하여 왕들이 수시로 바뀌는 북왕국 말기의 정치적인 혼란 상황(3-7절)과 하나님을 의지하기보다는 강대국의 군사력에 의존하고자 하던 강대국 의존 정책(8-12절)을 비판한 후에, 범죄한 이스라엘을 향한 하나님의 심판이 도무지 피할 수 없는 것임을 분명하게 밝힌다(13-16절). 이어지는 8장에서 호세아는 이스라엘의 계약 위반죄를 포괄적으로 비난한 후에(1-3절), 국내 정치에서 발견되는 쿠데타의 연발과 무분별한 우상 숭배 행위를 비판적인 어조로 폭로한다(4-6절). 이어서 그는 범죄한 이스라엘에게 임할 국내외적인 재앙을 선포함과 아울러(7-10절), 이스라엘 백성의 타락한 제의 행위와 하나님보다는 자신의 견고한 방어 체계를 더 신뢰하는 행동에 대하여 하나님께서 내리실 심판을 선고한다(11-14절).

2. 본문 주해

7:1-2	겉으로 드러나는 이스라엘의 죄악
7:3-7	북왕국 말기의 정치적인 혼란 상황
7:8-12	강대국 의존 정책에 대한 비판
7:13-16	피할 수 없는 하나님의 심판
8:1-3	계약 위반죄에 대한 심판
8:4-6	정치와 종교 분야에서 발견되는 죄악
8:7-10	이스라엘에게 임할 국내외적인 재앙
8:11-14	타락한 제의와 그릇된 방어 체계에 대한 심판

겉으로 드러나는 이스라엘의 죄악(7:1-2)

(7:1) 내가 이스라엘을 치료하려 할 때에 에브라임의 죄와 사마리아의 악이 드러나도다. 그들은 거짓을 행하며 안으로 들어가 도둑질하고 밖으로 떼 지어 노략질하며
(7:2) 내가 모든 악을 기억하였음을 그들이 마음에 생각하지 아니하거니와 이제 그들의 행위가 그들을 에워싸고 내 얼굴 앞에 있도다.

7장 1절의 "내가 이스라엘을 치료하려('라파') 할 때에"는 바로 앞에 있는 6장 11절 하반절의 "내가 내 백성의 사로잡힘을 돌이킬('슈브') 때"와 연결되는 것으로서, 하나님의 구원 은총과 구원 의지를 암시하고 있음이 분명하지만, 그 다음에 이어지는 비판 메시지로 인하여

그 의미가 반감된다. 자비로우신 하나님은 상처를 입었으나 어느 누구도 고치지 못하고 치료해줄 수 없는(5:13; 6:1) 자기 백성 이스라엘을 언제든지 회복시키고 치료해 주기를 원하시지만(참조. "고치다"['라파'], 11:3; 14:4[H 14:5]), 안타깝게도 이스라엘은 도무지 그의 구원 의지에 응답하지 못하는 불성실한 모습을 보인다. 1절 중반절에 언급되어 있는 "에브라임의 죄와 사마리아의 악"이 그 점을 잘 보여 준다. "에브라임의 죄"가 이스라엘 백성의 죄악 전체를 포괄하는 것이라면, "사마리아의 악"(10:5; 13:16[H 14:1])[2]은 수도권 지역의 제사장들을 포함하는 지배 계층의 죄악(4:8; 6:9; 7:3-13 등)과 8:5-6에 언급되어 있는 "사마리아의 송아지"(바알 숭배)[3]를 포함하고 있는 것으로 보인다.

    1절 하반절은 이스라엘의 이러한 죄악을 조금 더 구체적으로 설명한다. 호세아의 설명에 의하면, 이스라엘은 거짓을 행하면서 안으로 들어가 도둑질하고(theft) 밖으로 떼를 지어 노략질(robbery)을 일삼았다.[4] 또한 그들은 하나님이 자기들의 모든 악을 기억하고 계심을 전혀 마음('레밥')에 생각하지 않았다. 가나안 종교의 무수한 흔적들이 자기들의 역사 안에 기록되어 있던 야웨 하나님의 무수한 구원 은총들이나 그가 선물로 주신 계약 관계에 대한 그들의 모든 생각들과 기억들을 지워버린 까닭이다. 그 결과 이제는 그들의 악한 행위가 마치 감옥의 벽처럼[5] 그들을 에워싸고 하나님의 얼굴 앞에 있음을 피할 수가 없게 되는 바(2절), 호세아는 여기서 이스라엘의 죄악된 행동을 의인화함으로써("그들의 행위가 그들을 에워싸고") 그들의 죄가 얼마나

---

2) 사마리아에 대한 7:1의 언급은 호세아서에서 맨 처음 나오는 것이다(8:5-6; 10:5, 7; 13:16): Davies, *Hosea*, 179.
3) 이에 대해서는 후술할 8:5-6에 대한 설명을 참조.
4) 이스라엘의 이러한 죄악은 4:2의 십계명 위반 행위와 크게 다를 바가 없다.
5) Mays, *Hosea*, 103.

큰 것인지를 실감나게 표현하고 있다.6)

북왕국 말기의 정치적인 혼란 상황(7:3-7)

(7:3) 그들이 그 악으로 왕을, 그 거짓말로 지도자들을 기쁘게 하도다.
(7:4) 그들은 다 간음하는 자라. 과자 만드는 자에 의해 달궈진 화덕과 같도다. 그가 반죽을 뭉침으로 발효되기까지만 불 일으키기를 그칠 뿐이니라.
(7:5) 우리 왕의 날에 지도자들은 술의 뜨거움으로 병이 나며 왕은 오만한 자들과 더불어 악수하는도다.
(7:6) 그들이 가까이 올 때에 그들의 마음은 간교하여 화덕 같으니 그들의 분노는 밤새도록 자고 아침에 피우는 불꽃 같도다.
(7:7) 그들이 다 화덕 같이 뜨거워져서 그 재판장들을 삼키며 그들의 왕들을 다 엎드러지게 하며 그들 중에는 내게 부르짖는 자가 하나도 없도다.

호세아는 3-7절에서 1-2절에 언급된 이스라엘의 죄악을 구체적으로 설명한다. 3-7절 단락이 암시하고 있는 모반 행위는 왕과 지도자들('싸림')을 향한 군부 계층과 제사장 계층7)의 반역 행위를 가리킬 가능성이 높다. 3절에 의하면, 모반자들은 악한 생각을 가지고서 왕과 지도자들을 기쁘게 하는 거짓된 술잔치(삿 9:13)를 벌인다.8) 모반자들이 간음하는 자들('나아프' 동사의 능동 분사 형태; 3:1; 4:13-14)이라는 4절의 설명은 그들이 바알 종교의 풍요제의에 참여하는 자들9)임을

---

6) Davies, *Hosea*, 181.
7) 앤더슨과 프리드만은 예언자들의 주된 비판의 표적이 제사장들이라는 점을 들어 모반 세력을 제사장 집단에서 찾고자 한다: Andersen and Freedman, *Hosea*, 448.
8) Andersen and Freedman, *Hosea*, 455.
9) 앤더슨과 프리드만은 제사장들이야말로 풍요제의를 주관하는 자들이기에

가리킬 것이다. 또는 영적인 간음에 해당하는 우상 숭배 행위를 가리킬 수도 있다. 과자 만드는 자들 — 더 정확하게는 "빵 만드는 자들"(개역) 또는 "빵 굽는 자들"(표준 새번역) — 에 의하여 달궈진 "화덕"('탄누르'; 4, 6, 7절)은 모반자들의 위험하고 해로운 행동을 암시한다.10) 그 화덕은 빵 굽는 자들이 빵을 만들기 위한 가루를 반죽해 놓고서 반죽이 발효될 때를 제외하고는 늘 달구어진 채로 있다. 호세아는 4, 6, 7절에서 연속으로 모반자들을 달궈진 화덕에 비교함으로써, 그들이 얼마나 위험한 자들인지를 상징적으로 보여 준다.

5절의 설명에 따르면, "우리 왕11)의 날," 곧 왕을 위하여 잔치를 벌이는 날 — 왕의 생일이나 즉위식(삼상 11:15; 왕하 11:14)12) — 에 지도자들은 술의 뜨거움으로 인하여 병이 난다. 이것은 그들이 모반자들에 의하여 제공된 독한 술을 마시고서 크게 취하여 곯아떨어지는 모습을 가리킬 수도 있지만, 다른 한편으로는 그들이 모반자들에 의하여 독이 들어간 술(毒酒)을 마시고서 병에 걸린 모습을 가리킬 수도 있다.13) 물론 여기서 말하는 왕은 군부 쿠데타에 의하여 죽임 당한 여로

이들이 모반 세력의 중심을 이루고 있다고 본다: Andersen and Freedman, *Hosea*, 455.
10) 말라기 4:1(H 3:19)은 하나님의 심판을 위한 상징으로 화덕 이미지("용광로 ['탄누르'] 불 같은 날")를 사용하며, 창세기 15:17은 연기 나는 화로('탄누르')가 야웨 하나님을 대표하는 것임을 암시하고 있다.
11) 볼프는 '말르케누'("우리의 왕"; NRSV; 개역 개정판; 표준 새번역; Andersen and Freedman, *Hosea*, 447)를 '말르캄'("그들의 왕")으로 수정하여 읽되, 그 왕이 디글랏 빌렛셀을 가리킨다고 본다: Wolff, *Hosea*, 125. 메이스는 이러한 본문 수정에 동의하면서도 그 왕을 모반자들이 옹위하고자 하는 새로운 왕으로 본다는 점에서 볼프와 차이를 보인다; Mays, *Hosea*, 104, 106. 그런가 하면 데이비스는 "그들의 왕"으로 읽되, 그가 죽임을 당하게 될 왕을 가리킨다고 본다: Davies, *Hosea*, 183.
12) "왕의 날"을 죽음의 날로 보는 견해도 있다: Davies, *Hosea*, 183.

보암 2세의 아들인 스가랴를 암시할 것이다.14) 아니면 같은 방식으로 죽임 당한 살룸이나 브가히야 또는 베가 중의 한 사람을 암시할 수도 있다.15) 그리고 왕이 "오만한 자들과 더불어 악수"했다는 것은 손에 살해 무기를 숨긴 암살자들과 더불어 악수를 했지만, 그것이 실제로는 화친을 가장한 암살 행위였음을 의미하는 것으로 보인다.16) 마치 왼손잡이 사사 에훗이 모압 왕 에글론을 죽일 때처럼 말이다(삿 3:15-23).

6절의 "그들이 가까이 올 때에 그들의 마음이 간교하여 화덕 같다"는 것은 왕을 제거하려는 불순한 의도를 가지고서 왕에게 접근하는 모반자들의 무리가 달궈진 화덕 같다는 것을 뜻한다. 개역은 "저희는 엎드리어 기다릴 때에 그 마음을 화덕 같이 예비하니"로 번역함으로써 모반자들의 매복 행위를 암시하고 있는 것으로 보이며, 표준 새번역은 "새 왕을 세우려는 자들의 마음은 빵 굽는 화덕처럼 달아오르고 그들은 음모를 품고 왕에게 접근한다"로 번역함으로써 이 구절의 의미를 한층 분명하게 밝히고 있다. 왕을 향하여 그들이 품고 있는 분노의 감정(anger)17) 내지는 모반의 열정(passion)18)은 마치 밤새도록 약해져 있다가 아침에 새롭게 집어넣은 나무들로 인하여 맹렬하게 타오르는 불꽃과도 같다.

---

13) Andersen and Freedman, *Hosea*, 458. 시므리가 엘라를 죽이고서 왕위에 오른 것도 바로 이러한 술잔치를 배경으로 하는 것이었다(왕상 16:9-10).
14) Andersen and Freedman, *Hosea*, 457.
15) 3-7절이 호세아의 베가 암살 행동(왕하 15:30)을 가리킨다고 보는 견해도 있다: Wolff, *Hosea*, 124; Mays, *Hosea*, 104.
16) Andersen and Freedman, *Hosea*, 458. 그러나 3절의 왕들과 지도자들을 모반자들로 이해하는 스튜어트는 왕이 악수하는 5절의 오만한 자들을 왕의 정권 찬탈을 돕는 이교도들로 간주한다: Stuart, *Hosea-Jonah*, 119-120.
17) NASB; NRSV, 개역 개정판; Mays, *Hosea*, 104; Stuart, *Hosea-Jonah*, 114; Davies, *Hosea*, 185 등이 이를 따른다.
18) NIV; Wolff, *Hosea*, 107; 표준 새번역 등이 이를 따른다.

7절에 의하면, 모반자들은 모두 빵 굽는 화덕처럼 뜨거워져서 재판장들('쇼페트'의 복수형), 곧 왕을 보좌하는 통치자들 내지는 지도자들('싸림')[19]을 삼키며 왕들을 엎드러지게 한다. 폭력적인 죽음을 의미하는 이러한 설명은 결국 북왕국 이스라엘 말기의 연쇄적인 쿠데타를 가리키는 것에 다름 아니다. 그런데 놀라운 것은 이처럼 어지럽고 혼란스러운 상황 속에서도 반란과 폭력 행위에 대해 하나님께 하소연하거나 그의 도움을 바라는 자가 하나도 없다는 사실이다. 모두가 하나님을 아는 지식으로부터 멀어져 있는데다가 걸핏하면 야웨 하나님보다는 이집트나 앗수르 같은 강대국의 군사력에 의존했기 때문에 생겨난 현상이 아닐 수 없다.

강대국 의존 정책에 대한 비판(7:8-12)

(7:8) 에브라임이 여러 민족 가운데에 혼합되니 그는 곧 뒤집지 않은 전병이로다.
(7:9) 이방인들이 그의 힘을 삼켰으나 알지 못하고 백발이 무성할지라도 알지 못하는도다.
(7:10) 이스라엘의 교만은 그 얼굴에 드러났나니 그들이 이 모든 일을 당하여도 그들의 하나님 여호와께로 돌아오지 아니하며 구하지 아니하도다.
(7:11) 에브라임은 어리석은 비둘기 같이 지혜가 없어서 애굽을 향하여 부르짖으며 앗수르로 가는도다.
(7:12) 그들이 갈 때에 내가 나의 그물을 그 위에 쳐서 공중의 새처럼 떨어뜨리고 전에 그 회중에 들려 준 대로 그들을 징계하리라.

---

[19] '쇼페트'는 넓은 의미에서 볼 때(사 40:23; 미 5:1) 왕을 포함하는 정치 지도자들을 총칭하는 표현일 수도 있다: Davies, *Hosea*, 186.

3-7절이 북왕국 이스라엘의 복잡한 국내 정세를 비판하는 말씀을 담고 있다면, 이어지는 8-12절은 당시의 국제 정세와 관련된 강대국 의존 정책을 비판하는 말씀을 담고 있다. 호세아는 8절에서 에브라임이 종교적으로나 정치적으로 여러 민족들('암밈')과 혼합되어 그들과 구별할 수 없는 민족이 되어버렸음을 비난한다. 이것은 그들이 포로로 잡혀가 뿔뿔이 흩어지는 것을 의미할 수도 있겠지만, 본질적으로는 그들이 종교적인 탈선과 혼합주의(이교주의) 및 강대국 의존 정책 등으로 인하여 계약 백성으로서의 차별성(출 19:5; 민 23:9; 암 3:2)을 잃어버린 상태를 가리키는 것으로 보인다. 그 결과 그는[20] 뒤집지 않은 전병, 곧 뒤집지 않고 구워서 한쪽만 익은 빵과도 같은 신세가 되고 말았다. 이는 그들이 신속하게 하나님께로 방향을 돌이켜야 하는 상황(10절)에서 그렇게 하지 못한 행동을 비난하는 메시지가 아닐 수 없다.

이어지는 9절에서 호세아는 당시에 이집트와 앗수르 및 시리아 등으로 대표되던 이방인들('자림')이 에브라임의 힘을 삼켰으나 알지 못하고('로 야다') 백발이 무성할지라도 알지 못한다('로 야다')고 비난한다.[21] 이는 이스라엘이 주변 나라들의 종교를 받아들여 그들과 하나가 되고자 했으나 그렇게 되기는커녕 그러한 나라들에게 자기들이 가진 것("힘"='코아흐')을 다 빼앗기는 결과를 초래했음을 의미한다. 여기서 말하는 "힘"은 넓게 본다면 인구와 영토와 경제력 등을 포함하는 이스라엘의 국력을 가리키지만, 좁게 본다면 그 나라들에 바치

---

20) 이스라엘을 계속해서 3인칭 남성 복수형으로 칭하는 문맥에서 8절과 9절만큼은 이스라엘을 3인칭 남성 단수로 칭한다. 이러한 인칭 변화는 야웨 하나님을 계속 1인칭으로 칭하는 7장 전체의 맥락에서 그를 3인칭으로 칭하는 10b절과 16절에서도 발견된다.
21) '로 야다'의 반복은 이스라엘의 무지함을 강조하려는 의도를 가지고 있음에 틀림이 없다: Wolff, *Hosea*, 126.

는 과중한 조공을 의미할 것이다.22) 상황이 이러한데도 "백발이 무성한" 이스라엘은 현재적인 생존과 안전에 만족한 나머지 자신의 곤궁함을 알지 못했다. 백발이 무성하다는 것은 일반적으로 노년의 지혜롭고 영화로운 모습을 가리키지만(레 19:32; 잠 16:31; 20:29), 이곳의 문맥에서는 에브라임이 힘을 다 빼앗기는 바람에 나이 많아 늙은 것처럼 된 자신의 연약한 모습을 깨닫지 못함을 의미할 것이다.23)

이스라엘이 이처럼 무지하게 된 이유는 어디에 있는가? 호세아는 5:5a를 그대로 되풀이함으로써 그 이유를 밝힌다. 그들의 얼굴에 가득한 교만함24)이 그들의 무지를 초래한 원인이라는 것이다. 그 교만으로 인하여 그들은 자기들이 앞서 언급한 모든 일(8-9절)을 당하여도 야웨께로 돌아오지 않았으며 그를 구하지 않았다(10절; 암 4:6-12). 11절은 이스라엘이 여러 민족 가운데 혼합되었다고 보는 8절과 연결된다. 이스라엘은 종교 혼합주의나 강대국 의존 정책 때문에 하나님의 심판(재난과 고통)을 받았음에도 불구하고, 단순해서 쉽게 속는 짐승인 비둘기와도 같이(참조. 11:11), 즉 "어리석고 줏대 없는"('포타 엔 렙'; silly[=easily deceived] and without sense)25) 비둘기와도 같이 그것을 깨닫지 못하고서 계속해서 강대국인 이집트와 앗수르에 의존하

---

22) Andersen and Freedman, *Hosea,* 467; Stuart, *Hosea-Jonah,* 121; Davies, *Hosea*, 187.
23) 표준 새번역은 "죽을 날이 얼마 남지 않은 것도 깨닫지 못한다"로, 그리고 NRSV는 "gray hairs are sprinkled upon him, but he does not know it"로 번역한다.
24) 이에 대해서는 5:5a에 대한 설명을 참조.
25) 개역 개정판은 앞의 '파타'(be inexperienced, fool oneself, be open to deception) 동사의 능동 분사 형태인 '포타'를 "어리석은"으로 번역하고, 뒤의 '엔 렙'(직역하면 "마음이 없는"=without heart)은 "지혜가 없어서"로 번역하며, 표준 새번역은 이 두 낱말을 "어리석고 줏대 없는"으로 번역하고 있다.

고자 한다.

이를테면 므나헴이 앗수르 군대의 공격을 두려워하여 앗수르의 불(디글랏 빌레셀 3세)에게 조공을 바친 일이야말로 그러한 강대국 의존 정책의 대표적인 사례에 해당할 것이다(왕하 15:19-20).26) 그런가 하면 베가는 이집트의 후원을 기대하면서 시리아의 르신과 함께 반앗수르 동맹 체제를 결성하기도 했고(왕하 15:37), 북왕국의 마지막 왕 호세아는 통치 초기에 앗수르의 속국으로 있다가 살만에셀 5세가 디글랏 빌레셀을 계승한 이후(727)에 그에 대항하기 위하여 이집트의 도움을 구한 적이 있었다(왕하 17:4). 그러나 보기에 따라서는, 이집트가 먼저 언급되고 있다는 사실에 기초하여 반앗수르 정책을 전개했던 베가가 친앗수르 정책으로 방향을 바꾼 호세아에 의해 암살당한 사건이 본절의 배후에 감추어져 있다고 볼 수도 있다.27)

그런데 흥미롭게도 호세아서에서 이집트는 모두 13회 언급되는 바, 그 중에 5회(2:15[H 2:17]; 11:1; 12:9, 13[H 12:10, 14]; 13:4)는 출애굽 사건과 관련하여 언급되고 나머지 8회는 이스라엘의 허망한 정치적인 의존의 대상으로 언급된다. 8회 중에서도 5회는 앗수르와 함께 부정적인 의미로 동의적(同意的)인 평행법에 의해서 나란히 언급되는 바, 이집트→앗수르의 순서가 4회 사용되는 반면에(7:11; 9:3; 11:5, 11), 앗수르→이집트의 순서는 1회 사용된다(12:1[H 12:2]). 그리고 나머지 3회는 이집트 혼자서만 언급될 뿐이다(7:16; 8:13; 9:6).28) 반면에 앗수르는 9회의 용례들 중에서 단지 2회만 이스라엘의 허망한 정치적인 의존의 대상으로 언급된다(5:13; 14:3[H 14:4]).

---

26) Seow, "Book of Hosea," 294.
27) Wolff, *Hosea*, 127.
28) Wolff, *Hosea*, 145; Andersen and Freedman, *Hosea*, 469.

이스라엘의 강대국 의존 정책에 대하여 하나님은 어떠한 벌을 내리시는가? 12절에 그 답이 주어져 있다. 전에는 이스라엘의 지도자들이 일반 백성을 넘어지게 하는 올무('파흐')와 그물('레쉐트')의 역할을 수행하고 있었으나(5:1),[29] 이제는 하나님이 직접 이스라엘을 향하여 그물('레쉐트')을 치시되, 그들이 이집트나 앗수르로 갈 때에 그물을 쳐서(겔 12:13; 17:20) 어리석은 비둘기와도 같은 그들을 공중의 새처럼 떨어뜨리고 "전에 그 회중에 들려준 대로"[30] 그들을 징계하겠다고 말씀하신다. 이것은 이스라엘의 강대국 의존 정책이 실패로 끝날 뿐만 아니라 그로 인하여 하나님의 심판과 징계가 그들에게 뒤따를 것임을 의미한다.

피할 수 없는 하나님의 심판(7:13-16)

(7:13) 화 있을진저! 그들이 나를 떠나 그릇 갔음이니라. 패망할진저! 그들이 내게 범죄하였음이니라. 내가 그들을 건져 주려 하나 그들이 나를 거슬러 거짓을 말하고
(7:14) 성심으로 나를 부르지 아니하였으며 오직 침상에서 슬피 부르짖으며 곡식과 새 포도주로 말미암아 모이며 나를 거역하는도다.
(7:15) 내가 그들 팔을 연습시켜 힘 있게 하였으나 그들은 내게 대하여 악을 꾀하는도다.

---

29) 이에 대해서는 5:1에 대한 설명을 참조.
30) NRSV와 NIV 및 NASB 모두 이러한 번역을 따르고 있다. 그러나 표준 새번역은 70인역을 따라서 맛소라 본문의 이 구절 '라아다탐'을 '르라아탐'으로 수정하여 "그들이 저지른 죄악 그대로"로 번역한다: Wolff, *Hosea*, 107; Mays, *Hosea*, 107. 반면에 스튜어트는 '셰마'(report, proclamation)를 '셰바'로 수정하여 "일곱 배"(sevenfold)로 번역함으로써, 저주 규정(레 26:18, 21, 24, 28)에 언급된 바와 같이 일곱 배의 징계가 있을 것이라고 해석한다: Stuart, *Hosea-Jonah*, 116, 122.

(7:16) 그들은 돌아오나 높으신 자에게로 돌아오지 아니하니 속이는 활과 같으며 그들의 지도자들은 그 혀의 거친 말로 말미암아 칼에 엎드러지리니 이것이 애굽 땅에서 조롱거리가 되리라

호세아는 이어지는 13절에서 하나님을 떠나 우상을 숭배하며 강대국의 군사력을 의지한 북왕국 이스라엘에 임할 하나님의 매우 강렬한 심판을 선고한다. "화 있을진저!"와 "패망할진저!"의 저주 선포가 그에 해당한다. 이스라엘이 하나님의 저주와 심판을 받는 이유는 그들이 하나님을 떠나 그릇된 길로 갔기 때문이요, 그들이 하나님께 범죄하였기('파샤')31) 때문이다. 긍휼에 풍성하신 하나님은 어떻게 해서든32) 그들을 건져주려(redeem, '파다'; 출 13:13; 신 7:8; 9:26) 하시지만,33) 이스라엘은 계속해서34) 하나님께 반역하였으며 거짓을 일삼았다(6:11b-7:1). 그들은 위급한 일을 당해도 진실한 마음으로 하나님께 부르짖지 않았으며, 단지 신전 매음 행위의 현장인 침상에서 바알을

---

31) '파샤'는 본래 정치적인 반역 행위를 일컫는 낱말이다(왕상 12:19; 왕하 3:7; 8:20; 대하 21:8). 8:1에서 이 낱말은 하나님의 토라를 위반한 행동을 가리키는 데 사용되기도 한다: Mays, *Hosea*, 111; Stuart, *Hosea-Jonah*, 123. 이 낱말은 하나님과 관련하여 이사야 1:2에서도 사용된다: "내가 자식을 양육하였거늘 그들이 나를 거역하였도다('파샤')."
32) 본래 "건져주다"로 번역된 히브리어 동사 '에프뎀'("I would redeem them") 안에 이미 1인칭 단수형의 의미가 포함되어 있지만, 호세아는 1인칭 단수 인칭 대명사('아노키')를 동사 앞에 사용함으로써 '에프뎀' 동사의 주어인 하나님의 주도적인 구속 행동을 강조한다.
33) 이것은 6:4a에서처럼 이스라엘의 운명과 관련하여 하나님 자신에게 내적인 갈등이 있음을 암시한다: Wolff, *Hosea*, 127.
34) 본래 "말하다"로 번역된 히브리어 동사 '디쁘루'("they speak") 안에 이미 3인칭 남성 복수형의 의미가 포함되어 있지만, 호세아는 3인칭 남성 복수 인칭 대명사('헴마')를 동사 앞에 사용함으로써 '디쁘루' 동사의 행위 주체인 이스라엘의 반복적이고도 의도적인 거짓말 행동을 강조한다.

비롯한 이방 신들을 향하여 슬피 부르짖을 따름이었고 야웨를 간절하게 찾은 적이 없었다. 그들은 또한 곡식과 새 포도주를 인하여 모이기는 했으나35) 그 모임은 풍요와 다산의 신인 바알을 찾는 행동을 가리킬 뿐이었다. 안타깝게도 그러한 행동은 야웨 하나님을 거역하는 것이나 다름이 없었다(14절).

그들이 하나님을 거역했다는 것은 구체적으로 무엇을 뜻하는가? 15절의 설명에 의하면, 야웨께서는 그들의 팔을 연습시켜 힘 있게 하셨다. 여기서 말하는 "팔"은 힘을 상징하는 것으로서, 하나님이 북왕국 이스라엘을 경제적으로나 군사적으로 강하게 만드셨음을 의미한다: "내가 바벨론 왕의 팔을 견고하게 하고… 바로의 팔을 꺾으리니… 내가 바벨론 왕의 팔은 들어 주고 바로의 팔은 내려뜨릴 것이니…"(겔 30:24-25). 여로보암 2세 시대의 번성함이 그것을 입증한다. 그럼에도 불구하고 북왕국은 하나님의 은혜를 깨닫지 못하고서 도리어 하나님께 대하여 우상 숭배와 풍요제의 참여 및 강대국 의존 등의 온갖 악을 행함으로써 그를 거역했던 것이다.

이스라엘의 이러한 모습을 호세아는 16절에서 속이는 활(시 78:57, "그들은 조상들 같이 배반하고 거짓을 행하여 속이는 활 같이 빗나가서")에 비교한다. 이스라엘이 속이는 활과 같다는 것은 과녁을 맞추지 못하고 빗나가는 것을 의미한다. 이것은 북왕국 이스라엘 백성이

---

35) 맛소라 본문의 '이트고라루'가 70인역에서는 '이트고다두'("스스로의 몸에 상처를 입히다," 왕상 18:28)로 번역되어 있다. 표준 새번역과 NRSV; Wolff, *Hosea*, 108; Mays, *Hosea*, 112; Andersen and Freedman, *Hosea*, 475; Stuart, *Hosea-Jonah*, 123; Davies, *Hosea*, 190; Chisholm, 『예언서 개론』, 537도 이를 따르고 있다. 이러한 해석이 옳다면 이는 바알의 죽음을 위한 일종의 애곡 의식에 해당하는 것이다(참조. 신 14:1; 레 19:28; 렘 16:6; 겔 8:14).

곤경에 처하여 신을 찾기는 찾으나 자기들의 하나님 야웨, 곧 "높으신 자"('알')36)를 찾은 것이 아니라 잘못된 신인 바알을 찾거나 강대국인 이집트나 앗수르를 찾은 것을 의미한다. 이스라엘의 지도자들('싸림')이 함부로 혀를 놀린 까닭에 칼에 엎드러져서 이집트에서 조롱거리가 되리라는 것은, 하나님의 대변자로서 그의 말씀을 선포하던 예언자를 비난하고 저주하는 악한 말로 인하여37) 그들이 앗수르의 북왕국 침략 때에 앗수르 사람들의 칼에 살육 당할 것이요, 그 결과 그들이 평소에 의지해마지 않던 이집트 사람들에게 조롱거리가 될 것임을 뜻하는 것으로 보인다.

계약 위반죄에 대한 심판(8:1-3)

(8:1) 나팔을 네 입에 댈지어다. 원수가 독수리처럼 여호와의 집에 덮치리니 이는 그들이 내 언약을 어기며 내 율법을 범함이로다.
(8:2) 그들이 장차 내게 부르짖기를, "나의 하나님이여, 우리 이스라엘이 주를 아나이다" 하리라.
(8:3) 이스라엘이 이미 선을 버렸으니 원수가 그를 따를 것이라.

---

36) 볼프는 '알'을 훼손된 표현으로 보면서, 아모스 4:6-11; 요엘 2:12를 따라 그것을 '엘라이' 또는 '아다이'("to me")로 수정하여 읽을 것을 제안한다: Wolff, *Hosea*, 108. 그런가 하면 메이스는 부정사 '로'(not)를 포함하는 '로 알'을 '를로 요일'로 수정함으로써 그들이 "무익한, 쓸모없는"(useless) 것에게로 돌아섰다고 해석한다: Mays, *Hosea*, 110. NRSV와 표준 새번역도 이를 따르고 있다: "They turn to that which does not profit"; "허망한 것에 정신이 팔린 자들." 반면에 앤더슨과 프리드만은 '로 알'의 '알'이 '엘론'(the Most High God)의 약칭이라고 보아(11:7) '로 알'이 "신이 아닌 것"(no-god)을 뜻한다고 본다: Andersen and Freedman, *Hosea*, 477. 데이비스는 '로 알'을 '랍바알'로 수정하여 "그들이 바알에게로 돌아섰다"고 해석한다: Davies, *Hosea*, 192.
37) Wolff, *Hosea*, 128; Davies, *Hosea*, 192.

8장의 서두를 구성하고 있는 1-3절은 이스라엘의 계약 위반 행위를 비판하는 바, 그러한 반역 행위는 4-14절에서 네 가지 요소들로 이루어져 있으며, 제각기 하나님의 심판의 대상이 된다: (1) 야웨께서 인정하지 않은 지도자들을 세운 죄(4a절); (2) 율법을 무시한 채로 우상을 만들어 숭배한 죄(4b, 11-12절); (3) 앗수르와 이집트의 힘에 의존하고자 하는 죄(9절); (4) 하나님을 망각한 채로 왕궁들과 견고한 성읍들을 세운 죄(14a절).

먼저 1-3절 단락을 보도록 하자. "나팔('쇼파르')을 네 입에 댈지어다"로 시작하는 1절은 하나님이 호세아에게 말씀하시는 형식을 취하고 있다.[38] 5:8에서 이미 살핀 바와 같이, 나팔은 축제 행사, 적군의 공습으로 인한 전쟁 경보와 군대 소집 등의 경우에 사용되는 바, 여기서도 그것은 5:8에서처럼 전쟁 경보의 성격을 갖는다(수 6:4; 느 4:18, 20; 렘 4:5). 하나님이 북왕국 이스라엘을 지키는 다수의 파수꾼들에게 나팔 불기를 명하는 5:8에서와는 달리 호세아 한 사람에게 이러한 의미를 갖는 나팔을 입에 대라고 명하셨다는 것은 그가 하나님과 이스라엘 백성 앞에서 파수꾼으로 부름 받았음을 의미한다(암 3:6; 렘 6:17; 겔 3:17; 33:7; 합 2:1).[39]

파수꾼인 호세아가 나팔을 불어 알려야 할 위급한 상황은 무엇을 가리키는가? 1절에 의하면, 앗수르를 상징함이 분명한[40] 원수 또는

---

38) Davies, *Hosea*, 195. 반면에 볼프는 나팔을 불어야 할 사람이 호세아가 아니라 실제로 성읍을 지키고 있는 파수꾼을 가리킨다고 본다: Wolff, *Hosea*, 133.
39) 이사야 56:10-11은 거짓 예언자들 역시 파수꾼들로 칭하면서 그들을 도무지 짖을 줄을 모르는 "벙어리 개"와도 같은 자들이라고 비난한다.
40) Mays, *Hosea*, 114-115, 117; Stuart, *Hosea-Jonah*, 130; Chisholm, 『예언서 개론』, 538.

대적(의 군대)[41]이 독수리처럼 신속하고도 강하게(삼하 1:23) 야웨의 집에 덮칠 것이다. 그 까닭은 이스라엘 백성이 계약의 보증자이시요 주인이신 하나님의 계약("내 언약")을 어길 뿐만 아니라(6:7) 그의 율법("내 율법")을 범했기('파샤') 때문이다(4:2, 6; 8:12; 왕상 19:10, 14).[42] 여기서 호세아가 말하는 원수나 대적은 야웨께서 심판의 도구로 선택하신 민족을 가리킬 것이다. 신명기 28:49가 이 점을 분명하게 보여 준다: "곧 여호와께서 멀리 땅 끝에서 한 민족을 독수리가 날아오는 것 같이 너를 치러 오게 하시리니 이는 네가 그 언어를 알지 못하는 민족이요." 그러나 이를 달리 생각할 수도 있다. 독수리는 보호와 인도(출 19:4; 신 32:11) 또는 위협적인 공격(욥 9:26; 잠 30:17; 렘 4:13; 48:40; 겔 17:3; 합 1:8; 애 4:19)을 의미하는 바, 신명기 전승을 잘 알고 있었을 호세아는 아마도 독수리와도 같이 이스라엘을 지키시는 하나님 개념을 변형시켜 그가 계약을 위반한 이스라엘을 독수리처럼("사자"와 "젊은 사자"; 5:14) 공격하실 것이라고 했는지도 모른다. 그럴 경우에 원수나 대적은 야웨일 수도 있다.

---

41) 맛소라 본문에는 원수나 대적을 칭하는 낱말이 없지만 3절에 "원수"('오옙')이 언급되기에 원수가 이 문장의 주어임이 분명하다. 그래서인지 개역개정판은 "원수가"(표준 새번역, "적군이")라는 표현을 작은 글씨로 삽입하고 있다.

42) 호세아는 여기서 원인을 나타내는 접속사로 특이하게도 '야안'(because)을 사용하고 있다. 앤더슨과 프리드만은 다수의 번역 성서(개역 개정판, 표준 새번역, NRSV, NIV, NASB 등)나 주석들과는 달리 이 낱말이 1절 상반절의 원인을 나타낸다기보다는 2절 이후의 내용과 연결된다고 보아야 옳다고 본다. 따라서 이스라엘은 하나님과의 특수 관계를 주장한다 할지라도(2절) 계약 위반과 율법 위반으로 인하여(1절 하반절) 심판을 면치 못할 것(3절)이라는 얘기다. 그는 '야안'이 '키'와는 달리 이미 발생한 일에 대한 원인을 설명하지 않고 그 대신에 앞으로 있을 일에 대한 이유를 설명한다고 주장한다: Andersen and Freedman, *Hosea*, 486-488.

그런데 1절에서 한 가지 흥미로운 것은, 호세아가 "야웨의 집"에 대하여 말하면서 예루살렘이나 예루살렘 성전을 결코 직접 언급하지 않는다는 점이다. 북왕국 이스라엘 사람들에게 있어서 "야웨의 집"은 과연 무엇을 가리키는 것일까? 1절과 9:4, 8, 15 등에 언급되어 있는 "야웨의 집"은 9:3에 있는 "야웨의 땅"이나 예레미야 12:7; 스가랴 9:8에 있는 "내 집"과 마찬가지로 약속의 땅을 가리킬 것이다.43) 아니면 호세아는 이스라엘이 "야웨의 집"인 지역 성소들을 우상 숭배의 중심지로 만든 것을 비난하면서, 북왕국의 종교적인 탈선의 온상이라 할 수 있는 그곳에 하나님의 심판이 있을 것임을 예언한 것일 수도 있다.

하나님의 이러한 심판에 대하여 이스라엘은 곤경 중에 하나님께 부르짖어('자아크') 기도하면서 자기들과 하나님 사이에 있는 계약 관계에 기초하여 자기들이 특별 취급을 받아야 한다고 말하겠지만("나의 하나님이여, 우리 이스라엘이 주－더 정확하게는 '당신을'[you]－를 아나이다," 2절),44) 여전히 다른 신들을 섬기고(4-6, 11절) 하나님보다는 강대국들에 의존하는(9절) 상황에서는 부르짖는 기도조차도 아무런 응답을 얻지 못할 것이다. 아마도 호세아가 선포한 2절의 이러한 예언 메시지는 계약 관계를 위반하면서도 자기들이 하나님의 백성임을 강조하는 이스라엘의 뻔뻔스럽고도 위선적인 태도를 비난하고

---

43) Wolff, *Hosea*, 137; Mays, *Hosea*, 115; Andersen and Freedman, *Hosea*, 486.
44) '엘로하이 여다아누카 이스라엘'(NRSV; NIV; NASB; 개역 개정판; Wolff, *Hosea*, 131; Davies, *Hosea*, 198)을 훼손된 구절로 보아 '여다아누카 엘로헤 이스라엘'("이스라엘의 하나님이여, 우리가 당신을 아나이다")로 수정해서 읽어야 한다는 견해도 있다: Stuart, *Hosea-Jonah*, 126, 131; Andersen and Freedman, *Hosea*, 490. 그러나 메이스는 70인역이나 시리아역을 따라 '이스라엘'을 삭제해야 옳다고 본다("나의 하나님이여, 우리가 당신을 아나이다"): Mays, *Hosea*, 113.

조롱하기 위한 목적의 본문일 것이다. 아니면 도덕적인 개혁이 수반되지 않은 채로 옛 계약 양식을 진지하지 못한 자세로 사용하는 이스라엘의 잘못된 신앙을 비판하는 것일 수도 있다.

여기서 우리가 알아야 할 것은 호세아를 비롯한 주전 8세기의 예언자들이야말로 계약 관계가 이스라엘의 생존과 성공을 항상 보증한다는 그릇된 자기 확신 내지는 자기기만 또는 무지를 깨뜨린 자들이라는 사실이다. 호세아보다 약간 먼저 예언 활동을 시작한 아모스 3:1-2에 이 점이 잘 반영되어 있다[45]: "이스라엘 자손들아, 여호와께서 너희에 대하여 이르시는 이 말씀을 들으라. 애굽 땅에서 인도하여 올리신 모든 족속에 대하여 이르시기를, '내가 땅의 모든 족속 가운데 너희만을 알았나니['야다'] 그러므로 내가 너희 모든 죄악을 너희에게 보응하리라' 하셨나니."

호세아는 3절에서 다시금 이스라엘의 죄악을 지적하면서 그들이 야웨께서 가장 많이 원하시는 것, 곧 계약과 토라의 핵심을 이루는 선('토브'; 암 5:14-15; 미 6:8)을 버렸으니 원수가 그를 따를 것이라고 말한다(신 28:45; 렘 29:18). 물론 이 본문에서 이스라엘이 "선을 버렸다"는 것은 계약과 토라를 위반한 그들의 모든 범죄 행동을 가리킨다.[46] 계약과 토라를 위반한 행위는 계약 규정에 명시된 하나님의 심판을 불가피하게 만들 것이다. "원수"('오옙')라는 낱말은 포로기 이전의 소예언서에서 종종 나오는 것으로서, 호세아서에서는 이곳에서만 언급된다. 호세아는 2:9(H 2:11)의 "사랑하는 자"(오헵)와 비교되

---

45) Andersen and Freedman, *Hosea*, 490.
46) 스튜어트나 데이비스는 "선"을 야웨 하나님과 동일시하되(the Good One; 참조. 시 118:1; 136:1) 목적격으로 이해한다: Stuart, *Hosea-Jonah*, 131; Davies, *Hosea*, 198. 그러나 앤더슨과 프리드만은 똑같이 해석하면서도 "선"을 주격으로 이해한다: Andersen and Freedman, *Hosea*, 491.

는 개념으로 '오엡'이라는 낱말을 사용했는지도 모른다.47)

정치와 종교 분야에서 발견되는 죄악(8:4-6)

> (8:4) 그들이 왕들을 세웠으나 내게서 난 것이 아니며 그들이 지도자들을 세웠으나 내가 모르는 바이며 그들이 또 그 은, 금으로 자기를 위하여 우상을 만들었나니 결국은 파괴되고 말리라.
> (8:5) 사마리아여, 네 송아지는 버려졌느니라. 내 진노가 무리를 향하여 타오르나니 그들이 어느 때에야 무죄하겠느냐?
> (8:6) 이것은 이스라엘에서 나고 장인이 만든 것이라. 참 신이 아니니 사마리아의 송아지가 산산조각이 나리라.

호세아는 이어지는 4절에서 왕들 – 쿠데타를 일으켜 집권한 왕들을 주로 가리킴 – 을 세우는 일과 우상 제조 행위를 병렬시킴으로써 왕정 제도에 대하여 매우 비판적인 태도를 보인다. 이스라엘 백성이 하나님의 뜻을 무시한 채로 자기들 마음대로 움직여 가는 왕정 제도(정치)나 우상 숭배(종교)가 하나님 앞에서는 똑같이 무거운 죄악이라는 얘기다.48) 그런데 흥미롭게도 호세아는 이 본문의 "나의 모르는 바며"에서 '야다' 동사의 부정 형태인 '로 야다'라는 표현을 사용하고 있다. 그가 말하는 '야다' 동사는 하나님이 쿠데타로 집권한 이스라엘의 왕들을 전혀 모른다는 얘기가 아니라 그들을 인정하지 않으신다는 뜻을 가지고 있다. 하나님이 그들을 직접 선택하신 바가 없다는 얘기다. "내게서 난 것이 아니다"('로 밈멘니')는 앞 소절의 평행구가 그

---

47) Andersen and Freedman, *Hosea*, 491.
48) 북왕국의 초대 왕인 여로보암 1세가 벧엘과 단을 국가 성소로 삼아 금송아지 숭배를 장려했으니 왕정 제도와 우상 숭배의 결합은 지극히 당연한 일이 아닐 수 없다: Mays, *Hosea*, 117.

점을 잘 보여 준다49): "그들이 계교를 베푸나 나로 말미암지 아니하며 맹약을 맺으나 나의 영으로 말미암지 아니하고"(사 30:1).

4절 후반부의 우상 숭배 비판(4:17; 13:2; 14:8; 참조. 출 20:3-6, 23; 34:17; 레 19:4), 즉 이스라엘이 "은과 금으로 자기들을 위하여 우상을 만들었다"는 것은 2:8에 잘 설명되어 있다: "그들이 바알을 위하여 쓴 은과 금도 내가 그에게 더하여 준 것이거늘 그가 알지 못하도다." 호세아가 5절에서 언급하는 송아지도 사실은 은과 금으로 만든 것이다. 4절 마지막의 "결국은 파괴되고 말리라"는 것은 "내게서 난 것이 아니며 내가 모르는 바"라는 표현과 평행되는 것으로서, 우상들을 만드는 이스라엘이 파멸당할 것임을 뜻할 수도 있고(레 20:3; 신 4:3; 겔 14:7-8),50) 그들이 여러 종류의 우상들을 만드나 그 우상들이 파괴될 것임을 뜻할 수도 있다.51)

호세아는 5절에서 4절 후반부의 이러한 심판 메시지를 그대로 계승, 발전시켜 이스라엘이 하나님께서 원하시는 선을 버렸으니('자나흐,' 3절) 하나님도 사마리아의 송아지를 버리셨다('자나흐')52)고 말

---

49) 어쩌면 호세아는 4절 상반절을 통하여 왕정의 역기능과 그 부정적인 영향만을 문제 삼으려 했던 것이 아니라 왕정의 성립 자체까지도 문제 삼고자 했을지 모른다: 김철현, 『예언자 연구』, 66. 그런데 이스라엘의 왕정 제도와 관련된 이러한 표현은 하나님이 모태에 짓기 전에 예레미야를 알았고('야다') 그가 태에서 나오기 전에 그를 성별하였다('카다쉬'의 히필형)는 예레미야 1:5와 뚜렷한 대조를 이룬다.
50) Mays, *Hosea*, 118; Stuart, *Hosea-Jonah*, 132.
51) Wolff, *Hosea*, 139.
52) 4-5절이 하나님을 계속해서 1인칭으로 칭하고 있는데도 '자나흐' 동사가 3인칭 남성 단수형으로 나타나고 있는 까닭에, 학자들이나 번역 성서들은 이 낱말을 수동 분사인 '자누아흐'(Mays, *Hosea*, 113; 개역 개정판; NRSV)로 바꾸거나 1인칭 단수형인 '자나흐티'(Stuart, *Hosea-Jonah*, 126, 132; Davies, *Hosea*, 200-201; 표준 새번역)로, 또는 70인역을 따라서 2인칭 단수 명령형

한다. 호세아가 여기서 말하는 송아지는 당연히 북왕국의 국가 성소인 벧엘의 송아지53)(10:5; 왕상 12:29; 왕하 10:29; 14:24; 15:9, 18, 24, 28 등)를 가리킬 것이다. 따라서 "사마리아의 송아지"라는 표현에서 사마리아는 북왕국의 수도인 사마리아 자체를 가리킨다기보다는 사마리아에 거주하는 이스라엘 사람들 내지는 북왕국 이스라엘 전체를 가리킨다고 보아야 옳다.54) 그리고 송아지는 아마도 오시리스(男神)에게 수소를 바치고 이시스(女神)에게 암소를 바쳤던 이집트의 종교와 바알을 송아지로 형상화했던 가나안의 종교와 관련될 것이다.

호세아는 이러한 우상 숭배에 대한 하나님의 진노가 이스라엘을 향하여 타오를 것이라고 말하면서, "그들이 어느 때에야 무죄하겠느냐?"는 질문을 던진다. 다분히 수사학적인 의미를 갖는 5절 후반부의 이 질문은 이스라엘 백성의 부정적인 대답을 유도하는 것으로서, 하나님과의 계약 관계를 무시한 채로 우상을 만들어 숭배하는 자들은 결코 무죄할 수가 없다는 의미를 포함하고 있다. 그 까닭은 그것이 이스라엘 자신에게서 난 것이요, 장인(匠人)이 만든 것이지 참 신이 아니기

인 '즈나흐'(Wolff, *Hosea*, 132; NIV)로 바꾸어 읽고자 한다. 반면에 NASB와 Chisholm, 『예언서 개론』, 538은 맛소라 본문 그대로 3인칭 남성 단수로 번역하고 있다.
53) 아합이 사마리아에 바알 신전을 건축하기는 했으나(왕상 16:32) 나중에 예후에 의하여 완전히 파괴되고 말았다(왕하 10:25-27). 뿐만 아니라 구약성서 어디에도 사마리아에 송아지 형상이 세워졌다고 말하는 본문이 없다. 따라서 5-6절에 언급하는 사마리아의 송아지는 사마리아 사람들이나 이스라엘 백성이 숭배하는 벧엘의 송아지를 가리키고 있음이 분명하다. 그런데 5절의 송아지가 단수로 언급되어 있는데다가 10:5이 "벧아웬의 송아지"에 대해서만 언급하고 있다는 점을 고려한다면, 아마도 단의 송아지는 디글랏 빌레셀의 공격 이후에 사라졌을 것이다: Wolff, *Hosea*, 140; Mays, *Hosea*, 118.
54) Chisholm, 『예언서 개론』, 538.

('로 엘로힘 후') 때문이다. 따라서 사마리아의 송아지는 하나님의 심판을 받아 산산조각이 날 수밖에 없다(6절). 우상 숭배에 대한 호세아의 이러한 공격은 이사야 2:8, 20; 40:18-20; 44:9-20; 46:1-7; 예레미야 10:1-16; 시편 115:3-8 등에서도 똑같이 발견된다. 출애굽기 32:20에 의하면 모세는 금송아지를 불살라 부수어 가루를 만들고 그것을 물에 뿌려 이스라엘 자손에게 마시게 했다.

이스라엘에게 임할 국내외적인 재앙(8:7-10)

(8:7) 그들이 바람을 심고 광풍을 거둘 것이라. 심은 것이 줄기가 없으며 이삭은 열매를 맺지 못할 것이요 혹시 맺을지라도 이방 사람이 삼키리라.
(8:8) 이스라엘은 이미 삼켜졌은즉 이제 여러 나라 가운데에 있는 것이 즐겨 쓰지 아니하는 그릇 같도다.
(8:9) 그들이 홀로 떨어진 들나귀처럼 앗수르로 갔고 에브라임이 값 주고 사랑하는 자들을 얻었도다.
(8:10) 그들이 여러 나라에게 값을 주었을지라도 이제 내가 그들을 모으리니 그들은 지도자의 임금이 지워 준 짐으로 말미암아 쇠하기 시작하리라.

이어지는 7절에서 호세아는 이스라엘의 행동과 그 결과(심판)가 어떠할 것인지를 이스라엘의 주류 산업인 농업 경제와 관련시켜 설명한다. 이스라엘이 우상 숭배에 빠진 목적은 풍요와 다산을 보증 받는 데에 있었지만 하나님께서 그러한 목적을 이루지 못하게 하실 것이다. "바람을 심고 광풍을 거둔다"는 것이 바로 그러한 심판을 의미한다. 이스라엘의 헛되기 짝이 없는 행동(바람, 전 1:14, 17; 시 78:39; 잠 11:29; 욥 7:7; 사 41:29)이 얼마나 비극적인 결과(광풍)를 초래할 것인지를 비유적으로 표현하고 있는 이 구절은 이스라엘의 행동이 바람

부는 날에 씨앗을 뿌리고(씨앗이 바람에 날림) 광풍이 부는 날(수확물이 바람에 날림)에 농산물을 수확한다는 것을 가리킬 수도 있다.55) "심은 것이 줄기가 없으며 이삭은 열매를 맺지 못할 것이요 혹시 맺을지라도 이방 사람('자림'=foreigners)이 삼키리라"는 7b절은 미가 6:15를 연상시킨다56): "네가 씨를 뿌려도 추수하지 못할 것이며 감람 열매를 밟아도 기름을 네 몸에 바르지 못할 것이며 포도를 밟아도 술을 마시지 못하리라"(참조. 신 28:38-40).

하나님의 심판을 받은 이스라엘은 마침내 어떻게 되는가? 8절에 의하면, 심판의 결과로 인하여 이미 삼켜진 바 된(레 26:38; 애 2:5) 이스라엘은 이제 계약 백성으로서의 특수성이나 차별성(출 19:5; 암 3:2)을 잃어버린 채로(7:8), 평소에 자기들이 의지하는 나라들(시리아나 앗수르 또는 이집트 등) 가운데에 있으면서, 사람들이 즐겨 쓰지 않는 그릇과 같이57) 되고 말았다. 이사야 30:14는 마치 토기장이가 그릇을 깨뜨림 같이 하나님께서 유다 나라를 아낌이 없이 부숴뜨리되, 아궁이에서 불을 담아 낼 조각 하나 남지 않듯이, 웅덩이에서 물을 퍼낼 조각 하나 남지 않듯이 사라지게 하실 것이라고 말한다. 예레미야 19:11도 이와 비슷하게 토기장이의 그릇이 한 번 깨지면 다시 원상태로 쓸 수 없는 것처럼 하나님께서 유다 백성과 그들의 성읍을 깨뜨려 버리실 것이라는 심판을 선고한다.58)

---

55) Andersen and Freedman, *Hosea*, 497.
56) Andersen and Freedman, *Hosea*, 498.
57) NRSV, "as a useless vessel"; NIV, "like a worthless thing"; NASB, "like a vessel in which no one delights"; 표준 새번역, "깨어진 그릇처럼 쓸모없이 되었다."
58) 예레미야 48:38은 하나님이 모압을 "마음에 들지 않는 그릇처럼 깨뜨리셨다"고 말하며, 22:28은 고니야(여호야긴)가 "천하고 깨진 그릇"과도 같다고 말한다.

이어지는 9절의 서두에서 호세아는 원인을 나타내는 접속사 '키'를 사용함으로써, 그러한 심판의 이유를 분명하게 밝힌다. 그는 본절에서 이집트나 앗수르와 군사 동맹 관계를 맺고자 하는(5:13) 이스라엘을 자기 멋대로 홀로 떠돌아다니는 들나귀(욥 24:5; 39:5-8)에 비교하면서, "그들이"59) 들나귀처럼 앗수르로 갔음을 비난한다. 이러한 비교는 똑같이 이스라엘의 강대국 의존 정책을 비판하는 7:11에서 그들을 어리석은 비둘기로 칭하는 것과 대조를 이룬다. 그런데 흥미롭게도 예레미야는 2:24에서 상당히 노골적인 언어로 유다 백성을 들암나귀에 비교하여 비난한다: "너는 광야에 익숙한 들암나귀들이 그들의 성욕이 일어나므로 헐떡거림 같았도다. 그 발정기에 누가 그것을 막으리요." 에브라임이 마치 매춘부처럼 값(조공) 주고 사랑하는 자들을 얻었다는 9절 하반부의 설명은 아마도 북왕국의 므나헴이 앗수르 왕 불(디글랏 빌레셀 3세)에게 조공을 바친 것을 가리킬 것이다(왕하 15:19-20).60) 유다 왕 아하스 역시 앗수르의 디글랏 빌레셀 3세와 조공 관계를 맺은 바가 있다(왕하 16:10-16).

이스라엘의 강대국 의존 정책에 대한 하나님의 심판은 확실하다.

---

59) 본래 "갔다"로 번역된 히브리어 동사 '알루'("they have gone up to") 안에 이미 3인칭 남성 복수형의 의미가 포함되어 있지만, 호세아는 3인칭 남성 복수 인칭 대명사('헴마')를 동사 앞에 사용함으로써 '알루' 동사의 행위 주체인 이스라엘의 주도적인 강대국 의존 정책을 강조하고 있다: Wolff, *Hosea*, 142.

60) Andersen and Freedman, *Hosea*, 505; Seow, "Book of Hosea," 294. 므나헴은 살룸으로부터 빼앗은 자신의 자리가 흔들리는 것을 막기 위해 앗수르의 도움을 받으려는 목적으로 이스라엘의 부자들에게서 세금을 거두어 조공을 마련했을 것이다: LaSor 외, 『구약개관(하)』, 498. 그러나 북왕국의 마지막 왕인 호세아가 디글랏 빌레셀에게 조공을 바친 행동이 본절에 함축되어 있다고 보는 견해도 만만치 않다: Wolff, *Hosea*, 142-143; Mays, *Hosea*, 120; Stuart, *Hosea-Jonah*, 134.

설령 그들이 강한 나라들에게 조공("값")을 바칠지라도 하나님께서는 도리어 그 강한 나라들을 한 자리에 불러 모아서 이스라엘을 공격하게 하실 것이요, 이스라엘은 그 나라들의 "왕과 지도자들"('멜렉 위싸림')61)이 지워준 무거운 짐(조공 부담)으로 말미암아 쇠하여질 것이다 (10절). 여기서 호세아가 사용하는 "모으다"(카바츠)는 동사는 일반적으로 군대를 소집하거나 양떼를 모으는 행동(보호) 또는 열국을 심판하기 위해 그들을 모으는 행동(습 3:8; 욜 3:2, 11-12[H 4:2, 11-12]), 이스라엘의 회복을 위해 그들을 모으는 행동(신 30:3; 겔 20:41; 미 4:12; 슥 10:8-10) 등을 가리킨다. 그러나 여기서는 하나님께서 이스라엘을 심판하기 위해 이방 나라들을 소집하는 행동을 가리킨다. 따라서 처음의 "그들"과 마지막의 "그들"은 이스라엘을 가리키고 중간의 "그들"은 동맹 관계에 있는 강대국들을 가리킨다(겔 16:37).

타락한 제의와 그릇된 방어 체계에 대한 심판(8:11-14)

(8:11) 에브라임은 죄를 위하여 제단을 많이 만들더니 그 제단이 그에게 범죄하게 하는 것이 되었도다.
(8:12) 내가 그를 위하여 내 율법을 만 가지로 기록하였으나 그들은 이상한 것으로 여기도다.
(8:13) 그들이 내게 고기를 제물로 드리고 먹을지라도 여호와는 그것을 기뻐하지 아니하고 이제 그들의 죄악을 기억하여 그 죄를 벌하리니 그들은 애굽으로 다시 가리라.
(8:14) 이스라엘은 자기를 지으신 이를 잊어버리고 왕궁들을 세웠으

---

61) 맛소라 본문은 '멜렉 싸림'으로 되어 있으나(NIV, "the mighty king"; NASB, "the king of princes"; Wolff, *Hosea*, 133 ["the officials' king"]; Mays, *Hosea*, 114 ["the king of princes"]), BHS 비평장치의 제안처럼 접속사 '와우'를 넣어 읽는 것이 더 문맥에 적합할 것이다(NRSV, "kings and princes"; 표준 새번역, "외국 왕들과 통치자들"; Davies, *Hosea*, 206).

며 유다는 견고한 성읍을 많이 쌓았으나 내가 그 성읍들에 불을 보내어 그 성들을 삼키게 하리라.

호세아는 11절 서두에서 불변화사인 '키'(indeed, surely)를 사용함으로써 새로운 단락을 시작하되, 이스라엘의 무수한 제단 신축 행위를 비판의 대상으로 삼기도 한다(11절). 그는 이스라엘 백성이 그들 나름대로 죄를 속함 받기 위하여, 그리고 번성의 시대에 더 많은 풍요와 다산을 보증받기 위하여 제단을 많이 만들었으나(10:1), 그 많은 제단들이 야웨 예배를 위해 쓰이기보다는 이방 신-이를테면 앗수르의 신들(남왕국의 아하스, 왕하 16:10-16)-을 숭배하는 데 쓰이거나 종교 혼합주의의 온상이 됨으로써 도리어 그것들이 그들로 하여금 하나님께 범죄하게 하는 것들이 되었음을 지적한다. 이스라엘이 죄악을 용서받기 위하여 만들었던 제단들이 도리어 그들로 하여금 범죄케 하는 수단이 되었다는 것은 참으로 아이러니한 일이 아닐 수 없다.

그 뿐이 아니다. 하나님께서 그들이 제단을 많이 만든 것만큼이나 많은62) 율법을 그들에게 기록하여 주셨음에도 불구하고, 그들은 그 율법을 자기들과 관계없는 "이상한 것"('자르')으로 여기고 말았다(12절). 여기서 "이상한 것"(a strange thing, NRSV)으로 번역된 히브리어 낱말 '자르'는 본래 이방 사람들에게 속한 낯선 것(foreign, pagan)을 뜻하는 낱말이다.63) 이것은 이스라엘이 하나님의 율법을 계약 관

---

62) 맛소라 본문의 히브리어 표현에 모음이 불분명하게 표기되어 있어서 번역에 논란이 많은 부분이다. 전통적인 해석인 '립보'(Ketib; ten thousand, 개역 개정판; 표준 새번역; NASB)보다는 '롭'의 복수 연계형인 '룹베'(Qere; multitude, Wolff, *Hosea*, 133; Mays, *Hosea*, 114; Stuart, *Hosea-Jonah*, 127; NRSV; NIV)로 수정하여 읽는 것이 더 적절해 보인다.
63) '엘 자르'(시 44:20[H 44:21], "이방 신"; 81:9[H 81:10], "다른 신"); '자르'(사 43:12, "다른 [신]"); '자림'(신 32:16, "다른 신"); '즈모라트 자르'

계의 본질에 속한 것으로 보지 않고, 도리어 이방 나라에 속한 낯선 것으로 보고 있음을 의미한다. 이로써 이스라엘은 이제 더 이상 하나님의 계약 백성으로 성별된 민족이 아니라 이방 민족들로부터 전혀 구별되지 않는 민족이 되고 말았다. 이방 민족들과 하나도 다를 바가 없는 민족이 되고 만 것이다.

이에 하나님은 이스라엘이 죄의 용서를 받기 위하여 만든 무수한 제단들에서 짐승을 잡아서 고기를 희생 제물로 드리고 그것을 하나님 앞에서 먹을지라도(참조. 신 12:5-7), 그것을 기뻐하지 않으시고 도리어 그들의 죄악을 기억하실 것이다(7:2). 그가 그들의 죄악을 기억하여 벌하심으로써 이제 그들은 이집트로 다시 끌려가게 될 것이다(13절). 여기서 그들이 하나님께 희생 제물('제바흐'의 복수형)을 드리고 또 그 고기를 먹는다는 것은 희생제사와 공동체 식사를 겸하여 가지고 있는 화목제의 식사(레 7:15-21; 신 27:7)를 가리키고 있음이 분명하다. 그리고 이스라엘 백성이[64] 다시 이집트로 돌아간다는 것(9:3; 11:5; 참조. 신 28:68)은 출애굽의 역전 현상을 가리키는 것으로서, 계약 위반 행위에 대한 하나님의 심판을 의미한다. 호세아의 이러한 심판 선고는 이스라엘이 처음부터 다시 시작해야 한다는 2:14(H 2:16)의 메시지와 일맥상통한다. 맨 처음(이집트에서의 압제 상황)으로 되돌아가게 될 것이라는 것은 출애굽 이후의 역사를 송두리째 부정하는 효과를 갖는다. 하나님께서 이스라엘과 함께 하신 구속사를 끝내실 것

(사 17:10, "이방의 나뭇가지").

64) "다시 가리라"로 번역된 히브리어 동사 '야슈부'("they will return to") 안에 이미 3인칭 남성 복수형의 의미가 포함되어 있지만, 호세아는 9절에서와 마찬가지로 3인칭 남성 복수 인칭 대명사('헴마')를 동사 앞에 사용함으로써 이집트로 되돌아가게 될 자들이 바로 하나님 앞에 범죄한 이스라엘 백성임을 강조한다.

이요, 이제는 그것을 더 이상 인정하지 않겠다는 것이다.65)

마지막으로 호세아는 이스라엘이 "자기를 지으신 이"('오세후'=his Maker)를 잊어버리고(참조. 신 32:15-18) 왕궁들을 세웠으며, 유다는 견고한 성읍들(fortified cities)을 많이 쌓았으나 하나님이 그 성읍들에 불을 보내어 그 성들을 삼키게 하실 것이라고 예언한다(14절; 참조. 암 1:4, 7, 10, 12 등). 여기서 이스라엘이 왕궁들('헤칼'의 복수형)을 많이 쌓았다는 것이나 유다가 견고한 성읍들을 많이 쌓았다는 것은 그들이 이방 신들을 위하여 제단을 많이 쌓았다는 것(11절)과 평행을 이루는 것으로, 후자가 종교적인 탈선의 모습을 지적하는 것이라면, 전자는 하나님보다는 자신의 강한 군사적 방어 체계를 절대적으로 신뢰하는 이스라엘의 무력 의존 정책을 비판하는 메시지가 아닐 수 없다.

3. 묵상과 적용

가. 이스라엘을 지으신 하나님은 자기 백성 이스라엘을 사랑하여 그들과 계약 관계를 맺으신 분이요, 그 관계를 지키기 위하여 끊임없이 그들을 보살피시고 인도하시는 분이다. 그는 심판을 받아 고통당하는 자기 백성을 긍휼히 여기시는 까닭에, 언제든지 그들을 회복시키고 치료할 준비가 되어 있는 분이시다. 그는 또한 틈나는 대로 그들을 건져주려 하시며 그들의 팔을 연습시켜 힘 있게 하시는 분이기도 하다. 그러나 불행하게도 이스라엘은 하나님의 이러한 사랑과 긍휼에 제대로 응답한 적이 없다. 그들은 하나님이 원하시는 계약 관계의 다양한 요구 사항들에 불순종했을 뿐만 아니라, 하나님 아닌 다른 신들, 곧

---

65) 참조. Wolff, *Hosea*, 145-146; Andersen and Freedman, *Hosea*, 511; Davies, *Hosea*, 209; Chisholm, 『예언서 개론』, 539-540.

참 신이라 할 수 없는 사마리아의 송아지를 비롯한 많은 이방 신들을 하나님보다 더 사랑했으며, 심지어는 하나님과의 계약 관계와 그로부터 비롯된 율법을 이상한 것으로, 심지어는 자기들과는 무관한 낯선 것으로 생각하기까지 했다.

상황이 이러하기에 하나님께서는 이제 더 이상 구차하게 이스라엘과 더불어 계약 관계를 지속할 명분이 사라지고 말았다. 출애굽 해방 이후로 너무도 오래도록 그들을 사랑하시고 은혜를 베풀어 주셨건만 아무런 소용이 없었던 것이다. 그들을 잘 되게 하고 번성하게 해줄 때도 많았지만, 그들은 성공과 번영의 모든 열매를 하나님께 돌려드리지 않고 도리어 바알을 비롯한 다른 신들이 자기들에게 성공과 번영을 가져다주었다고 생각했다. 뿐만 아니라 그들은 성공과 번영에 도취된 나머지 배은망덕하게도 그 모든 것의 원천인 하나님의 은총을 부정하였으며, 그들 나름의 교만에 사로잡힌 채로 그가 원하시는 선도 계약도 율법도 다 버렸다. 오늘의 우리는 어떠한가? 하나님의 은총과 자비와 긍휼에 어떻게 응답하면서 살고 있는가? 범사에 하나님의 사랑과 섭리를 인정하는 삶을 살고 있는가? 정녕 이스라엘처럼 배은망덕한 삶을 살고 있지는 않은가?

나. 이스라엘은 야웨 하나님이야말로 진정한 왕으로서 자신이 원하는 사람을 왕으로 선택하신다는 사실을 인정하지 못했다. 그 까닭에 그들은 여러 차례의 군부 쿠데타를 통하여 함부로 왕들의 생명을 빼앗았을 뿐만 아니라 그들의 왕권까지 탈취하였다. 심판을 받아 힘들고 어려워지면 자기들을 지으신 분이신 야웨께로 돌아갈 생각을 못하고 도리어 이방 신들을 찾았으며, 어리석은 비둘기나 혼자서 마음대로 떠돌아다니는 들나귀처럼 뻔질나게 강한 나라들을 찾아다님으로써 그들로부터 그릇된 안정과 평안을 찾고자 하였다. 또 때로는 죄의 용서를 받

기 위하여 많은 제단들을 만들기도 했으나, 아이러니하게도 그러한 제단들이 그들로 하여금 더 많은 죄를 범하게 하는 수단이 되고 말았다.

이제 이스라엘에게는 달리 방도가 없다. 조용히 하나님의 심판을 감수하는 수밖에 없는 것이다. 모든 문제의 근원이 어디에 있는지를 신앙적인 측면에서 곰곰이 살피기는커녕 하나님을 인정하지도 않고 존중히 여기지도 않는 상황에서는 하나님의 엄중한 심판을 받을 수밖에 없다는 얘기다. 하나님은 그들의 왕정 제도를 인정하지 않으실 것이요, 금이나 은으로 만든 온갖 우상들을 깨뜨리시고 사마리아의 송아지를 산산조각 내실 것이다. 그 뿐이 아니다. 하나님은 이스라엘에서 풍성한 농산물 수확이 이제는 더 이상 불가능하게 하실 것이요, 그들이 의지해마지 않던 나라들로 하여금 이스라엘을 공격하여 그들을 쇠약하게 만드실 것이다. 오늘의 기독교인들은 이스라엘의 파멸을 생각하면서 어느 경우에든 늘 하나님을 의지하고 그의 자기 삶의 왕과 주인으로 섬기는 데 있어서 인색함이 없어야 할 것이다.

다. 이스라엘은 국가적인 번영과 성공을 이루기 위하여 하나님 아닌 다른 신들을 숭배하고 강대국의 무력에 의존하는 한편으로, 자기들의 안전을 확실하게 보증해줄 수 있는 것으로 여겨지는 다수의 왕궁들과 견고한 성읍들을 건축하였다. 하나님의 계약 백성이던 이스라엘은 이로써 하나님을 온전하게 섬기는 일 이외의 모든 방도들을 다 생각해 보았고, 그것들을 직접 실행에 옮기는 부지런한 모습을 보였다. 참으로 이스라엘은 과녁을 한 번도 제대로 맞춘 적이 없는 속이는 활과도 같았다. 항상 표적을 맞추지 못하고 빗나가는 활처럼 하나님이 원치 않는 길로만 빠져들었던 것이다.

경우에 따라서는 이스라엘이 하나님을 잘 섬기는 것처럼 보일 때도 있었다. "우리가 당신을 아나이다"라는 고백을 하는 때가 그러했다. 그러나 겉으로만 그럴 뿐이었다. 그들의 속은 여전히 하나님 아닌 다른 것들로 가득 차 있었다. 한 마디로 말해서 그들은 잘 뒤집어지지 않은 탓에 절반만 익은 빵과도 같았다. 호세아가 정확하게 지적한 바와 같이, 그들은 이방 나라들 중에 섞여 있는 채로 계약 백성으로서의 고유성과 차별성을 상실한 민족이요, 다 깨어진 채로 사람들에게 버림받을 수밖에 없는 쓸모없는 그릇과도 같은 민족이었다. 그들은 민족 역사의 출발점인 출애굽의 상황으로 다시금 돌아가지 않으면 안 되는 비참한 상황 속에 놓여 있었던 것이다. 오늘의 성도들은 어떠한가? 표적을 제대로 맞추지 못하는 속이는 활이요, 쓸모없어 버려질 운명에 처한 깨어진 그릇은 아닌가? 하나님의 자녀로서의 차별성을 잃어버린 채로 원점에서부터 다시 시작하지 않으면 안 되는 어리석은 비둘기의 신세는 아닌가?

제6강

부정한 이스라엘을 버리시는 하나님 (9:1-10:15)

1. 들어가는 말

출애굽 해방 이후에 은총의 선물로 주어진 하나님과 이스라엘 사이의 계약 관계는 모세 이후로 달라진 것이 하나도 없었다. 신실하신 하나님께서는 출애굽 해방과 광야 유랑 기간 동안에 이스라엘을 사랑하시고 그들을 자신의 계약 백성으로 삼으셨다. 십계명을 비롯한 다양한 율법 규정들은 하나님의 그러한 은총과 사랑에 대한 이스라엘의 자발적인 응답과 순종을 이끌어내기 위한 것이었다. 이 점에서 본다면 하나님의 요구들(계명들)에 대하여 순종하는 삶이야말로 계약 관계의 핵심이요, 계약 관계의 지속을 위한 최선의 길이었음이 분명해진다.

그러나 애석하게도 이스라엘은 계약 관계의 지속을 위한 노력에 최선을 다하지 않았다. 그들은 계약 관계의 중심에 서 있는 하나님의 은총과 정의가 나라의 안전을 책임질 것이라고 믿어왔지만, 그것이 그들의 삶과 역사를 지배하는 중심 원리가 되지는 못했다. 그 점이 가장 확실하게 드러난 때는 주전 8세기에 이르러서였다. 가나안 땅에서의 왕정 통치가 거듭되는 중에 주전 8세기에 이르러 처음으로 국가적인 생존(national survival)에 대한 확신이 약화되기 시작했던 것이다. 하나님의 약속은 현재나 미래에 대한 백지 수표가 아니라는 메시지가 예언자들에 의하여 본격적으로 선포되기 시작한 것도 그 무렵이었다. 계약 관계에는 계약 규정들에 대한 순종이라는 책임이 따름에도 불구하고 이스라엘이 그렇게 하지 못했기 때문이다. 그리하여 하나님의 왕권과 계약 관계를 대변하는 예언자들은 줄기차게 이스라엘의 죄악을 지적하면서 그들의 회개를 촉구함과 아울러 하나님의 심판을 선고하였다.

이스라엘의 파수꾼으로 부름 받은 호세아는 주전 8세기 예언의 중심에 서 있던 북왕국 출신의 예언자였다. 다른 예언자들은 토라에 순종하는 정의로운 삶을 강조하면서 그러한 삶이 뒷받침되지 않는 제사의 무익함을 강조했지만, 호세아는 이에 더하여 풍요제의 참여를 중심으로 하는 이방 신 숭배나 혼합 종교에 기초한 제사의 무익함을 강조하였다. 그러면서 그는 하나님의 심판으로 인하여 왕정 제도가 종말을 고하고 각종 절기와 축제도 사라지는 대파국이 다가올 것임을 예언하였다. 정치와 종교가 모두 붕괴됨으로 인하여 많은 사람들이 죽게될 것이요, 살아남은 자들마저도 주변 나라들에 포로로 잡혀가는 민족파멸의 대재앙이 있을 것임을 예언했던 것이다.

이제 이스라엘에게 남은 것은 제의와 정치를 통한 변화보다는 회개와 용서를 통한 변화의 가능성이었다. 그래서인지 호세아는 이스라엘 백성의 죄악을 계약 관계, 곧 하나님과의 인격적인 관계의 깨뜨려짐에서 찾는다. 왕정 제도는 본질적으로 하나님의 왕권을 부정하는 성격을 가지고 있었기 때문에 야웨 하나님의 통치를 대표할 수 없었고,

야웨 왕권의 기초를 이루는 은혜와 정의를 이루지 못한 까닭에 심판을 받아 마땅한 것일 뿐이었다. 호세아가 보기에 북왕국의 왕정 제도는 풍요제의를 그 중심에 가지고 있는 바알 신학의 반영이요, 상징이요, 열매였지 야웨 숭배의 진정한 표상이 될 수가 없었던 것이다.1)

오늘의 본문인 호세아 9-10장은 이러한 위기 상황의 한복판에 서 있는 메시지라 할 수 있다. 먼저 9장 서두에서 호세아는 하나님을 떠나 음행의 값을 즐기는 이스라엘의 잘못된 수확 축제를 비판하면서, 구속사의 부정과 출애굽의 역전 현상 및 앗수르 포로 등의 심판이 제의적으로 부정해진 그들을 덮칠 것이요, 그들이 남의 나라에서 수치스러운 죽음을 당하게 될 것임을 예언한다(1-6절). 이러한 예언의 도중에 그는 자신이 이스라엘의 파수꾼으로 세움을 받았다는 사실과 하나님의 신을 받아 예언하는 자신을 어리석고 미친 사람으로 간주하던 주변 사람들의 조롱과 비난을 소개한다(7-9절). 이어서 그는 하나님의 사랑에 응답하지 못하는 이스라엘의 배은망덕한 우상 숭배에 대하여 하나님의 세 가지 심판(barrenness, childlessness, godlessness)을 선고하면서(10-14절), 그 일차적인 책임이 왕을 포함하는 지도자 계층에 있음을 지적한다(15-17절).

호세아가 선포하는 고발과 비판 및 심판의 메시지는 10장에서도 발견된다. 그는 10장 서두에서 번영과 성공을 가능케 하신 하나님께 영광을 돌리는 대신에 바알을 위하여 많은 제단들을 쌓고 바알 신상을 아름답게 치장하는 태도를 비난하면서 그에 대한 심판을 선고한다(1-2절). 그는 또한 이스라엘이 당할 재난을 도무지 해결하지 못하는 무능력한 왕정 통치자들의 허위의식을 여지없이 폭로하며(3-4절), 벧아웬의 송아지가 무기력하게 야렙 왕에게 예물로 바쳐지고 아웬의 산

---

1) 김철현, 『예언자 연구』, 70-71.

당들이 무너질 것임을 예언한다(5-8절). 더 나아가서 그는 기브아의 시대 이후로 진행된 잔혹한 범죄 행위들을 비난함과 아울러, 공의와 인애를 심고 거두는 삶을 회복함으로써 야웨 하나님을 찾는 신앙을 되찾기를 촉구하되, 회개와 변화가 없으면 전쟁을 통한 가혹한 심판이 있을 것임을 분명하게 밝힌다(9-15절).

2. 본문 주해

9:1-6	진실하지 못한 수확 축제
9:7-9	호세아의 예언 활동을 훼방하는 무리들
9:10-14	하나님의 세 가지 심판
9:15-17	그릇된 지도자들
10:1-8	벧아웬의 송아지
10:9-15	전쟁을 통한 심판

진실하지 못한 수확 축제(9:1-6)

(9:1) 이스라엘아, 너는 이방 사람처럼 기뻐 뛰놀지 말라. 네가 음행하여 네 하나님을 떠나고 각 타작마당에서 음행의 값을 좋아하였느니라.
(9:2) 타작마당이나 술틀이 그들을 기르지 못할 것이며 새 포도주도 떨어질 것이요,
(9:3) 그들은 여호와의 땅에 거주하지 못하며 에브라임은 애굽으로 다시 가고 앗수르에서 더러운 것을 먹을 것이니라
(9:4) 그들은 여호와께 포도주를 부어 드리지 못하며 여호와께서 기뻐하시는 바도 되지 못할 것이라. 그들의 제물은 애곡하는 자의 떡과 같아서 그것을 먹는 자는 더러워지나니, 그들의 떡은 자기의 먹기에만 소용될 뿐이라. 여호와의 집에 드릴 것이 아니니라
(9:5) 너희는 명절날과 여호와의 절기의 날에 무엇을 하겠느냐?

(9:6) 보라, 그들이 멸망을 피하여 갈지라도 애굽은 그들을 모으고 놉은 그들을 장사하리니, 그들의 은은 귀한 것이나 찔레가 덮을 것이요 그들의 장막 안에는 가시덩굴이 퍼지리라

이 단락의 서두인 1절에서 호세아는 이스라엘을 2인칭 남성 단수로 칭하다가, 2-4절에서는 그들을 3인칭 남성 복수로 칭하며, 5절에서는 이스라엘을 2인칭 남성 복수로, 그러다가 6절에서는 다시금 3인칭 남성 복수로 칭하는 등의 다채로운 인칭 변화를 보이고 있다. 아마도 호세아는 비판과 고발의 메시지(2-4, 6절)를 2인칭으로 전하면서 심판 선고의 메시지(1, 5절)는 3인칭으로 전하고자 했을 것이다.2) 그리고 호세아가 이 단락에서 타작마당이나 술틀(2절) 또는 제물(4절)과 절기(5절) 등에 대하여 언급하는 것을 보면, 1-6절 단락은 수확 축제와 관련된 이스라엘의 종교적인 문제 또는 신앙적인 문제를 다루고 있음이 분명하다. 어쩌면 이 단락의 주요 표적은 수확 축제를 주도적으로 이끌어야 할 제사장 집단이었을지도 모른다(참조. 10:5). 궁극적으로는 이스라엘 백성 전체가 예언 선포의 대상이긴 하지만 말이다.

호세아는 먼저 1절에서 이스라엘을 2인칭 남성 단수로 칭하면서, 그들에게 "이방 사람들('암밈')처럼 기뻐 뛰놀지 말라"고 명한다. 이 명령은 하나님의 계약 백성인 이스라엘의 수확 축제 행사가 이방 종교-특히 가나안의 바알 종교-의 축제 행사, 곧 풍요 제의와 똑같은 것으로 변질됨으로써 그들의 차별성과 특수성이 사라져 버렸음(7:8; 8:8)을 비난하는 것으로 보인다.3) 1절 하반절의 "음행"('자나' 동사)이나 "음행의 값"('에트난'='에트나,' 2:12[H 2:14])이 그 점을 뒷받침

---

2) Wolff, *Hosea*, 151-152.
3) Wolff, *Hosea*, 154; Mays, *Hosea*, 125-126; Andersen and Freedman, *Hosea*, 522.

한다. '자나' 동사나 '에트난'은 호세아서에서 신전 매음 행위와 관련된 바알 종교의 풍요제의를 가리키는 대표적인 낱말들로 나타나기 때문이다(1:2; 4:10-14, 18). 그래서인지 신명기 23:18(H 23:19)은 '에트난 조나'(NRSV, the fee of a prostitute; 개역 개정판, "창기가 번 돈")를 하나님께 예물로 드리지 못한다고 규정하며, 미가 1:7은 '에트난'4)이 불살라질 뿐만 아니라 이스라엘의 우상들이 '에트난 조나'(개역 개정판, "기생의 값")를 지불하여 모은 것들이기에 다시금 '에트난 조나'로 돌아갈 것이라고 예언한다.

호세아가 언급한 변질된 수확 축제 행사는 5절에서 "야웨의 절기"로 불리는 바, 사사기 21:19와 레위기 23:39에서 수확 축제의 성격을 갖는 "야웨의 절기"는 초막절을 가리킨다.5) 아마도 이스라엘은 초막절 때마다 사사기 21:19-21(참조. 룻 3장)에서 보는 것과도 같이 성적인 문란함을 동반하는 수확 축제를 지키곤 했을 것이다.6) 곡물과 포도주 수확의 장소인 타작마당(threshing floor)과 술틀(wine press)에 대한 1-2절의 언급이 이 점을 뒷받침한다. 이를테면 블레셋이 그일라를 쳐서 타작마당(threshing floor, '고렌')을 취했다는 사실(삼상 23:1)은 곡물 수확의 장소인 타작마당이 풍요와 다산을 상징하는 장소로 이해되었을 것이요, 따라서 종교적으로 중요한 역할을 수행하는 곳이

---

4) 개역 개정판은 '에트난'을 "음행의 값"으로 번역하되, "음행의"라는 낱말을 작은 글씨로 표기함으로써 하반절의 '에트난 조나'와 흐름을 같이하고자 하지만, "기생의 값"이라는 하반절의 번역은 "창기가 번 돈"이나 "음행의 값"이라는 번역과 완전히 일치하지 않는다는 문제점을 안고 있는 것으로 보인다.
5) 유월절도 야웨의 절기로 불리기는 하지만(출 12:14; 13:6) 수확 축제는 아니다. 수장절에 대한 간략한 설명을 위해서는 필자의 다음 글을 참조: 『구약성서와 오늘의 삶(I)』(서울: 한국장로교출판사, 1999), 246.
6) Andersen and Freedman, *Hosea*, 523.

었으리라는 짐작을 가능케 한다. 나중에 솔로몬 성전의 터가 된 아라우나의 타작마당(삼하 24:16-25)도 같은 이치에서 생각해볼 수 있다.

그러나 호세아는 이스라엘 백성이 이처럼 소중히 여기는 타작마당이나 술틀이 그들을 기르지(feed, NRSV) 못할 것이요, 술틀에서 생산하는 새 포도주도 떨어질 것이라고 말한다(2절; 8:7; 참조. 신 28:39). 그가 여기서 말하는 타작마당과 술틀은 구약성서에서 쌍으로 자주 나오는 것으로(신 15:14; 16:13; 왕하 6:27), 이스라엘의 수확 축제가 이루어지는 중요한 장소였다. 이 점에 비추어 본다면, 2절에 있는 심판 선고는 수확 축제의 성격을 갖는 풍요 제의가 그들을 배부르게 하지 못할 것이요, 그러한 축제를 통해 풍요와 다산을 보증 받으려는 이스라엘 백성의 다양한 노력 역시 허사가 될 것임을 암시하는 것으로 보인다.

3절은 2절에 선포된 심판의 이유와 근거를 밝혀주는 역할을 수행한다. 이 본문에 의하면, 이스라엘은 "야웨의 땅"에 거하지 못하며, 이집트로 다시 가고 앗수르에서 "더러운 것"("부정한 음식," 표준 새번역)을 먹을 것이다. 여기서 흥미로운 것은 "야웨의 땅"이라는 표현이 구약성서에서 이곳에만 나타난다는 점이다. 약속의 땅 가나안을 칭하는 이 구절은 "나의 땅"(렘 2:7; 16:18; 겔 36:5; 38:16 등)이라는 표현과 같은 의미를 가지고 있다. 이 외에도 간간이 "당신의 기업의 산"('하르 나할라트카,' 출 15:17)이나 "야웨의 소유지"('에레츠 아훗자트 야웨,' 수 22:19)라는 표현이 약속의 땅 가나안을 가리키는 데 사용되기도 한다.[7]

그렇다면 3절 본문에서 이스라엘이 이집트로 다시 간다('슈브')는 것은 무엇을 뜻하는 것일까? 아마도 그것은 이스라엘의 구속 역사가

---

7) Andersen and Freedman, *Hosea*, 524-525; Davies, *Hosea*, 215.

종결되고 출애굽의 역전 현상(8:13)이 있을 것임을 의미할 것이다.8) 그리고 앗수르에서 더러운 음식물을 먹는다는 것은 실제로 전쟁 포로가 되어 앗수르로 사로잡혀 가되, 그곳에서 야웨 아닌 다른 신들에게 속한 부정한 땅의 소산물(음식물), 곧 "더러운 음식물"('타메'; unclean food)을 먹게 됨으로써, 이스라엘이 이방인들로부터 구별할 수 없는 부정한(5:3; 6:8) 민족이 될 것임을 암시한다(7:8; 8:8). 이렇게 볼 경우, 이집트로 다시 간다는 것이 상징적인 의미를 갖는 심판 선고에 해당한다면, 앗수르로 잡혀간다는 것은 실제 현실을 가리킬 것이다. 그것은 상징과 현실의 병렬 서술이라 할 수 있는 것이다.9)

하나님의 심판은 이것으로 끝나지 않는다. 이스라엘은 이제 더 이상 야웨께 "포도주"('야인')10)를 부어 드리지 못할 것이요, 그들의 제물('지브헤헴')11) 역시 야웨를 기쁘시게 하지 못할 것이다(4a절). 그리고 그들이 먹는 것은 초상집에서 애곡하는 자들(mourners)이 먹는 떡('레헴')과 같아서 그것을 먹는 자들은 더러워질(=부정해질) 것이다

---

8) Wolff, *Hosea*, 155; Davies, *Hosea*, 209; Mays, *Hosea*, 126; 김철현, 『예언자 연구』, 73. 3절의 이러한 내용을 11:5; 12:1과 더불어 북왕국의 마지막 왕이 앗수르 의존 정책을 버리고서 이집트에 조공을 바치게 된 역사적 사실을 가리킨다고 보는 견해도 있다: Seow, "Book of Hosea," 294.
9) Chisholm, 『예언서 개론』, 540.
10) '야인'은 포도주를 뜻함과 동시에 포도주를 제물로 부어드리는 제사를 뜻하기도 한다. 개역은 이를 "전제"(drink offerings of wine)로 번역하고 있는 바, 전제에 대해서는 출애굽기 29:40-41; 레위기 23:13, 18; 민수기 6:13-17 등을 참조.
11) 개역 개정판은 맛소라 본문에 있는 '지브헤헴'을 상반절의 마지막 낱말로 번역하지 않고 도리어 하반절의 첫 낱말로 번역하고 있지만, 대부분의 번역 성서는 이 낱말을 상반절에 속한 낱말-주어 또는 목적어-로 번역하고 있다(NRSV, NIV, NASB): "그들이 바치는 제물이 주를 기쁘시게 해드릴 수도 없을 것이다"(표준 새번역); Wolff, *Hosea*, 150; Andersen and Freedman, *Hosea*, 514; Davies, *Hosea*, 216; Stuart, *Hosea-Jonah*, 139.

(참조. 신 26:14; 렘 16:7; 겔 24:17).12) 왜냐하면 그들의 떡('레헴')은 그들 자신에게만 소용되는 것이요,13) 야웨의 집(성전)14)에 드려져서는 안 되는 것15)이기 때문이다(4b절). 호세아가 선포한 이러한 심판의 메시지는 이스라엘이 약속의 땅으로부터 추방될 것이기에 더 이상 야웨께 제사를 드리지 못하게 될 것임을 의미한다.

이어지는 5절에서 호세아는 이스라엘에게 질문을 던짐으로써 우회적으로 그들의 죄악을 비판하고 있다. 이스라엘은 하나님이 싫어하시는 이교주의에 빠져 있음에도 불구하고, 옛 야웨 축제, 곧 명절날('욤 모에드'; the day of appointed festival) 또는 삼대 순례 축제들(유월절과 칠칠절과 초막절) 중에서도 특히 초막절을 의미하는 야웨의 절기의 날('욤 하그 야웨'; the day of the festival of the Lord)16)을 지키려는 욕구를 강하게 가지고 있었다. 그러나 과연 그러한 일이 앞으로 가능할 것인가? 당연히 불가능할 것이다. 그들이 바알 종교의 풍요제의에 깊이 빠져들어 있기 때문이다. 그 점을 호세아는 이미

---

12) 율법에 의하면 초상집에 들어가는 자와 그곳에 거하는 자, 그곳에 있는 그릇이나 시체를 만진 자 등은 7일 동안 부정케 된다(민 19:14-16).
13) 히브리어로는 '라흐맘 르나프샴'으로서, 직역하면 "그들의 떡은 그들 자신('네페쉬'=throat)만을 위한 것"(their bread will be for themselves [alone])임을 뜻한다. 이것은 아마도 이스라엘이 부정한 떡 외에는 달리 먹을 것이 없어서 그것으로 연명할 수밖에 없는 상황에 놓일 것임을 뜻하는 예언일 수도 있다: Andersen and Freedman, *Hosea*, 527.
14) "야웨의 집"이 호세아서에서는 약속의 땅 가나안(8:1; 9:15)을 의미하지만, 여기서는 성전을 가리키고 있음이 분명하다: Mays, *Hosea*, 127.
15) 히브리어로는 '로 야보 베트 야웨'로서, "그것은 야웨의 집으로 들어가서는 안 된다"(it will not enter the house of the Lord)로 직역할 수 있다.
16) 평행 대구로 되어 있는 "명절날"과 "야웨의 절기의 날"은 동의어나 마찬가지이다: Wolff, *Hosea*, 156; Stuart, *Hosea-Jonah*, 144. 그러나 데이비스는 "명절날"이 이스라엘의 삼대 축제들을 가리킨다고 본다: Davies, *Hosea*, 218.

2:11(H 2:13)에서 선포한 바가 있다.

1-6절 심판 단락의 마지막인 6절은 전형적인 파멸 선고(7:13; 8:14)에 해당한다. 아브라함이 기근을 피하여 이집트로 간 것처럼 그들도 멸망을 피하여 이집트로 피난하고자 하나 이집트마저도 그들에게는 안전하지 못할 것이다. 그 까닭은 이집트가 그들을 모을 것이요, 놉이 그들을 장사할 것이기 때문이다. 여기서 말하는 놉은 멤피스를 뜻하는 히브리어 표현으로, 거대한 매장지와 피라미드 및 무덤 등을 많이 가진 도시를 뜻하는 바, 놉이 그들을 장사할 것이라는 것은 이스라엘이 그들 자신의 온전한 매장 의식을 치르지 못할 것임을 의미한다. 이스라엘의 조상들(야곱, 요셉)은 이집트에서 장기간 거주하였어도 장례식만큼은 가나안 땅에서 했으나, 호세아 시대의 이스라엘은 이방 나라 사람들에 의해 강제적으로 이방 나라의 묘지에 묻힘으로써 그들의 시신마저 부정하게 될 것이다.[17] 이스라엘은 이처럼 죽을 때까지도 철저하게 하나님의 심판을 받을 것이다. 이에 더하여 그들이 우상을 만들 때 사용하던 귀한 은(2:8[H 2:10]; 8:4; 13:2)은 잡초 속에 파묻혀 쓸모없는 물건이 되고 말 것이요, 그들이 살던 장막은 가시덤불로 덮이고 말 것이다(6절).

호세아의 예언 활동을 훼방하는 무리들(9:7-9)

(9:7) 형벌의 날이 이르렀고 보응의 날이 온 것을 이스라엘이 알지라. 선지자가 어리석었고 신에 감동하는 자가 미쳤나니 이는 네 죄악이 많고 네 원한이 큼이니라.

(9:8) 에브라임은 나의 하나님과 함께 한 파수꾼이며 선지자는 모든 길에 친 새 잡는 자의 그물과 같고 그의 하나님의 전에는 원한이 있

---

17) Andersen and Freedman, *Hosea*, 530.

도다.
(9:9) 그들은 기브아의 시대와 같이 심히 부패한지라. 여호와께서 그 악을 기억하시고 그 죄를 벌하시리라.

호세아는 이 단락에서 2인칭 남성 단수(7절)와 3인칭 남성 단수(8절) 및 3인칭 남성 복수(9절)를 차례로 사용하는 한편으로, 7-9a절에서는 비판과 고발의 메시지를, 그리고 9b절에서는 하나님의 심판을 선고하고 있다. 호세아는 먼저 7a절에서 이스라엘이 즐기던 수확 축제의 날들(1, 5절)이 변하여 형벌과 보응의 날들이 되고 말 것임을 선포하되, 형벌의 날들과 보응의 날들을 연이어 언급함으로써 하나님의 심판이 확정적인 것임을 강조한다.

이어서 그는 아모스 7장과 마찬가지로 사람들의 미움을 받게 된 자신의 경험을 있는 그대로 솔직하게 표현하고자 한다. 7절 중반절을 이스라엘 백성이 호세아를 향하여 발하는 조롱과 멸시의 말로 이해[18] 하는 표준 새번역이나 NRSV를 보면 이 점을 확인할 수 있다: "너희는 말하기를, '이 예언자는 어리석은 자요, 영감('루아흐')을 받은 이 자는 미친 자다' 하였다." 이 점에서 본다면, 7절 하반절에 언급되어 있는 이스라엘의 죄악과 원한(적대감)은 예언자 호세아를 향한 그들의 거친 행동이나 악한 감정을 가리킬 것이다.[19]

이와 비슷한 상황은 열왕기하 9장에서도 발견된다. 북왕국의 요람

---

18) Wolff, *Hosea*, 156; Mays, *Hosea*, 128-129; Stuart, *Hosea-Jonah*, 139, 145; Davies, *Hosea*, 220-221; Limburg, 『호세아-미가』, 70.
19) 엘리사의 대머리에 대한 조롱(왕하 2:23)도 같은 시각에서 이해할 수 있다. 이에 대해서는 필자의 다음 글을 참조: 『구약성서로 읽는 지혜·예언·묵시』(서울: 한들출판사, 2004), 130-138. 그런데 앤더슨과 프리드만은 7절 하반절 전체를 예언자 호세아에 대한 이스라엘 백성의 조롱과 비난으로 이해한다: Andersen and Freedman, *Hosea*, 515.

왕 시대 말기에 은밀하게 예후에게 기름을 부어 그를 이스라엘의 왕으로 삼은 한 예언자의 행동을 보고서 어떤 사람이 "그 미친 자가 무슨 까닭으로 그대에게 왔더냐?"(왕하 9:11)고 묻던 것이 그렇다. 그 사람의 말은 예언자의 주변 사람들이 때때로 예언자를 미친 사람 취급했음을 뜻하기 때문이다. 예레미야를 훼방하던 거짓 예언자 스마야 역시 예언자를 미친 자로 간주하는 편지를 쓴 바가 있다(렘 29:26). 예수 그리스도("예수의 친족들이 듣고 그를 붙들러 나오니 이는 '그가 미쳤다' 함일러라," 막 3:21)나 바울("바울아, 네가 미쳤도다. 네 많은 학문이 너를 미치게 한다," 행 26:24)이 비슷한 얘기를 들었다는 사실도 주목할 필요가 있을 것이다.

8절은 본문 해석에 많은 논란이 있는 구절이다. 한글판 개역성서는 에브라임을 "내 하나님의 파수꾼"으로 번역하는 한편으로, 예언자가 "그 모든 행위에 새 잡는 자의 그물 같고" 또 "하나님의 전에서 원한을 품었다"고 번역하지만, 표준 새번역은 70인역을 따라서 이를 전혀 다르게 번역하고 있다: "하나님은 나를 예언자로 임명하셔서 에브라임을 지키는 파수꾼이 되게 하셨다. 그러나 너희는 예언자가 가는 길목마다 덫을 놓았다. 하나님이 계신 집에서마저 너희는 예언자에게 원한을 품었다." 그러나 표준 새번역은 너무 의역이 많이 된 것이어서 차라리 NIV와 NRSV의 번역이 더 나아 보인다: "예언자는 나의 하나님과 함께 하는[20] 에브라임의 파수꾼이 되었다. 그러나 그가 가는 모든 길에는 덫이 있으며, 그의 하나님의 집[21]에는 적대감이 있다."[22]

---

20) 이는 예언자가 특정 개인이나 민족 공동체를 위해서가 아니라 하나님 앞에서, 그리고 하나님을 위하여 봉사하는 사람임을 의미한다: Mays, *Hosea*, 130.

21) 이는 8:1; 9:15처럼 약속의 땅 가나안을 가리킨다: Wolff, *Hosea*, 158; Mays, *Hosea*, 131. 그러나 데이비스는 성전 자체를 가리킨다고 본다: Davies,

이렇게 본다면, 8절은 7절 하반절과 마찬가지로 이스라엘의 파수꾼으로 임명된(8:1) 호세아가 도리어 그들로부터 멸시와 고통을 당했음을 제3자의 시각에서 진술한 것이라 할 수 있다.

이어지는 9a절에서 호세아는 현재의 죄가 과거의 죄를 그대로 되풀이하고 있는 것이나 다름이 없다고 비판한다. 이스라엘이 "기브아의 시대와 같이 심히 부패"했다는 지적이 그렇다. 기브아의 시대는 베냐민의 기브아에서 한 나그네에게 닥쳤던 비극적이고 폭력적인 사건(삿 19-21장)을 가리킨다.23) 호세아는 10:9에서도 이스라엘이 "기브아의 시대로부터 범죄"했다고 말한다. 아마도 호세아는 북왕국 후반기에 연속된 쿠데타를 염두에 두고 있었을 것이다. 그러나 시각을 달리 해서 본다면, 기브아는 이스라엘의 초대 왕인 사울의 고향(삼상 10:26; 11:4)인 까닭에 기브아의 시대는 왕정이 시작된 때를 가리킬 수도 있다.24) 이스라엘의 모든 죄악이 길갈에 있다는 15절 말씀도 마찬가지 시각에서 이해할 수 있다. 호세아는 야웨 하나님이 이스라엘의 그러한 악을 기억하시고 그 죄를 벌하실 것이라고 예언한다(9b절).

Hosea, 222.
22) NIV, "The prophet, along with my God, is the watchman over Ephraim, yet snares await him on all his paths, and hostility in the house of his God"; NRSV, "The prophet is a sentinel for my God over Ephraim, yet a fowler's snare is on all his ways, and hostility in the house of his God." 다수의 구약학자들도 마찬가지 견해를 보인다: Mays, *Hosea*, 128, 130; Andersen and Freedman, *Hosea*, 515; Davies, *Hosea*, 221-222. 호세아는 여기서 자신을 익명의 예언자로 표현하면서도 중간에 잠시 1인칭을 사용함으로써 자신이 야웨께 속한 사람임을 강조한 것으로 보인다: Mays, *Hosea*, 130.
23) Wolff, *Hosea*, 158; Andersen and Freedman, *Hosea*, 534-535; Stuart, *Hosea-Jonah*, 146-147; Davies, *Hosea*, 223.
24) Mays, *Hosea*, 131.

하나님의 세 가지 심판(9:10-14)

(9:10) 옛적에 내가 이스라엘을 만나기를 광야에서 포도를 만남 같이 하였으며, 너희 조상들을 보기를 무화과나무에서 처음 맺힌 첫 열매를 봄 같이 하였거늘, 그들이 바알브올에 가서 부끄러운 우상에게 몸을 드림으로 저희가 사랑하는 우상 같이 가증하여졌도다.
(9:11) 에브라임의 영광이 새 같이 날아가리니 해산하는 것이나 아이 배는 것이나 임신하는 것이 없으리라.
(9:12) 혹 그들이 자식을 기를지라도 내가 그 자식을 없이하여 한 사람도 남기지 아니할 것이라. 내가 그들을 떠나는 때에는 그들에게 화가 미치리로다.
(9:13) 내가 보건대 에브라임은 아름다운 곳에 심긴 두로와 같으나 그 자식들을 살인하는 자에게로 끌어내리로다.
(9:14) 여호와여 그들에게 주소서. 무엇을 주시려 하나이까? 아이 배지 못하는 태와 젖 없는 유방을 주시옵소서.

1-9절이 이스라엘을 2인칭 또는 3인칭으로 칭하되 하나님을 3인칭으로 칭하면서 이스라엘의 죄악을 비판하는 호세아의 예언 메시지를 담고 있다면, 10-17절은 하나님을 줄곧 1인칭으로 칭함으로써 하나님이 직접 이스라엘을 향하여 말씀하시는 형식을 취하고 있다. 그리고 10-17절 단락은 이스라엘을 향한 하나님의 사랑과 이스라엘의 배은망덕함에 대해서 언급하는 10-14절과 왕족을 포함하는 지도자들의 죄악과 그들에게 임할 심판에 대해서 언급하는 15-17절의 두 세부 단락으로 나누어진다.

여기서 다루는 10-14절 단락은 하나님께서 직접 말씀하시는 내용인 10-13절과 호세아의 기도문인 14절의 두 부분으로 이루어져 있다. 먼저 10절에서 호세아는 이스라엘을 향한 하나님의 깊은 사랑에 대해서 언급한다. 여기서 그가 말하는 광야, 곧 옛적에 야웨께서 이스라엘을 만나셨던 광야는 어떠한 곳인가? 그곳은 이스라엘 민족의 역사가 시작된 곳이요, 하나님의 이스라엘 선택이 맨 처음 시작된 곳이다(신 32:10; 렘 2:2-3; 겔 16:6-14).[25] 부족과 결핍의 땅인 광야는 인간의 생존이 불가능한 곳이지만, 역설적으로 이스라엘이 하나님의 은혜와 사랑에 힘입어 계약 관계를 맺은 자리인 것이다.

이처럼 긍정적인 의미를 갖는 광야에 대한 10절 상반절의 언급은 똑같은 광야에서 발생한 부정적인 사건, 곧 하반절의 바알 브올 사건을 예비하는 성격을 갖는다. 옛적에 하나님은 이스라엘을 만나실 때 광야에서 포도를 만남 같이 하셨다. 광야에서 포도를 만난다는 것은 지극히 드문 일이다. 이것은 하나님이 얼마나 이스라엘을 귀하게 보셨는지, 그리고 어떠한 마음으로 그들을 사랑하셨는지를 상징적으로 보여 주는 말씀이 아닐 수 없다. 10절 중반절의 무화과나무에 대한 언급도 마찬가지이다(참조. 2:12[H 2:14], "나를 사랑하는 자들이 내게 준 값이라 하던 그 포도나무와 무화과나무"). 하나님은 이스라엘을 만나시되 무화과나무에서 처음 맺힌 첫 열매를 봄과 같이 하셨던 것이다.

하나님의 이처럼 지극한 사랑에 대한 이스라엘의 반응은 어떠했는가? 호세아는 그것을 가장 잘 보여 주는 것이 그들의 우상 숭배 행위와 관련된 바알 브올 사건이라고 말한다. 그는 이스라엘이 바알 브올에 가서 "부끄러운 우상"('보쉐트'; shame)에게 몸을 바침으로써[26] 자기들이 사랑하는 우상 같이 가증스러워졌다고 말한다. 그런데 민수

---

25) Wolff, *Hosea*, 164; Mays, *Hosea*, 132-133; Andersen and Freedman, *Hosea*, 540; Stuart, *Hosea-Jonah*, 151.
26) "몸을 바치다"를 뜻하는 낱말은 '나자르' 동사의 니팔형으로서, 하나님께 자기 삶을 바친 나실인('나지르')의 어근에 해당하는 바, 호세아는 이 동사를 이방 신과의 결합을 뜻하는 낱말로 사용하고 있다: Wolff, *Hosea*, 165.

기 25장에 의하면, 사실 바알 브올 사건은 제의적이고 성적인 범죄 행위와 관련되어 있다. 이스라엘이 싯딤에 머물 때 모압 여자들과 음행하였고 그 여자들을 따라 바알 브올을 비롯한 그들의 신들에게 절했다는 사실이 그 점을 뒷받침한다.27) 호세아는 아마도 바알 브올 사건의 성적인 범죄 행위를 이스라엘의 가증스러운 풍요제의 참여와 관련시키면서, 조상들의 범죄가 호세아 자신의 세대에게까지 영향을 주었음을 강조하고자 했을 것이다(참조. 렘 13:27).28)

이처럼 가증한 죄에 대한 하나님의 심판은 어떠한가? 호세아는 11-14절에서 그들에게 임할 하나님의 철저한 심판을 선포한다. 앞서 (7:11-12) 그는 이스라엘이 어리석은 비둘기처럼 이집트와 앗수르로 가지만 하나님이 그물을 쳐서 공중의 새처럼 떨어뜨리실 것이라고 말한 바가 있다. 그런데 여기서는 에브라임의 영광이 새처럼 날아가 버릴 것이라고 예언한다. 11절 하반절이 인구 감소에 대해 언급하는 것으로 보아, 에브라임의 영광은 이스라엘 백성을 가리킬 것이다.29) 이사야 21:16에서 영광이 게달 지역의 백성을 가리키는 것처럼 말이다.

그러나 시각을 달리해서 본다면, 에브라임의 영광은 그들의 하나님이신 야웨 자신을 가리킬 수도 있다. 엘리 제사장의 며느리는 과거에 이스라엘이 블레셋과의 전쟁에서 법궤를 빼앗겼을 때 "영광이 이

---

27) Andersen and Freedman, *Hosea*, 537. 시편 106:28-29는 "그들이 또 브올의 바알과 연합하여 죽은 자에게 제사한 음식을 먹어서 그 행위로 주를 격노하게 함으로써 재앙이 그들 중에 크게 유행하였도다"고 말한다. 그런가 하면 여호수아 22:17은 요단 동편의 세 지파인 르우벤 지파와 갓 지파 및 므낫세 반 지파 등이 쌓은 단에 대하여 책망하면서, "브올의 죄악으로 말미암아 여호와의 회중에 재앙이 내렸으나 오늘까지 우리가 그 죄에서 정결함을 받지 못하였거늘"이라고 말한다.
28) Wolff, *Hosea*, 165.
29) Wolff, *Hosea*, 166; Mays, *Hosea*, 133.

스라엘에서 떠났다"고 말한 적이 있다(삼상 4:21-22). 이것도 결국은 야웨께서 이스라엘을 떠나셨음을 우회적으로 표현한 것이 아닐 수 없다. 호세아도 어쩌면 야웨께서 범죄한 이스라엘을 떠나가실 것임을 그렇게 예언했을지 모른다. 호세아가 12절 하반절에서 "내가 그들을 떠나는 때에는"이라는 표현을 사용한 것도 같은 맥락에서 이해할 수 있을 것이다.30)

하나님이 이스라엘을 떠나시면 어떠한 결과가 초래되는가? 가장 먼저 언급할 수 있는 것이 바로 인구의 현저한 감소이다.31) 11절 하반절이 그 점을 잘 보여 준다. 아기가 태어나는 일도 없고, 여인들이 잉태하거나 임신하는 일도 없을 것이다(barrenness). 이러한 인구 감소의 형벌은 12절까지 이어진다. 설령 이스라엘이 자식을 기를지라도 하나님은 그들을 다 없이하여 한 사람도 남기지 않으실 것이다(childlessness, 12a절). 하나님이 그들, 곧 자녀를 잃은 부모를 떠나시면 (godlessness) 인구 감소를 비롯한 온갖 재앙이 그들에게 닥칠 것이다 (12b절).

하나님이 그들에게 내리실 인구 감소의 재앙은 13-14절까지 계속된다. 호세아가 보기에 에브라임은 한때 "아름다운 곳에 심긴 두로"32)와도 같은 민족이었지만(참조. 10:1; 시 80:8-19),33) 지금은 자기

---

30) Andersen and Freedman, *Hosea*, 542-543; Davies, *Hosea*, 227-228.
31) 이스라엘의 회복에 대해서 예언하는 1:10(미 2:12)이 인구의 현저한 증가를 강조하고 있다는 사실이 이 점을 뒷받침하는 것으로 보인다.
32) 개역 개정판이나 표준 새번역, NIV, NASB 등은 이러한 번역을 따르지만, Wolff, *Hosea*, 160; Mays, *Hosea*, 131; Davies, *Hosea*, 228은 이 구절을 70인역에 맞추어 번역하고 있다: "에브라임은 자기 자식들을 사냥꾼에게 넘겨주었다." 반면에 Andersen and Freedman, *Hosea*, 536은 "두로"를 "a fig tree"로, 그리고 NRSV는 "a young palm"으로 번역하고 있다.
33) 사람을 나무에 비교하는 표현은 시편 128:3에서도 발견된다. 이 본문은 아

자식들을 살인하는 자('호렉'; slaughter)에게 끌어내는 민족이 되고 말았다(13절). 학자들에 따라서는 13절의 이러한 설명이 이방 신에게 자녀를 불살라 바치는 인신 제사를 가리킨다고 보는 견해도 있지만 (시 106:37-38; 겔 20:26, 31), 인신 제사 풍습은 어디까지나 이스라엘이 가나안 정착 시기에 가나안 원주민들의 종교 행습을 따라서 행하곤 했던 과거의 죄악일 뿐이지, 하나님이 장차 이스라엘에게 내릴 심판은 아니기 때문에 이러한 견해는 옳지 않다. 도리어 그것은 이스라엘의 자녀들이 이방 민족인 앗수르의 침략 전쟁에 의하여 희생될 것임을 암시하는 메시지로 읽어야 할 것이다.34)

호세아가 선포하는 이러한 심판은 14절의 기도문에 의해서 그 흐름이 잠시 중단되는 것처럼 보이지만, 인구 감소를 뜻하는 형벌의 메시지는 이 기도문과 잘 연결되어 있다. 호세아는 아버지의 시각을 담고 있는 13절과는 달리 어머니의 시각에 초점을 맞추고 있는35) 14절 상반절의 기도문에서 아모스(7:1-6)나 예레미야(15:11)처럼 이스라엘을 위해 직접적인 중재 기도를 드리지는 못했지만, 하나님의 입장을 대변해야 하는 예언자의 직무와 이스라엘의 입장을 대변해야 하는 중재자 직무 사이에서 고민한 끝에,36) 11-12절에 언급된 하나님의 세 가지 심판(barrenness, childlessness, godlessness) 중에서도 가장 약한 것을 하나님께 요청한다.37) 이처럼 우회적으로 표현된 그의 중재 기도문은 상반절과 하반절에 있는 두 가지의 청원("여호와여, 그들에게

내를 결실한 포도나무에 비교하며, 식탁에 둘러앉은 자식들은 어린 감람나무와 같다고 설명한다(참조. 창 49:22; 시 52:8; 겔 19:10-14 등).
34) Wolff, *Hosea*, 166.
35) Stuart, *Hosea-Jonah*, 153.
36) Mays, *Hosea*, 134-135.
37) Wolff, *Hosea*, 166-167.

주소서"; "아이 배지 못하는 태와 젖 없는 유방을 주시옵소서")과 중반절에 있는 한 가지 질문("무엇을 주시려 하나이까?")으로 이루어져 있다. 이 기도문의 두 번째 청원에서 호세아는 11절과 똑같은 어조로 불임으로 인한 이스라엘의 인구 감소를 형벌로 주실 것을 간구한 것이다.

그릇된 지도자들(9:15-17)

(9:15) 그들의 모든 악이 길갈에 있으므로 내가 거기에서 그들을 미워하였노라. 그들의 행위가 악하므로 내 집에서 그들을 쫓아내고 다시는 사랑하지 아니하리라. 그들의 지도자들은 다 반역한 자니라.
(9:16) 에브라임은 매를 맞아 그 뿌리가 말라 열매를 맺지 못하나니 비록 아이를 낳을지라도 내가 그 사랑하는 태의 열매를 죽이리라.
(9:17) 그들이 듣지 아니하므로 내 하나님이 그들을 버리시리니 그들이 여러 나라 가운데에 떠도는 자가 되리라.

앞의 10-14절 단락이 하나님의 직접적인 말씀(10-13절)과 심판 선고의 의미를 갖는 호세아의 기도문(14절)으로 이루어진 것과 비슷하게, 15-17절 단락도 하나님의 직접적인 말씀(15-16절)과 호세아의 심판 선고(17절)로 이루어져 있다. 볼프의 견해처럼 17절을 기도문으로 이해할 경우에는, 10-14절 단락과 15-17절 단락이 똑같이 하나님의 직접적인 말씀과 호세아의 기도문으로 구성되어 있다고 볼 수 있다.38)

앞 단락(10-14절)에서 하나님의 심판을 선고하던 호세아는 15절에서 이스라엘의 모든 악이 길갈에 있음을 강조한다. 아모스 4:4; 5:5 역시 이스라엘의 유명한 성지 순례 장소들 중의 하나인 길갈이 죄악

---

38) 볼프는 17절도 기도문으로 이해하여 기도문 형식으로 번역한다: Wolff, *Hosea*, 161.

의 도성임을 강조한 바가 있다. 이는 조상들의 신앙을 생각하면서 자신을 돌이켜보는 귀한 성지 순례의 장소가 이제는 종교적인 혼합주의나 우상 숭배의 중심지가 되고 말았음을 비난하는 메시지가 아닐 수 없다(4:15). 아마도 호세아는 아모스의 이러한 메시지를 그대로 계승하였을 것이다. 그런데 흥미롭게도 길갈은 이스라엘 백성이 사울을 초대 왕으로 임명한 곳이기도 하다(삼상 11:14-15). 따라서 이스라엘의 모든 악이 길갈에 있다는 비판 메시지는 이스라엘의 왕정 자체가 모든 악의 근원임을 지적하는 메시지일 수도 있다.39)

길갈과 관련된 이스라엘의 원천적인 죄악으로 인하여 하나님은 거기에서부터 그들을 미워하였으며, 그들의 행위가 악하기에 "내 집"(8절, "야웨의 집"), 곧 이스라엘 백성의 거주지인 가나안 땅40)에서 그들을 쫓아내시고 그들을 다시는 사랑하지 않으실 것이다. 하나님이 이렇게 하실 것은 무엇보다도 이스라엘의 지도자들('싸림')이 한결같이 반역한 자들이었기 때문이다. 이로 인하여 그들에게 임할 심판을 호세아는 16절에서 다시금 인구 감소의 측면과 관련시켜 언급한다. 한 그루의 나무와도 같은 에브라임은 하나님의 심판을 받아 그 밑동이 찍히는 바람에 뿌리가 말라 열매를 맺지 못할 것이요(barrenness), 설령 자식을 낳는다 하여도 하나님께서는 그들이 사랑하는 태의 열매를 죽게 하실 것이다(childlessness).

그 뿐이 아니다. 이스라엘이 하나님의 말씀을 듣지('샤마') 않은 까닭에 하나님("내 하나님")은 그들을 버리실 것이다(godlessness, '마

---

39) Wolff, *Hosea*, 167; Mays, *Hosea*, 136; Stuart, *Hosea-Jonah*, 153-154; 김철현, 『예언자 연구』, 77.
40) 거의 모든 학자들이 이러한 견해를 보인다: Wolff, *Hosea*, 167; Mays, *Hosea*, 136; Andersen and Freedman, *Hosea*, 545; Stuart, *Hosea-Jonah*, 154; Davies, *Hosea*, 230.

아스'). 그렇게 되면 이스라엘은 여러 나라('고임') 가운데 떠도는 자가 되어 계약 백성으로서의 정체성을 완전히 상실할 것이다(17절; 7:8; 8:8). 17절의 이러한 메시지는 호세아가 11-12절에서 점층적으로 강조하던 심판의 세 가지 차원(11-12절), 곧 불임(barrenness)과 자녀의 죽음(childlessness) 및 하나님의 버리심(godlessness) 등을 완결짓는 것으로서, 이스라엘의 파멸이 인구 감소의 차원에서 이루어질 것이요, 하나님의 떠나심으로 인하여 그들의 파멸이 완성될 것임을 암시하고 있다. 이것은 또한 하나님이 14절에 우회적으로 표현되어 있는 호세아의 중재 기도를 거부하실 것임을 분명하게 보여 주고 있다.

벧아웬의 송아지(10:1-8)

(10:1) 이스라엘은 열매 맺는 무성한 포도나무라. 그 열매가 많을수록 제단을 많게 하며 그 땅이 번영할수록 주상을 아름답게 하도다.
(10:2) 그들이 두 마음을 품었으니 이제 벌을 받을 것이라. 하나님이 그 제단을 쳐서 깨뜨리시며 그 주상을 허시리라.
(10:3) 그들이 이제 이르기를, "우리가 여호와를 두려워하지 아니하므로 우리에게 왕이 없거니와 왕이 우리를 위하여 무엇을 하리요" 하리로다.
(10:4) 그들이 헛된 말을 내며 거짓 맹세로 언약을 세우니 그 재판이 밭이랑에 돋는 독초 같으리로다.
(10:5) 사마리아 주민이 벧아웬의 송아지로 말미암아 두려워할 것이라. 그 백성이 슬퍼하며 그것을 기뻐하던 제사장들도 슬퍼하리니 이는 그의 영광이 떠나감이며,
(10:6) 그 송아지는 앗수르로 옮겨다가 예물로 야렙 왕에게 드리리니 에브라임은 수치를 받을 것이요 이스라엘은 자기들의 계책을 부끄러워할 것이며,
(10:7) 사마리아 왕은 물 위에 있는 거품 같이 멸망할 것이며,
(10:8) 이스라엘의 죄 곧 아웬의 산당은 파괴되어 가시와 찔레가 그

제단 위에 날 것이니, 그 때에 그들이 산더러 "우리를 가리라" 할 것이요 작은 산더러 "우리 위에 무너지라" 하리라.

10장의 전반부에 해당하는 1-8절은 전체적으로 보아 9:1-6과 마찬가지로 이스라엘의 신앙적인 탈선을 다루고 있다. 양 본문에 차이가 있다면, 9:1-6이 이스라엘의 종교적인 축제들이나 절기들과 관련된 이스라엘의 범죄를 다루고 있다면, 10:1-8은 벧엘의 금송아지를 포함하는 이스라엘의 우상 숭배 행위를 다루고 있다는 점이다. 그리고 인칭 변화가 다양한 9:1-6 단락과는 달리, 10:1-8 단락은 계속해서 이스라엘을 3인칭 남성 복수형으로 칭하고 있다는 점에서 차이를 보인다. 그런가 하면 10:1-8 단락은 야웨께서 1인칭으로 직접 말씀하시는 내용을 전혀 가지고 있지 않다. 10:9 이하에 가서야 비로소 그러한 내용이 나온다.

호세아는 1절에서 이스라엘이 "자신을 위하여"('로')[41] 열매 맺는 무성한 포도나무라고 말한다. 이러한 표현은 북왕국의 국운이 왕성하던 여로보암 2세 시대의 상황을 가리키는 것으로 보인다. 그러한 성공과 번영은 전적으로 야웨 하나님의 은총에 힘입어서 된 것인데(2:8[H 2:10]; 시 80:8-11), 이스라엘은 하나님을 배제한 채로 순전히 자신만을 위하여 그러한 열매를 맺었을 뿐이다(8:14). 더 나아가서 이스라엘은 그것을 바알의 은덕에 힘입은 것으로 보아(2:5[H 2:7]), 바알을 위한 제단을 많이 쌓고 바알을 상징하는 신성한 돌기둥들(sacred stone pillars)[42]을 아름답게 치장하였다(1절; 8:11; 12:11[H 12:12]; 참조.

---

41) 개역 개정판은 영어 번역본들("for himself")과는 달리 "자신을 위하여"를 뜻하는 '로'를 전혀 번역하지 않고 있다.
42) 바알 신상을 가리키는 '마체바'(sacred stone[NIV] 또는 stone pillar[NASB]; "돌기둥," 표준 새번역)의 복수형이 사용되고 있다. 개역 개정판은 이를

겔 16:15-29).

　　호세아는 그들의 마음('렙')이 거짓되어서('할라크')[43] 이제 죄값을 받게 될 것이라고 말하면서, 하나님이 친히[44] 그들의 제단들을 파괴하시고 그들의 돌기둥들을 부수실 것이라는 심판을 선고한다(2절). 참으로('키')[45] 이제 그들은 자기들이 야웨를 두려워하지 않음으로 인하여 심판과 벌을 받는 바람에 왕정 제도가 사라져버린 상황에 대해 언급하면서, 설령 왕이 있다고 해도 이제는 그가 자기들을 위하여 아무런 일도 할 수 없을 것이요, 하나님의 심판으로부터 자기들을 구해 낼 수 없을 것임을 탄식해마지 않을 것이다(3절).[46] 대체 어떠한 점에

"주상"(柱像)으로 번역하고 있는 바, '마체바'에 대해서는 필자의 다음 글을 참조: "돌기둥 '마체바'와 야웨 제의," 『고대 근동 세계와 이스라엘 종교』, 236-264.

43) 개역 개정판은 '할라크'를 "그들이 두 마음을 품었다"로 번역하지만, 적절치 않다. 3-4절에서 보듯이 이스라엘은 이미 야웨를 버리는 쪽으로 마음을 확실하게 정하였기 때문이다. 사전적인 의미에서 본다면, '할라크'는 "파악하기 어려운, 믿을 수 없는, 사람을 속이는"("false"=Wolff, *Hosea*, 170; Andersen and Freedman, *Hosea*, 547, 552; Davies, *Hosea*, 235; NRSV; Limburg, 『호세아-미가』, 74; "deceitful"=NIV; "faithless"=NASB; "tricky"=Mays, *Hosea*, 137; "deceptive"=Stuart, *Hosea-Jonah*, 156) 등의 의미를 가진 낱말이다. 표준 새번역은 적절하게도 이 낱말을 "거짓으로 가득 차 있다"로 번역하고 있다.

44) 개역 개정판에서 "쳐서 깨뜨리다"로 번역된 히브리어 동사 '야아로프'("he will break down") 안에 이미 3인칭 남성 단수형의 의미가 포함되어 있지만, 호세아는 3인칭 남성 단수 인칭 대명사('후')를 동사 앞에 사용함으로써 '야아로프' 동사의 행위 주체인 하나님의 파괴적인 심판을 강조하고 있다. 물론 히브리어 본문에는 "하나님"을 뜻하는 '엘로힘'은 없고 단지 '후 야아로프'("다른 누가 아닌 바로 그가 쳐서 깨뜨리실 것이다")라는 구절만 있을 뿐이다.

45) 맛소라 본문의 '키'(surely, indeed)가 개역 개정판에는 반영되어 있지 않다.

46) Mays, *Hosea*, 140; Stuart, *Hosea-Jonah*, 160. 표준 새번역이 본절의 의미를 잘 전달해 주고 있다: "'우리가 주님 두려운 줄 모르고 살다가, 임금도

서 왕정은 그토록 무기력한 것인가? 4절의 비판 예언이 그 점을 분명하게 보여 준다. 이스라엘의 왕들은 실천이 뒤따르지 않는 헛된 말을 내며47) 하나님의 이름을 빙자한 거짓 맹세로 백성과 더불어 언약('브리트')을 세웠고(참조. 삼하 3:21; 5:3), 그로 인하여 재판 또는 정의('미슈파트')가 밭이랑에 돋는 독초 같이 되고 말았다(4절; 암 5:7; 6:12).

설상가상으로 이제 사마리아 거주민들은 벧아웬(4:15; 5:8)의 송아지48)로 말미암아 두려움에 사로잡힐 것이다. 그 까닭은 그의 백성이 그 송아지에 대하여 슬퍼할 것이요, 그 송아지 우상을 기뻐하던 제사장들도 값비싼 금으로 만들어진 그것의 영화로움('카보드')이 떠나감으로 인하여 슬퍼할 것이기 때문이다(5절). 그들이 보기에 장차 바알 신상에게 당할 이러한 일들은 풍요의 신 바알의 죽음을 뜻하는 것

못 모시게 되었지만, 이제 임금이 있은들 무엇에다가 쓰랴?' 하며 한탄할 날이 올 것이다." 그러나 앤더슨과 프리드만은 3절의 왕이 이스라엘의 참된 왕이신 야웨 하나님을 가리키기 때문에, 3절 본문은 하나님의 왕권을 인정하지 않은 이스라엘의 반역 행위를 표현하고 있다고 본다: Andersen and Freedman, *Hosea*, 553.
47) 문맥에 비추어볼 때 '디쁘루 드바림'(they utter words)은 말만 많을 뿐 행동이 따르지 않는 경우를 가리키는 것으로 보인다: "They utter mere words"(NRSV; Davies, *Hosea*, 236); "They speak mere words"(NRSB Mays, *Hosea*, 140). 반면에 '드바림'을 "약속들"(promises)로 보려는 견해(NIV)도 있다: Andersen and Freedman, *Hosea*, 547, 554.
48) 맛소라 본문은 여성 복수 형태('에글로트')를 사용하고 있으나 BHS 비평장치는 70인역을 비롯한 다른 사본들을 따라 단수형('에겔')으로 고쳐 읽을 것을 제안한다(NIV, NASB, NRSV; Wolff, *Hosea*, 171; Mays, *Hosea*, 138; Stuart, *Hosea-Jonah*, 156). 그러나 앤더슨과 프리드만은 이 복수형을 사마리아의 송아지(8:5-6)가 대표하는 남신의 배우자 여신으로 이해한다: Andersen and Freedman, *Hosea*, 555. 어쩌면 호세아는 사마리아의 송아지를 조롱하기 위하여 여성 복수 형태를 사용했을 수도 있다: Davies, *Hosea*, 237.

이나 마찬가지 의미를 가지고 있었을 것이다. 그 까닭에 호세아는 그들이 평소에 풍요와 다산의 회복을 위하여 바알의 죽음을 애곡해 온 것처럼, 바알 신상에게 닥칠 비극적인 운명으로 인하여 두려움에 사로잡힌 채로 그것의 부재(不在)에 대하여 크게 애곡할 것임을 조롱하는 투로 예언하고 있다.49)

특히 호세아는 5절에서 이스라엘 백성과 바알 제사장들('크마림')50)의 애도 행위를 '아발' 동사로 표현하고, 바로 이어지는 전치사 '알'에 3인칭 남성 단수 인칭 접미어(his/its)가 붙은 '알라우'(over it)를 두 번에 걸쳐 사용함으로써, 그들의 행동이 바알을 위한 것임을 분명하게 밝힘과 아울러, 그러한 행동이 그들 자신에게 매우 친숙한 것이었음을 드러내고 있다. 또한 그는 사마리아 거민들에 의해 대표되는 이스라엘 백성을 "그의 백성"('암모')으로 칭함으로써, 그들이 야웨 하나님의 계약 백성이 아니라 송아지 형상의 바알에게 속한 자들임을 비판하고 있다.

그러나 그들이 그렇게 열심히 섬기던 그 송아지는 앗수르로 옮겨져서 야렙 왕(5:13), 곧 앗수르의 디글랏 빌레셀 3세에게 예물('미느하')로 바쳐질 것이다. 이로 인하여 에브라임은 수치를 받을 것이요, 이스라엘은 바알을 비롯한 이방 신들이나 강대국에 의존하고자 했던 자기들의 종교적이고 정치적인 계책('에차')51)을 부끄러워할 것이다(6

---

49) Hvidberg, *Weeping and Laughter in the Old Testament*, 99-100; Mays, *Hosea*, 141; Wolff, *Hosea*, 175; Andersen and Freedman, *Hosea*, 555; Stuart, *Hosea-Jonah*, 161-162.
50) '크마림'은 본래 셈족어권에서 제사장을 지칭하는 낱말이나 구약에서는 오로지 우상을 숭배하는 제사장들을 지칭하는 데만 사용한다(왕하 23:5; 습 1:4): Wolff, *Hosea*, 175; Davies, *Hosea*, 237.
51) Wolff, *Hosea*, 176; NSAB가 이를 따르고 있다(counsel). NRSV는 각주에서 그렇게 번역할 수도 있음을 밝히고 있다. 그러나 맛소라 본문의 BHS 비

절). 이러한 심판 선고는 바알 신상 자체가 아무런 힘도 쓰지 못한 채로 무기력하게 앗수르 왕에게 노략물 또는 전리품으로 진상될 것임을 밝히고 있다는 점에서, 바알 종교의 허구성을 매우 적나라하게 폭로한 메시지가 아닐 수 없다.

그런가 하면 사마리아의 왕[52])은 물 위에 있는 거품('케체프')[53])처럼 멸망하되, 홍수와도 같이 북왕국을 침공한 앗수르의 군대에 의하여 멸망할 것이요(7절), 불법적인 제의의 중심지들이요 이스라엘의 죄를 대표하는 아웬[54])의 산당들('바모트'; '바마'의 복수형)은 파괴되어 가

평장치는 '에차'를 '아찹'("우상")으로 읽을 것을 제안하는 바, NIV와 NRSV 및 표준 새번역; Andersen and Freedman, *Hosea*, 558 등이 이를 따르고 있다: "이스라엘은 우상을 섬긴 일로 수치를 당하고야 말 것이다." 반면에 데이비스는 "우상"(idol)으로 번역하면서도 맛소라 본문의 "계책"도 그 나름의 의미를 가지고 있다고 본다: Davies, *Hosea*, 238.

52) 북왕국의 마지막 왕인 호세아를 가리킬 것이다(왕하 17:4): Wolff, *Hosea*, 176. 반면에 메이스는 그것이 5절에 언급된 벧아웬의 송아지를 가리킨다고 본다: Mays, *Hosea*, 142. 그리고 "사마리아의 왕"과 관련된 번역에 있어서 한 가지 주목할 것은, '니드메 쇼므론 말르카흐 케체프 알-프네-마임'라는 구문에서 '쇼므론'(Samaria)과 '말르카흐'(its king)를 한데 묶어서 "사마리아의 왕"으로 번역할 수도 있고(Andersen and Freedman, *Hosea*, 548; Davies, *Hosea*, 238; NRSV; 개역 개정판) 분리시켜서 "사마리아는 파괴되고 그곳의 왕은"으로 번역할 수도 있다는 점이다(Wolff, *Hosea*, 171; Stuart, *Hosea-Jonah*, 157; 표준 새번역). 반면에 메이스는 "From Samaria its king"으로 번역한다: Mays, *Hosea*, 138. 그런가 하면 NIV는 "Samaria and its king"으로, 그리고 NASB는 "Samaria… with her king"으로 번역한다.

53) 대부분의 번역성서와 주석들이 '케체프'를 "나무토막"(표준 새번역)으로 번역하고 있다: "a twig"=NIV; Wolff, *Hosea*, 171; Stuart, *Hosea-Jonah*, 157; "a stick"=NASB; "a chip"=NRSV; Davies, *Hosea*, 239; "a broken branch"= Mays, *Hosea*, 138.

54) NRSV와 NASB 및 개역 개정판; Andersen and Freedman, *Hosea*, 548; Davies, *Hosea*, 239 등은 아웬을 고유명사로 음역하지만, NIV; Mays, *Hosea*, 138은 아웬을 보통명사로 이해하여 "사악함"(wickedness)으로 번역

시와 찔레가 그 제단 위에 날 것이다(참조. 9:6). 그렇게 되면 이스라엘 백성은 더 이상 살 소망을 잃은 나머지 산들을 향하여 "우리를 가리라"고 말할 것이요, 작은 산들을 향하여 "우리 위에 무너져라"고 말할 것이다(8절). 예수께서는 골고다를 향해 가던 도중에 우는 여인들을 향하여 8절 하반절의 말씀을 인용하신 바가 있다: "그 때에 사람이 산들을 대하여 '우리 위에 무너지라' 하며, 작은 산들을 대하여 '우리를 덮으라' 하리라"(눅 23:30; 참조. 계 6:16).

전쟁을 통한 심판(10:9-15)

(10:9) 이스라엘아, 네가 기브아 시대로부터 범죄하더니, 지금까지 죄를 짓는구나. 그러니 범죄한 자손들에 대한 전쟁이 어찌 기브아에서 일어나지 않겠느냐?

(10:10) 내가 원하는 때에 그들을 징계하리니 그들이 두 가지 죄에 걸릴 때에 만민이 모여서 그들을 치리라.

(10:11) 에브라임은 마치 길들인 암소 같아서 곡식 밟기를 좋아하나 내가 그의 아름다운 목에 멍에를 메우고 에브라임 위에 사람을 태우리니 유다가 밭을 갈고 야곱이 흙덩이를 깨뜨리리라.

(10:12) 너희가 자기를 위하여 공의를 심고 인애를 거두라. 너희 묵은 땅을 기경하라. 지금이 곧 여호와를 찾을 때니 마침내 여호와께서 오사 공의를 비처럼 너희에게 내리시리라.

(10:13) 너희는 악을 밭 갈아 죄를 거두고 거짓 열매를 먹었나니 이는 네가 네 길과 네 용사의 많음을 의뢰하였음이라.

(10:14) 그러므로 너희 백성 중에 요란함이 일어나며 네 산성들이 다 무너지되, 살만이 전쟁의 날에 벧아벨을 무너뜨린 것 같이 될 것이라.

한다: Wolff, *Hosea*, 171(transgression). 데이비스는 아웬이 벧아웬(벧엘)의 줄인 표현임이 분명하다고 보면서도, 문맥에 비추어 본다면 "사악함"을 뜻하는 낱말로 이해할 필요가 있다고 본다: Davies, *Hosea*, 240.

그 때에 어머니와 자식이 함께 부서졌도다.
(10:15) 너희의 큰 악으로 말미암아 벧엘이 이같이 너희에게 행하리
니 이스라엘 왕이 새벽에 정녕 망하리로다.

이곳의 9-15절 단락은 야웨께서 1인칭으로 직접 말씀하시는 내용을 담고 있으며, 이스라엘을 2인칭 남성 단수로 칭하다가(9절) 3인칭 남성 복수(10절)와 3인칭 남성 단수(11절) 및 2인칭 남성 복수(12-13a절), 2인칭 남성 단수(13b-14절), 2인칭 남성 복수(15절) 등으로 다양하게 칭하고 있다. 9-10절에서 이스라엘의 죄악을 비판하고 고발한 호세아는 11-13a절에서 농사와 관계된 표상들을 사용하여 이스라엘의 죄악을 한층 구체적으로 드러낸다. 그리고 13b-15절에서는 군사적이고 정치적인 차원에서 이루어질 하나님의 심판에 대해서 언급한다.

호세아는 이처럼 다채로운 메시지들을 담고 있는 9-15절 단락에서 전쟁을 통한 심판의 메시지를 전하면서, 맨 먼저 이스라엘이 기브아의 시대로부터 범죄하였고 지금까지도 죄를 짓고 있다는 비판의 메시지를 전한다(9절). 이 메시지는 9:9에서처럼 사사기 19-21장의 기브아 사건을 가리킬 것이다. 그렇게 본다면 이것은 북왕국이 과거 기브아의 상황과 동일한 죄악 상황에 처해 있으나, 아직은 베냐민 지파가 당했던 징계와 같은 하나님의 심판은 만나지 않았다는 얘기가 된다. 물론 지금 당장은 아니지만 장차 하나님께서 "범죄한 자손들"에 대하여 기브아에서처럼 전쟁을 통한 징계를 실행에 옮기실 것임은 분명하다. 이 점을 호세아는 9절 하반절에서 의문문 형태로 표현하고 있다: "범죄한 자손들에 대한 전쟁이 어찌 기브아에서 일어나지 않겠느냐?"[55]

---

[55] 그러나 만일에 이곳의 기브아를 이스라엘의 초대 왕인 사울의 고향으로 본다면, 이스라엘은 왕정 수립 이후부터 하나님께 범죄하기 시작하여 지금까지 계속 동일한 범죄를 저지르고 있는 것으로 이해될 것이다: **Mays**,

자기 백성 이스라엘의 죄악에 대하여 하나님은 언제 벌을 내리시는가? 그는 자기 백성 이스라엘을 자신이 원하는 때에 징계하실 것이다. 그들이 야웨를 버리고 우상을 섬긴 두 가지 죄(double iniquity), 또는 과거에 기브아에서 범한 죄와 지금 기브아에서 범한 죄의 두 가지56)를 벌하실 것이다. 그가 정하신 벌은 이방 사람들('암밈'; 개역 개정판, "만민")을 한데 불러 모아 이스라엘을 치게 하시는 것이다(10절).

이어지는 11절에서 호세아는 에브라임을 집짐승에 비교한다. 그의 설명에 의하면, 에브라임은 마치 길들인 암소('에글라') 같아서 곡식 밟기를 좋아하는 바(11a절), 그들이 곡식 밟기를 좋아한다는 것은 소가 추수한 곡식을 밟아 떨면서 곡식을 마음껏 먹을 수 있는 즐거움을 가리킨다(신 25:4; 딤전 5:18; 고전 9:9). 이것은 북왕국 이스라엘이 토라가 요구하는 의무와 책임은 멀리하면서도, 율법이 허락한 복은 받고 싶어 하는 모습을 가지고 있음을 의미한다. 이에 하나님은 "완강한 암소('파라')"(4:16)와도 같은 에브라임의 아름다운 목에 멍에를 메우고 그 위에 사람을 태우심으로써, 유다로 하여금 밭을 갈고 야곱(두 왕국)으로 하여금 흙덩이를 깨뜨리는 써레질을 하게 하실 것이다(11b절).57)

이상의 심판 메시지에 더하여 호세아는 분위기를 바꾸어 회개를 촉구하는 메시지를 전하기도 한다(12절). 그는 이스라엘 백성에게 계약 개념의 본질을 실천하고 살 것을 그들에게 촉구한다. 공의('츠다

Hosea, 143.
56) Wolff, *Hosea*, 185; Davies, *Hosea*, 245; Stuart, *Hosea-Jonah*, 169. 이와는 달리 본문에 언급된 두 가지 죄는 기브아에서 있었던 베냐민 지파의 죄와 왕정 출범의 죄 두 가지를 가리킬 수도 있다: Mays, *Hosea*, 144.
57) 이곳의 "유다"는 최종 편집자에 의해 추가된 표현(Mays, *Hosea*, 145; Davies, *Hosea*, 246)이라기보다는 두 민족의 조상이라 할 수 있는 "야곱"과 더불어 하나님의 심판이 두 왕국 모두에게 미치는 것임을 암시하는 것일 수도 있다: Wolff, *Hosea*, 185.

카')를 심고 인애('헤쎄드')를 거두라는 메시지가 그렇다. 그러면서 그는 이제 그들이 야웨를 찾을 때이니 그들의 묵은 땅을 기경하라고 말한다. 그리하면 야웨께서 임하셔서 공의('체데크')를 비처럼 내릴 것이기 때문이다. 그러나 회개 촉구의 메시지는 그들에게서 아무런 반향도 일으키지 못한 것으로 보인다. 그래서인지 호세아는 다시금 비판과 고발의 메시지로 방향을 바꾼다. 호세아는 이스라엘이 하나님께서 원하시는 공의와는 정반대로 악을 밭 갈아 죄를 거두고 거짓 열매를 먹었다고 비난하면서, 그 이유를 그들이 자신의 길('데레크')[58]과 자기 용사들('깁보림')의 수가 많은 것을 의뢰하였음을 강조한다(13절).

이스라엘이 이처럼 하나님의 뜻을 따르고 그를 절대적으로 의지하기보다는 자신의 강한 군사력에만 의존하고자 하면(8:14) 어떠한 결과가 생겨나는가? 14절에 의하면, 이스라엘 백성 중에[59] 전쟁 시의 요란함(사 13:4; 17:12; 렘 51:55)이 일어나며 그들의 산성들이 다 무너지되, 살만이 전쟁의 날에 벧아벨을 무너뜨린 것 같이 되고 말 것이다.[60] 그 때에는 어머니와 자식이 함께 부서졌었다(14b절). 그런데 흥미롭게도 70인역은 벧아벨을 "여로보암의 집"으로 번역한다. 이 번역

---

58) 표준 새번역은 70인역('레켑')을 따르고자 하는 BHS 비평장치의 제안을 받아들여 '데레크'를 "병거"(chariots, '레켑')로 번역하며(Wolff, *Hosea*, 181; Mays, *Hosea*, 147; Davies, *Hosea*, 248; Stuart, *Hosea-Jonah*, 165), 이와 비슷하게 Andersen and Freedman, *Hosea*, 569; NRSV는 "power"로, 그리고 NIV는 "strength"로 번역한다.
59) 개역 개정판은 "네 백성 중에"('브암메카')를 "너희 백성 중에"로 잘못 번역하고 있다.
60) 호세아 시대의 사람들에게는 이 사건이 널리 알려져 있었겠지만, 이와 관련하여 현재 우리에게 남아 있는 자료는 전혀 없다. 디글랏 빌레셀의 비문 자료에 언급되는 모압의 살라마누(Salamanu)가 살만일 가능성도 없잖아 있다. 이 경우에 살만의 벧아벨 침공은 일종의 잔혹한 국경 분쟁에 해당하는 것이었을 수도 있다: Mays, *Hosea*, 149.

에 따른다면, 앞의 '살만'은 여로보암 2세의 아들 스가랴를 죽이고 여로보암의 집을 멸한 살룸(왕하 15:10, 13)을 가리킬 것이다. 아니면 그는 시리아와 북왕국의 예후를 이기고 기념비를 세운 앗수르의 살만에셀 3세이거나, 북왕국을 멸망시킨 살만에셀 5세(왕하 17:3)일 수도 있다. 당시의 역사적인 상황을 고려한다면 살만은 후자일 가능성이 높다.

마지막 15절에서 호세아는 이스라엘의 국가 성소인 벧엘을 호격으로 칭하면서(O Bethel),61) 이스라엘의 큰 죄악으로 인하여 하나님이 위에서 말한 것처럼 그들에게 행하실 것이라고 말한다. 그 결과 이스라엘의 왕은 전쟁이 시작되는 새벽녘에 틀림없이 잡혀 죽을 것이다. 실제로 앗수르의 살만에셀 5세는 앗수르를 배반하고서 이집트에 조공을 바치고자 한 북왕국의 마지막 왕 호세아를 포로로 잡아갔다(왕하 17:4). 아마도 호세아는 15절의 이스라엘 왕에 대하여 언급하는 중에 자신이 7절에서 언급한 바 있는 사마리아 왕을 염두에 두었을 것이다.62)

---

61) 개역 개정판은 "벧엘이"라고 서술문으로 번역하지만 문맥에 어울리지 않는다. Andersen and Freedman, *Hosea*, 561, 572는 "벧엘에서"(in Bethel)로 번역하지만, 표준 새번역이나 NRSV, NIV 등처럼 호격으로 보는 것이 적절할 것이다. 특히 주목할 것은 RSV가 70인역과 그에 기초한 BHS 비평장치의 제안을 따라 '벧엘'을 호격인 '벧-이스라엘'(the house of Israel, "이스라엘의 집"; Mays, *Hosea*, 148; Stuart, *Hosea-Jonah*, 166)로 번역했던 것을 NRSV가 벧엘의 호격으로 수정했다는 점이다. 그런가 하면 볼프는 호세아가 벧엘을 벧아웬으로 부른다는 사실(4:15; 5:8; 10:5)에 착안하여 "하나님의 집이여!"로 번역하고자 한다: Wolff, *Hosea*, 181. 만일에 이곳의 벧엘을 "하나님의 집"으로 번역하면, 그리고 12:4(H 12:5)의 벧엘이 70인역에서 벧아웬으로 번역되어 있다는 사실을 고려한다면, 호세아는 벧엘을 한 번도 칭하지 않은 셈이 된다.

62) Wolff, *Hosea*, 188.

3. 묵상과 적용

　가. 하나님이 출애굽 이후 광야 유랑 생활 중에 이스라엘 백성을 초막에서 살게 하신 것을 기념하는 절기인 초막절은 본래 7일 동안 신분 고하를 막론하고 모든 백성이 함께 즐기는 수확 축제였다. 그런데 바알 종교에 깊이 빠져 들어간 이스라엘은 이처럼 귀한 초막절의 의미를 무시한 채로, 풍요와 다산을 보증 받는다는 구실로 타작마당이나 술틀에서 풍요제의에 기초한 음행의 값을 좋아하였다. 이처럼 하나님을 떠나 음행의 길에 들어선 이스라엘의 신앙적인 탈선은 야웨 하나님께 바치는 그들의 제물을 무의미하게 만들었다. 그 결과 그들이 먹는 음식은 초상집에서 먹는 음식과 같이 부정한 것으로 간주되었다.
　하나님은 이스라엘의 이러한 죄악을 그대로 둘 수가 없었다. 그는 이스라엘이 수확 축제 기간에 자신을 역겹게 만드는 온갖 우상 숭배 행위에 빠져들지 못하게 하기 위하여 근본적인 조치를 취하실 것이다. 그들을 파멸에 붙이시고 주변 강대국들에 포로로 잡혀가게 하실 것이다. 또한 그들은 우상 숭배로 인하여 부정해진 까닭에 약속의 땅에 묻히지 못한 채로 이방인들의 땅에 장사됨으로써 불명예스러운 죽음을 당할 것이다. 남의 나라에 흩어져서 살아야 함으로 인하여 이제는 더 이상 기쁨과 즐거움의 축제를 누리지 못함은 물론이다. 하나님을 떠난 사람들의 말로(末路)는 항상 이렇다. 구속사의 중단은 물론이요 은혜로 주어진 모든 것들을 송두리째 빼앗기고 말 것이다. 이처럼 비극적인 이스라엘의 파멸과 몰락은 풍요의 시대를 살아가는 오늘의 기독교인들에게 소중한 신앙의 교훈이 될 것이다.

　나. 자기 백성 이스라엘을 향한 하나님의 강한 애착과 관심은 광

야에서 포도를 만나고 무화과나무의 첫 열매를 봄과도 같은 것이었다. 그는 그들을 압제와 속박의 땅에서 건지시고 친히 그들과 더불어 계약을 맺을 정도로 그들을 끔찍이도 사랑하셨다. 그러나 이스라엘은 하나님의 은혜와 사랑에 응답하는 삶을 살지 못했다. 그들은 자기들에게 주어진 풍성한 열매들과 삶의 윤택함으로 인하여 하나님께 영광을 돌리기는커녕 바알을 비롯한 다른 신들에게 더욱 매달리는 그릇된 모습을 보였다. 하나님의 은혜로 번성을 거듭하면 할수록 그들은 이방 신들을 섬기기 위한 제단을 더 많이 만들었으며 돌기둥들도 많이 깎아 세웠다. 또한 그들은 일상생활 속에서 토라에 순종하는 삶을 통하여 공의를 심고 인애를 거두어야 했음에도 불구하고 악을 밭 갈아 죄를 거두고 거짓의 열매를 먹는 배은망덕한 모습을 보였다. 벧아웬의 금송아지는 그러한 배은망덕함의 극치에 해당하는 것이었다.

그러나 하나님은 넘치는 은혜와 사랑에 대한 이스라엘의 배신행위를 결코 그대로 두지 않으신다. 그는 우상 숭배의 중심지인 산당들과 제단들 및 돌기둥들을 파괴하실 것이요, 이스라엘이 그토록 귀하게 여기던 벧아웬의 금송아지는 강한 나라에게 전리품이나 노략물로 진상되는 무기력한 모습을 보이게 하실 것이다. 그들이 그토록 크게 의지하고 신뢰했던 지상의 왕들조차도 이제는 그들에게 아무런 도움도 주지 못할 것이다. 여기서 우리는 하나님을 떠나 하나님 아닌 것들을 더 앞세우는 태도가 절대로 우리의 삶을 안전하게 해주지 못한다는 교훈을 얻는다. 개개인의 삶과 인류 공동체의 역사는 하나님을 중심에 모시고 그를 최고 우선순위로 삼을 때에야 비로소 참된 성공과 행복의 길에 들어설 것이다.

다. 호세아는 하나님의 신에 사로잡힌 예언자로서 이스라엘 백성을 향하여 비판과 고발의 메시지를 선포하는 한편으로, 그들의 회개를 촉구하면서 하나님의 심판을 선고하는 이스라엘의 파수꾼이었다. 그러나 안타깝게도 그의 주변 사람들은 그를 미친 사람으로 간주하는가 하면 그가 가는 길목마다 덫을 설치하여 그를 걸려 넘어지게 하고자 했다. 왕정의 붕괴(정치)와 산당을 비롯한 제의 중심지들의 파괴(종교)를 외치는 그의 예언 메시지는 주변 사람들, 특히 정치와 종교를 책임지는 사람들에게 상당한 부담으로 여겨졌을 것이다. 그 까닭에 그들은 그의 예언 활동을 방해하면서, 그를 정신병자쯤으로 내몰았던 것이다.

호세아는 권력자들을 비롯한 주변 사람들의 예언 활동 훼방에 크게 힘들었을 것이다. 본의 아니게 동족의 파멸과 심판을 예언해야 했으니 심적인 부담과 고통이 상당했을 것이다. 동족의 구원을 위하여 회개를 촉구하기도 하고 때로는 응답되지도 않는 중재 기도를 드리기도 했지만, 아무런 소용이 없었다. 더욱이 호세아는 원치도 않는 가정생활을 통하여 자기 시대의 사람들의 신앙적인 음행을 고발하는 결혼 은유의 메시지를 선포해야 했으니, 그 고통과 괴로움이 얼마나 컸겠는가! 모름지기 하나님의 말씀을 선포하는 예언자는 크든 작든 호세아와 같은 고통과 괴로움을 겪었을 것이다. 이 점은 21세기를 살아가는 오늘의 상황에서도 예외가 아닐 것으로 보인다. 예수나 바울처럼 미쳤다는 소리를 한 번쯤은 들으면서 주의 말씀을 위해 봉사하는 말씀의 종들이 되어야 할 것이다.

제7강
하나님의 긍휼하심에 기초한 회개 촉구 (11-12장)

1. 들어가는 말

　　호세아서는 크게 보아 1-3장과 4-14장의 두 부분으로 나누어지는 바, 호세아서의 후반부에 속한 11장은 북왕국 이스라엘이 멸망하기 얼마 전에 선포된 것으로서, 고발과 비판(1-4절), 하나님의 심판(5-7절), 구원과 회복(8-11절) 등의 세 가지 요소를 골고루 가지고 있으면서도 다른 부분에 비해 하나님의 개인적인 감정을 표현하는 데 상당한 노력을 기울이고 있다. 그 단적인 증거로 1-4절은 사랑에 배신당한 야웨의 고통을 실감나게 묘사하고 있으며, 8-9절은 벌을 받은 이스라엘을 향한 하나님의 긍휼하심(8-9절)을 매우 감성적인 언어로 표현하고 있다. 11장의 이러한 성격은 이 본문이 이스라엘과의 부부 관계 회복에 관해 말하는 2:14(H 16)-3:5와 더불어 하나님의 사랑에 관해 말하는 가장 대표적인 예언에 속한 것임을 잘 보여 준다.

11장은 크게 보아 1-4절과 5-11절의 두 부분으로 나누인다. 12절은 이스라엘의 죄악을 고발하는 12장과 연결되는 까닭에 11장의 앞부분으로부터 분리시켜 이해하는 것이 좋을 것이다(실제로 맛소라 본문은 12절을 12장 1절로 분류함). 11장의 1-4절은 야웨와 이스라엘 사이의 관계를 아버지와 아들의 관계로 보면서, 아들인 이스라엘의 반역이 얼마나 배은망덕한 것인가를 고발한다. 호세아는 그러한 고발의 근거로 어린 아이와도 같은 이스라엘을 야웨께서 어떻게 사랑하셨는가를 구체적으로 설명한다. 이상의 두 가지 내용을 가진 1-4절은 하나님의 사랑과 이스라엘의 배신을 반복적으로 되풀이하는 구조를 가지고 있다: 하나님의 사랑(1절); 이스라엘의 배신(2절); 하나님의 사랑(3a절); 이스라엘의 배신(3b절); 하나님의 사랑(4절).

반면에 5-11절은 이집트와 앗수르에 대해 언급하는 절들(5, 11절)에 둘러싸여 있다. 5절에서는 이집트에만 "땅"('에레츠')이라는 낱말이 붙고 11절에서는 반대로 앗수르에만 "땅"이라는 낱말이 붙으며, 5절은 목적지(to)를 나타내고 11절은 출발지점(from)을 나타낸다. 이러한 구조적인 특징은 5-11절이 하나로 묶인 본문 단위임을 잘 보여 준다.[1] 또한 이스라엘에 대한 언급이 1절과 8절에 나오고 에브라임에 대한 언급이 3절과 8-9절에 나옴으로써 첫 번째 부분인 1-4절과 두 번째 부분인 5-11절이 서로 간에 잘 연결되고 있음을 보여 준다.

그런가 하면 세 단락으로 나누어지는 12장은 첫 번째 단락인 11:12-12:6(H 12:1-7)에서 야곱 전승을 이용하여 이스라엘과 유다의 거짓과 속임수 및 강대국 의존 정책을 비난하면서 그들의 회개를 촉구한다. 이어지는 두 번째 단락인 7-11절(H 8-12절)에서는 이스라엘의 탐욕과 부정직을 계약 백성으로서의 정체성을 상실한 채로 가나안화

---

1) Andersen and Freedman, *Hosea*, 575.

된 모습 속에서 찾고자 하며, 그에 대한 심판으로 하나님이 그들을 광야 시대의 장막으로 돌이키실 것임을 선포한다. 그리고 세 번째 단락인 12-14절(H 13-15절)은 다시금 야곱 전승의 일부인 야곱의 아람 도피와 아내를 얻기 위한 종살이를 언급하면서 그와 대비되는 하나님의 구원 은총과 역사 섭리를 강조함과 아울러 그들이 하나님을 격노케 함으로써 받게 될 심판에 대해서도 언급한다.

앞의 본문들과 마찬가지로 11-12장에서도 한 가지 유념할 것은, 히브리어 본문에서 단수가 복수로 바뀌고 반대로 복수가 단수로 바뀌거나 1인칭과 2인칭 및 3인칭 사이의 변화가 생기는 것은 흔히 있는 일이므로 이 점을 유의하면서 본문을 읽어야 한다는 점이다. 실제로 11장 1, 4-6절에서는 이스라엘이 3인칭 단수로 표현되고 2-5, 7, 10, 11절에서는 3인칭 복수로 표현되며, 8, 9절에서는 2인칭 단수로 표현된다. 그리고 12장에서는 야웨 하나님이 항상 3인칭 남성 단수로 표현되지만, 9-10절(H 10-11절)에서만큼은 1인칭 단수로 표현된다.

2. 본문 주해

    11:1-4   하나님의 불성실한 아들인 이스라엘
    11:5-7   이방 나라를 통한 심판
    11:8-11   하나님의 긍휼하심에 기초한 이스라엘의 회복
    11:12-12:6(H 12:1-7) 이스라엘의 회개를 촉구하시는 하나님
    12:7-11(H 12:8-12) 이스라엘의 윤리적이고 종교적인 탈선
    12:12-14(H 12:13-15) 하나님을 격노케 하는 이스라엘

하나님의 불성실한 아들인 이스라엘(11:1-4)

(11:1) 이스라엘이 어렸을 때에 내가 사랑하여 내 아들을 애굽에서

불러냈거늘

(11:2) 선지자들이 그들을 부를수록 그들은 점점 멀리하고 바알들에게 제사하며 아로새긴 우상 앞에서 분향하였느니라.
(11:3) 그러나 내가 에브라임에게 걸음을 가르치고 내 팔로 안았음에도 내가 그들을 고치는 줄을 그들은 알지 못하였도다.
(11:4) 내가 사람의 줄 곧 사랑의 줄로 그들을 이끌었고 그들에게 대하여 그 목에서 멍에를 벗기는 자 같이 되었으며 그들 앞에 먹을 것을 두었노라

호세아는 이스라엘의 죄악을 고발함에 있어서 그 죄악의 구체적인 실상을 낱낱이 지적하는 방법을 쓰기도 하지만, 때로는 비유적인 언어를 빌어 이스라엘의 죄악상을 고발하기도 한다. 그 대표적인 것이 하나님과 이스라엘 사이를 부부 관계로 보는 결혼 은유이고(1-3장), 다른 하나는 하나님과 이스라엘 사이를 부모-자녀(더 정확하게는 아버지-아들) 관계로 보는 11장 1-4절의 자녀 은유(sonship metaphor)이다.[2] 호세아는 특히 1절에서 이스라엘을 "내 아들"[3]이라고 칭하면서(참조. 1:10), 하나님이 어린 아이와도 같은 이스라엘을 어떻게 자신의 자녀로 선택하시고(1절) 계속해서 양육하셨는가를(3절) 비교적 상세하게 설명하고 있다.

이처럼 야웨 하나님을 이스라엘의 아버지로 보고 이스라엘을 그 아들로 보는 은유는 꼭 호세아서에만 나오는 것이 아니다.[4] 신명기

---

[2] 볼프는 자녀 은유가 결혼 은유와 마찬가지로 가나안의 바알 종교에 맞서는 신학화 작업의 산물이라고 본다. 이스라엘이야말로 야웨 하나님의 합법적인 아들이라는 얘기다: Wolff, *Hosea*, 198.
[3] 70인역은 "내 아들"('브니')을 "그의 아들들"('바나우')로 번역하고 있다. 이는 아마도 2절의 "그들"과 일치시키려는 의도에서 비롯된 번역일 것이다: 이동수, 『호세아 연구』, 119-120.
[4] 어쩌면 이스라엘 전체를 야웨의 아들로 보는 은유는 다윗계의 왕들을 야웨

(14:1; 32:6), 이사야(1:2; 43:6; 63:16; 64:8), 예레미야(3:4, 19, 22; 4:22; 31:9, 20), 말라기(1:6; 2:10) 등도 야웨와 이스라엘 사이의 관계를 부모와 자녀 사이의 관계로 본다. 그러면서도 이들 본문에 나오는 부모-자녀 관계는 호세아 11:1-4에서처럼 출애굽 해방과 직접적으로 관련되어 있지 않다. 그냥 일반적인 의미에서의 부모-자녀 관계를 드러내고 있을 뿐이다.

그러나 출애굽기 4:22-23("이스라엘은 내 아들 내 장자라…")은 다르다. 이 본문은 호세아 본문과 똑같이 이스라엘이 야웨의 아들로 인정된 것이 출애굽 사건에 의해서였음을 분명하게 밝히고 있다. 이것은 호세아가 출애굽 본문과 마찬가지로 이스라엘의 실제적인 기원을 출애굽 사건에서 찾고 있음을 의미한다(참조. 사 43:1-3, 15-17).[5] 이러한 사실은 출애굽 당시에 하나님이 이스라엘을 "불러내셨을"('카라') 때가 1절에서 "어린 아이"('나아르')[6]였을 때로 묘사되고 있다는 사실을 통해서 더욱 분명하게 드러나며, 이스라엘의 광야 유랑 시대를 하나님과 이스라엘 사이의 관계가 시작된 이상적인 시기로 보는 2:14-15(H 16-17)와도 거의 일치한다. 물론 출애굽 사건에서 비롯된 이스라엘의 시작은 하나님의 선택을 의미한다. 그리고 그 선택은 시내산 계약을 통해 구체화된다. 야웨께서 이스라엘을 어린 아이 시절부터

의 아들로 보는 예루살렘 신학(시 2:7; 89:26; 삼하 7:14)에 맞서는 것이거나 그것을 대중화시킨 것이라고 할 수 있다: Davies, *Hosea*, 254.
5) Stuart, *Hosea-Jonah*, 177.
6) "어린 아이일 때에"(표준 새번역); "a lad"(Mays, *Hosea*, 153); "a child," (NRSV; NIV; Stuart, *Hosea-Jonah*, 173); "a youth"(NASB; Andersen and Freedman, *Hosea*, 574). 호세아에 의해 처음 사용된 '나아르' 호칭과 이와 어근이 같은 '느우림' 개념은 후에 예레미야에게 계승되었다(렘 2:2['나아르']; 3:4['느우림']; 개역 개정판은 이 두 낱말을 제각기 "청년"과 "청년 시절"로 번역함).

"사랑했다"는 설명이 그러한 사실을 뒷받침한다. "사랑하다"는 뜻을 가진 동사 '아합'은 사실 신명기에서 보듯이(신 6:5; 7:8, 13; 10:15; 23:5) 계약 관계를 성실하게 이행하는 것을 의미하기 때문이다.7)

그런데 출애굽 사건을 이처럼 계약 관계의 시각에서 이스라엘의 시작으로 보는 1절 본문은 신약 시대에 이르러 메시야와 관련된 본문으로 이해된다. 마태복음 저자는 호세아가 선포한 이 말씀이 궁극적으로는 어린 아기인 예수께서 헤롯 대왕의 박해를 피하여 이집트로 피신하였다가 그가 죽은 후에 이집트로부터 다시금 이스라엘 땅으로 돌아온 일을 통해 성취되었다고 본 것이다(마 2:15). 이것은 호세아의 메시지 안에 감추어진 잠재적인 의미(potential meaning)가 궁극적으로는 예수 그리스도의 생애를 통해서 이루어졌음을 의미한다.

1절이 이렇듯이 출애굽 사건과 광야 유랑 시대를 배경으로 하고 있다면, 2절은 가나안 정착 이후의 상황을 배경으로 하고 있다. 이 점에서 2절은 1절과 뚜렷한 대조를 이룬다. 야웨께서는 어린 아이 시절의 이스라엘에게 부모와도 같은 사랑을 베풀어, 그들을 종살이하던 이집트로부터 불러내시고 계약 관계를 통하여 그들의 역사에 계속해서 관여하셨다(1절). 그러나 불행하게도 그들에게는 아버지와도 같으신 하나님의 사랑에 상응하는 행동, 곧 아들에게 마땅히 있어야 할 행동이 없었다. 그들은 야웨 하나님의 사랑에 효과적으로 응답하지 못하고 도리어 반역의 길을 걸었던 것이다(2절).

호세아가 보기에 이스라엘의 반역은 크게 두 가지 방향으로 이루어졌다. 그 하나는 그들이 야웨의 부르심에 응답하기를 거부했다는 데에 있다. 야웨께서 사사들이나 예언자들을 비롯한 여러 일꾼들을 통하여 그들을 부르면 부를수록8) 그들이 점점 야웨께로부터 멀리 떠나갔

---

7) Wolff, *Hosea*, 197-198.

다9)는 것이 그 점을 잘 보여 준다(2a절; 참조. 호 9:10; 눅 20:9-16). 호세아가 여기서 언급하고 있는 "불렀다"('카라')는 낱말은 1절에도 나오는 것으로서, 하나님께서 출애굽 해방을 통하여 그들을 선택하셨을 뿐만 아니라 광야 유랑 과정에서도 그들을 지키시고 인도하셨음을 의미한다.

이스라엘의 반역은 두 번째로 그들이 야웨를 떠나 율법이 금지하고 있는 우상 숭배의 죄악에 빠졌다는 데에 있다(2b절). 그들은 계약 규정의 가장 기본적인 요구 사항, 곧 야웨 이외의 다른 어떠한 신도

---

8) 맛소라 본문의 2a절은 "그들이 그들을 불렀다"('카르우 라헴')는 내용으로 되어 있다. 이 경우에 앞의 "그들"이 누구인지 불분명하다. 개역 개정판은 작은 글씨로 "선지자들이"라는 구절을 삽입하여 앞의 "그들"을 예언자들로 이해한다. 그런가 하면 앤더슨과 프리드만은 "그들"을 민수기 25:2의 모압 여인들로 이해한다: Andersen and Freedman, *Hosea*, 577-578. 그러나 1절과 2절의 자연스런 흐름을 본다면 두 절은 똑같이 "불렀다"는 뜻의 낱말('카라')을 사용함으로써 끊임없이 이스라엘을 부르시는 야웨의 행동을 강조했다고 볼 수 있다. 따라서 맛소라 본문의 "그들이 불렀다"는 표현은 70인역을 따라 "내가 부르면 부를수록"('크코르이')이라는 표현으로 바꾸어 읽는 것이 더 나을 것이다: Wolff, *Hosea*, 190-191; Mays, *Hosea*, 150; Stuart, *Hosea-Jonah*, 174-175; Davies, *Hosea*, 254-255; 이동수,『호세아 연구』, 121-122. NRSV와 REB도 이를 따르고 있다. 표준 새번역도 마찬가지이지만 히브리어 원문에 있는 "그들을"('라헴')을 생략하고 있어 아쉬움을 남기고 있다.

9) 맛소라 본문의 2b절은 "그들이 그들로부터('밉프네헴') 멀리 떠나갔다"는 표현으로 되어 있으나, 70인역과 마찬가지로 "그들이 나에게서('밉파나이 헴') 멀리 떠나갔다"로 읽는 것이 본문의 흐름에 잘 어울리는 것으로 보인다: Wolff, *Hosea*, 190-191; Mays, *Hosea*, 150; Andersen and Freedman, *Hosea*, 578; Stuart, *Hosea-Jonah*, 174-175; Davies, *Hosea*, 255; 이동수,『호세아 연구』, 122. 표준 새번역과 NRSV, REB, NIV도 이를 따르고 있으나, 개역 개정판은 "나에게서"라는 표현 자체를 번역하지 않고 있다. 그런가 하면 표준 새번역이나 공동번역은 "그들"을 1절에 맞추어 "이스라엘"로 번역하고 있다.

섬겨서는 안 된다는 십계명의 두 번째 계명(출 20:3)조차도 지키지 못한 채로 계속해서 바알들10)에게 제사를 드렸으며 아로 새긴 신상들('파실,' carved images 또는 idols; 신 7:25; 12:3)에게 분향하였던 것이다. 호세아는 특히 2절 하반절에서 이스라엘의 우상 숭배 행위에 대해 묘사하면서 그것을 미완료(imperfect) 동사들11)로 표현함으로써, 그들의 반역 행위가 이스라엘 역사의 초기부터 호세아의 시대에 이르기까지 중단되지 않고 계속되고 있었음을 암시한다(참조. 호 2장; 4:11-14).

이렇듯이 하나님의 사랑에 대한 이스라엘의 배신은 전적으로 이스라엘 자손들에게 원인이 있는 것이었지 야웨께 있는 것이 아니었다. 자녀를 직접 양육해 본 경험이 있는 호세아는 야웨께서 이스라엘의 반역에도 아랑곳하지 않고, 마치 어린 아이에게 걸음마를 가르치고12) 그의 팔13)로 안아 주시는 인자한 부모와도 같이, 이스라엘에게 끝까

---

10) 바알들이나 아세라들은 '아스타르트'(Astarte)의 복수형인 '아스다롯'과 마찬가지로 어떤 한 신의 지역적인 특성(local manifestations)을 총괄적으로 표현하는 개념으로 보아야 할 것이다. 특히 바알의 경우가 그렇다(바알브올=민 25:3; 신 4:3; 호 9:10, 바알브릿=삿 8:33; 9:4, 바알세붑=왕하 1:2, 6, 16): R. Patai, *The Hebrew Goddess* (New York: KTAV Publishing House, 1967), 33-34; M. S. Smith, *The Early History of God: Yahweh and the Other Deities in Ancient Israel* (New York: Harper Collins Publishers, 1990), 48.
11) 이를테면 '여자빼후'("제사하며")와 '여캇텔루'("분향하였느니라")라는 두 개의 동사가 그렇다.
12) 개역 개정판에서 "내가 걸음을 가르치고"로 번역된 히브리어 동사 '티르갈르티' 안에 이미 1인칭 단수형의 의미가 포함되어 있지만, 호세아는 1인칭 단수 인칭 대명사('아노키')를 동사 앞에 사용함으로써 '티르갈르티' 동사의 행위 주체인 하나님의 주도적이고도 적극적인 사랑의 행동을 강조하고 있다.
13) 맛소라 본문의 3절은 "그의 팔들"('즈로오타우'; "his arms")로 되어 있으나

지 사랑과 관심을 베풀어 주셨다고 봄으로써, 이스라엘의 탈선의 원인이 결코 야웨께 있는 것이 아님을 분명하게 밝힌다(3절). 실제로 야웨께서는 이스라엘을 이집트에서 이끌어 내신 후에 그들을 광야에서 안전하게 인도하셨으며(민 9:18) 그들의 고통을 친절하게 고쳐 주셨다(출 15:26).

그럼에도 불구하고 이스라엘은 야웨께서 자기들을 고치시려고('라파') 최선을 다하고 있음을 전혀 알지 못했다.14) 그들은 야웨 하나님이 자기들에게 부모와도 같은 분임을 도무지 깨닫지 못한 까닭에, 그가 역사의 순간순간을 통하여 자기들을 안전하게 인도하시고 자기들이 위기에 처할 때마다 구해 주시고 고쳐 주셨음을 전혀 알지 못했던 것이다. 호세아는 이스라엘의 이러한 무지와 무관심을 효과적으로 비판하기 위해, 1절에 쓰인 "이스라엘"이라는 낱말 대신에 여기서는 야웨의 치료 행위를 뜻하는 표현('르파아팀')과 발음이 비슷한 "에브라임"('에프라임')이라는 고유 명사를 사용한다. 호세아는 아마도 이러한 말놀이(word-play)를 통해서 이스라엘의 반역 행위와 대비되는 야웨 하나님의 치료 행위를 강조하고자 했을 것이다(참조, 5:13).15)

호세아는 1-3절에서 계속해서 자녀 은유를 사용하다가 4a절에서 멍에를 맨 짐승의 은유로 잠시 옮겨간다(참조. 4:16; 10:11).16) 그리고

70인역과 페시타역 및 불가타역을 따라 "나의 팔들"('즈로오타이'; "my arms")로 보는 것이 더 적절하다: Wolff, *Hosea*, 191; Mays, *Hosea*, 150; Stuart, *Hosea-Jonah*, 175; 이동수,『호세아 연구』, 122. 개역 개정판("내 팔")과 NRSV, REB, NASB 등도 같은 번역을 보이고 있다. 표준 새번역은 "내 품"으로 번역한다. NIV는 소유격을 생략한 채로 번역한다("the arms").

14) 볼프는 3절 전체를 출애굽 해방과 관련된 메시지로 이해한다: Wolff, *Hosea*, 199.
15) Andersen and Freedman, *Hosea*, 581; 이동수,『호세아 연구』, 132-133.
16) 그러나 볼프는 4절이 짐승의 은유로 잠시 옮겨간 것이 아니라 자녀의 은유

4b절에서 다시금 자녀 은유로 돌아가는 것으로 보인다. 4a절에 의하면, 야웨께서는 멍에를 맨 짐승(완강한 암소, 4:16)과도 같은 이스라엘을 마치 어린 아이에게 걸음마를 가르치고 그를 가슴에 품어 키운 것과 똑같이 사람의 줄 또는 사랑의 줄로 인도하심으로써 그들을 인간적으로 대하신다. 뿐만 아니라 그는 마치 자비로운 주인이 짐승의 멍에를 가볍게 해 주는 것처럼17) 이스라엘의 고통을 덜어주기 위해 최선을 다하신다.

그런데 호세아가 여기서 말하는 "멍에"는 억압과 압제의 상황을 상징하는 것으로(신 28:48; 왕상 12:4-14; 사 10:27; 렘 27:2; 28:10-13; 겔 34:27), 야웨께서 이스라엘을 이집트의 속박으로부터 자유케 하신 것을 가리킬 수도 있지만(레 26:13), 궁극적으로는 여러 차례의 정치적인 위기로부터 그들을 건져 주신 것을 뜻한다. 호세아는 야웨께서 범죄한 이스라엘의 아름다운 목에 멍에를 매우셨으나(10:11), 이제는 그들을 괴롭히는 멍에를 들어 올리심으로써 그들을 향한 자신의 사랑이 얼마나 큰 것인가를 직접 보여 주신다는 점을 강조한다. 이것은 완악한 이스라엘을 자신에게로 돌이키려는 하나님의 노력이 얼마

를 계속 이어가고 있다고 본다: Wolff, *Hosea*, 199.

17) "그들의 목에서 멍에를 벗기는(또는 들어 올리는) 자와 같다"는 표현은 맛소라 본문에서 '키므리메 올 알 르헤헴'으로 되어 있으며 불가타역과 탈굼역, 그리고 개역 개정판과 표준 새번역 등이 이를 따르고 있지만(Andersen and Freedman, *Hosea*, 581; 174; Stuart, *Hosea-Jonah*, 이동수, 『호세아 연구』, 124-125), 공동번역은 70인역을 따라 앞의 '올'("멍에")로 읽지 않고 '울'("젖먹이")로 읽음으로써 "젖먹이처럼 들어 올려 볼에 비비기도 하며"라고 번역하며, REB도 이를 따른다: Wolff, *Hosea*, 191; Mays, *Hosea*, 150; Davies, *Hosea*, 257; Limburg, 『호세아-미가』, 79. NRSV도 70인역을 따르고 있으나 각주에서 개역 개정판과 같이 번역할 수도 있음을 밝히고 있다.

나 눈물겨운 것인가를 잘 말해 주는 것으로, 부분적이나마 앞의 절들에 있는 자녀 은유를 그 안에 포함하고 있다.

야웨께서는 또한 스스로의 힘으로 음식물을 먹지 못하는 어린 아이와도 같은 이스라엘을 위해 자신이 직접 "몸을 굽혀 그에게 음식물을 먹이신다"('워아트 엘라우 오킬').18) 이것은 아마도 이스라엘의 광야 유랑 기간 동안에 야웨께서 만나와 메추라기로 그들을 실제로 먹이신 것을 가리킬 것이다(출 16:4-35; 민 11:4-34; 신 8:3, 16). 아니면 호세아 자신이 앞서 밝힌 바와 같이, 야웨께서 가나안 땅에서 이스라엘 백성에게 주신 각종 식물들(호 2:8-9[H 2:10-11])을 가리킬 수도 있을 것이다.19) 이 점에서 본다면 "가슴을 헤쳐 젖을 물렸다"고 번역하는 표준 새번역이나 "그들 앞에 먹을 것을 두었노라"고 번역하는 개역 개정판은 4b절의 히브리어 원문을 충실하게 반영했다고 보기 어렵다.20)

이방 나라를 통한 심판(11:5-7)

(11:5) 그들은 애굽 땅으로 되돌아가지 못하겠거늘 내게 돌아오기를 싫어하니 앗수르 사람이 그 임금이 될 것이라.
(11:6) 칼이 그들의 성읍들을 치며 빗장을 깨뜨려 없이하리니 이는 그들의 계책으로 말미암음이니라.
(11:7) 내 백성이 끝끝내 내게서 물러가나니 비록 그들을 불러 위에 계신 이에게로 돌아오라 할지라도 일어나는 자가 하나도 없도다.

---

18) Wolff, *Hosea*, 191-192; Davies, *Hosea*, 257; Limburg, 『호세아-미가』, 79; 이동수, 『호세아 연구』, 119.
19) Davies, *Hosea*, 258.
20) 영어 번역 성서들은 히브리어 원문의 의미를 잘 살려내고 있다: "bent down to feed them"(NIV); "bent down and fed them"(NASB); "bent down to them and fed them"(NRSV).

호세아는 이제껏 하나님의 줄기찬 사랑과 그에 도무지 미치지 못하는 이스라엘의 지속적인 탈선과 반역 행위에 대해서 언급했으나(과거와 현재, 1-4절), 이제는 방향을 바꾸어 범죄한 이스라엘에게 임할 하나님의 심판에 대해 언급한다(미래, 5-7절).21) 이처럼 갑작스런 방향 전환은 이스라엘을 돌이키려는 하나님의 꾸준한 노력이 번번이 좌절됨으로써 그 계기가 마련된다. 이제는 달리 방도가 없다. 하나님의 준엄한 심판이 있을 뿐이다.

하나님을 거역하고 그의 사랑을 배신한 이스라엘은 이제 하나님의 벌을 받아 출애굽 이전의 시대로 돌아가게 될 것이다. 그들 스스로가 야웨께로 돌아서는 것을('슈브') 거부했기 때문에 이제 그 대가로 속박과 억압을 상징하는 곳인 이집트로 되돌아갈('슈브') 것이다.22) 그들의 역사가 시작될 때에는 야웨께서 그들을 사랑하여 이집트에서 불러내셨으나(1절), 그들이 계속해서 하나님의 끝없는 사랑을 거부한 까닭에, 이제는 별 수 없이 야웨께서 그들에게 사랑을 부어 주시기 전

---

21) 볼프는 1-7절 단락을 역사-신학적인 고발(a historico-theological accusation)로 이해한다: Wolff, *Hosea*, 193.
22) 4b절은 '워아트 엘라우 오킬'("그리고 나는 그에게 몸을 굽혀 먹일 것이요")로 끝나며 바로 이어지는 5절은 '로 야 엘-에레츠 미츠라임'("그는 이집트 땅으로 돌아가지 않을 것이다")라는 표현으로 시작된다. 그러나 호세아가 여러 차례 이스라엘이 장차 이집트로 돌아가리라고 경고한 점(7:16; 8:13; 9:3, 6)을 고려한다면, 70인역을 따라 5b절의 첫 낱말인 '로'는 "not"으로가 아니라 "to him"으로 읽되, 그것을 5절의 첫 낱말이 아닌 4절의 마지막 낱말로 읽는 것이 타당할 것이다: Wolff, *Hosea*, 192; Mays, *Hosea*, 154-155; Andersen and Freedman, *Hosea*, 574, 583; Stuart, *Hosea-Jonah*, 174; Davies, *Hosea*, 258; Limburg, 『호세아-미가』, 79; 이동수, 『호세아 연구』, 125, 143-144. 표준 새번역, NRSV, REB, NIV(의문문으로 표현함=표준 새번역) 등이 모두 이를 따르고 있다. 이 점에서 본다면 개역 개정판의 "그들이 애굽 땅으로 되돌아가지 못하겠거늘"은 수정되어야 옳다.

의 억압과 속박의 상태로 돌아갈 수밖에 없다는 것이다.

그 결과 이제는 당시의 대제국이던 앗수르 제국이 그들의 왕이 되어 그들을 다스리게 될 것이다. 앗수르가 그들의 왕이 된다는 것은 곧 이스라엘의 왕정과 국가 주권이 끝장날 것임을 의미한다(3:4; 10:7, 15; 13:11). 야웨께서 그들의 멍에를 벗겨 주셨으나 그들이 야웨께 불순종하고 그를 거역한 까닭에 이제는 그들 스스로가 앗수르의 멍에를 매고서 그들의 지배를 받을 것이다. 호세아의 이 예언은 실제로 그대로 이루어져서 주전 722년에 북왕국 이스라엘은 앗수르 왕 살만에셀 5세와 사르곤 2세의 공격을 받아 완전히 망하고 말았다(왕하 17:1-6).

이어지는 6절에서 호세아는 이스라엘이 받을 심판을 더욱 구체적으로 묘사한다. 그에 의하면, 앗수르의 이스라엘 지배는 칼을 통해서 이루어지며, 칼에 의한 이스라엘 정복은 세 가지 형태를 취하게 된다. 칼이 성읍들을 휩쓸고 점치는 자들을 끝장내며 그들을 삼키는 것이 그렇다. 이스라엘을 심판하는 데 이처럼 칼이 사용된다는 것은 칼이 계약에 불충성하는 이스라엘을 벌하는 수단으로 자주 언급되는 것과 무관하지 않다(레 26:25, 33, 36-37; 신 28:22; 32:24, 41-42).

칼이 성읍들을 휩쓴다는 것은 전쟁의 상황을 암시하며, 변두리에 거주하는 자들마저도 높고 두꺼운 성벽을 가진 도시 지역의 성읍들로 피신하겠지만 그 성읍들조차 안전하지 못할 것임을 의미한다. 앗수르의 칼은 정복당한 이스라엘의 성읍들을 휩쓸고 다니면서 그 안에 거주하는 자들을 닥치는 대로 죽일 것이며, 그 중에서도 특히 점치는 제사장들(또는 예언자들)을 죽일 것이다.[23] 여기서 호세아가 특별히 그

---

23) 6a절의 마지막에 있는 '밧다우'는 개역 개정판이나 표준 새번역처럼 "그의 빗장들(또는 기둥들)"로 번역할 수도 있겠으나, 하반절에 있는 "그들의 계책들"이라는 구절과의 평행 관계를 염두에 둔다면, 그리고 '칼라' 동사의 피엘형('킬르타,' "깨뜨려 없애다")이 주로 사람들을 대상으로 하는 낱말임을 고

들을 지목한 까닭은 그들이 잘못된 계책을 써서 백성들에게 하나님의 심판을 외치는 대신에 도리어 평화('샬롬')가 있을 것이라고 가르쳤기 때문이다(참조. 렘 6:13-14; 14:13-18; 23:16-17; 겔 13:1-10; 미 3:5).

호세아가 보기에 점치는 제사장들이야말로 이스라엘 백성으로 하여금 부모와도 같은 하나님의 사랑을 배신한 채로 바알을 비롯한 여러 우상들을 섬기게 한(2, 7절) 장본인이었을 것이다. 호세아의 이러한 지적은 제사장들의 문제점을 중점적으로 비판하는 4:1-10과 거의 일치한다. 이 점에서 본다면, 호세아가 4절에서 '아칼'("먹다") 동사의 히필형을 사용하여('오킬,' "내가 먹이리라") 부모가 그 자녀에게 음식을 먹이듯이 야웨께서 이스라엘을 먹이시는 모습을 가리키고 있는 반면에, 6절에서는 같은 동사의 칼형('아클라,' "그것이 삼키리라")을 사용함으로써24) 칼이 거짓 제사장들(또는 거짓 예언자들)을 멸망시킬 것임을 강조하는 이유를 금방 알 수 있을 것이다.

이스라엘은 이처럼 무거운 하나님의 벌을 받아도 그에게 돌아갈

려한다면, 공동번역이나 NRSV, REB 및 다수의 주석서들에서 보듯이 "점치는 제사장들"(사 44:25; 렘 50:36)로 번역하는 것이 문맥에 더 적합할 것으로 보인다: Wolff, *Hosea*, 192("braggarts"); Mays, *Hosea*, 155-156 ("oracle-priests"); Andersen and Freedman, *Hosea*, 574("strong men"); Stuart, *Hosea-Jonah*, 180("false prophets"); Davies, *Hosea*, 259("idle talkers"); 이동수, 『호세아 연구』, 146("거짓 제사장들"). 표준 새번역도 각주에서 "제사장들"로 번역할 수 있는 가능성을 배제하지 않는다.

24) 맛소라 본문의 6b절('워아칼라 밈모아초테헴')을 직역하면 "그리고 (칼이) 그들의 계책들로 인하여 (그들을) 삼킬 것이다"인데, 개역 개정판은 "이는 그들의 계책으로 말미암음이니라"로 번역함으로써 앞 낱말('워아칼라')을 생략하고 있다. 표준 새번역은 비록 의역을 하고 있기는 하나("그들이 헛된 계획을 세웠으니 칼이 그들을 모조리 삼킬 것이다") 히브리어 원문의 의미를 비교적 잘 전달하고 있다. NRSV; REB; NIV; NASB; Wolff, *Hosea*, 192; Mays, *Hosea*, 150; Stuart, *Hosea-Jonah*, 174 등도 마찬가지이다.

생각을 하기는커녕, 계속해서 고집을 부려 그를 떠나 바알에게 의지하고자 할 것이다. 하나님의 심판에 직면하여 그들은 이제껏 의존해 오던 바알에게 부르짖으며 그에게 도움을 호소하겠지만 바알이 그들을 구해줄 턱이 없다. 하나님께서 넘어뜨린 이스라엘은 그 벌을 내린 하나님이 아니고서는 다시금 일으켜 세울 수가 없기 때문이다.

여기서 호세아는 흥미롭게도 앞의 절들에 나오는 낱말들을 되풀이함으로써 이스라엘의 죄악과 하나님의 심판을 색다른 시각에서 이해하고자 한다. 가장 먼저 얘기할 수 있는 것이 '슈브'("돌이키다") 동사이다. 이 동사는 5절에서 이스라엘이 야웨께 돌아서기를 거부하는 까닭에 억압과 속박의 땅으로 다시 돌아가게 될 것이라는 의미로 사용되었으나, 여기서는 이스라엘이 야웨께로부터 돌아서는 행위를 가리키는 데 사용된다. 이것은 '슈브' 동사가 5절과 7절에서 야웨께로(to) 방향을 돌이키는 행동, 야웨께로부터(from) 방향을 돌이키는 행동, 이집트로(to) 되돌아가는 행동 등의 세 가지 의미로 사용되고 있음을 가리킨다.

두 번째로 호세아가 새롭게 의미 변화를 주고 있는 낱말은 '카라'("부르다") 동사이다. 이 동사는 1절("내가 불렀다")과 2절("그들을 부르면 부를수록")에서 이스라엘을 부르시는 야웨의 구원 행위를 나타내는 데 사용되었으나, 7절에서는 이스라엘이 그 부르심에 배반함으로써 야웨의 심판을 받을 때에 그들이 섬기던 바알에게 부르짖으나('이크라우후,' "그들이 그에게 부르짖었다")[25] 바알로부터 응답을 받

---

25) 7b절의 서두에 있는 '알'은 개역 개정판이나 NRSV; NIV, NASB; Andersen and Freedman, *Hosea*, 586-587; 이동수, 『호세아 연구』, 148처럼 야웨 하나님을 가리키는 또 다른 표현인 "위에 계신 이"'(the Most High)로 번역할 수도 있고, 공동번역이나 표준 새번역 및 REB처럼 '알'의 앞에 철자 '베트'가 누락되었다고 보아 '바알'(Baal)로 읽을 수도 있다. 문맥에 비추어볼 때

지 못한다는 의미로 사용된다.

세 번째로 호세아가 변화를 주고 있는 낱말은 '룸'("높다") 동사이다. 이 동사는 4절에서 피엘 분사형('키므리메,' "들어 올리는 자들처럼")으로 쓰여 야웨께서 마치 짐승의 멍에를 들어 올리는 주인처럼 이스라엘의 짐을 가볍게 해 주시는 분으로 묘사되나, 7절에서는 이 낱말이 폴렐 미완료('여로멤,' "그가 그들을 일으켜 세우리라" 또는 "그들을 일으켜 세울 자")로 쓰여, 야웨께서 이스라엘을 심판하실 때 이스라엘이 바알에게 구원을 호소하지만 바알이 그들을 결코 그 어려움에서 건져 주지 못할(일으켜 세우지 못할) 것이라는 의미로 사용된다.

하나님의 긍휼하심에 기초한 이스라엘의 회복(11:8-11)

(11:8) 에브라임이여, 내가 어찌 너를 놓겠느냐? 이스라엘이여, 내가 어찌 너를 버리겠느냐? 내가 어찌 너를 아드마 같이 놓겠느냐? 어찌 너를 스보임 같이 두겠느냐? 내 마음이 내 속에서 돌이키어 나의 긍휼이 온전히 불붙듯 하도다.
(11:9) 내가 나의 맹렬한 진노를 나타내지 아니하며 내가 다시는 에브라임을 멸하지 아니하리니, 이는 내가 하나님이요 사람이 아님이라. 네 가운데 있는 거룩한 이니 진노함으로 네게 임하지 아니하리라.
(11:10) 그들은 사자처럼 소리를 내시는 여호와를 따를 것이라. 여호와께서 소리를 내시면 자손들이 서쪽에서부터 떨며 오되,
(11:11) 그들은 애굽에서부터 새 같이, 앗수르에서부터 비둘기 같이 떨며 오리니, 내가 그들을 그들의 집에 머물게 하리라. 나 여호와의 말이니라.

5-7절에서 계속되던 하나님의 심판은 8절에 오면서 갑자기 분위

후자의 번역이 더 적절해 보인다: Wolff, *Hosea*, 192-193; Mays, *Hosea*, 150, 156; Stuart, *Hosea-Jonah*, 174-175.

기가 바뀌어 하나님의 구원과 이스라엘의 회복에 관한 메시지로 전환된다. 본래 부모에게 반역하는 아들은 사형에 처하게 되어 있지만(신 21:18-21), 야웨께서는 마음을 바꾸어 그들을 용서하고 용납하기로 작정하신다. 그 결과 이스라엘의 계약 불이행과 반역에 대한 하나님의 엄한 심판은 이스라엘을 완전히 끝장내는 것으로 종결되지 않는다. 야웨께서는 앗수르를 통한 심판이 이루어진 다음에 다시금 이스라엘을 회복시켜 주시고 그들에게 새로운 희망을 안겨 주실 것이다. 이로써 하나님의 심판은 범죄한 개인이나 국가를 죽이고 멸하는 데 목적이 있지 않고 도리어 징벌을 통해서 그들을 새롭게 하려는 목적을 가지고 있다는 지극히 평범한 사실이 여기서 다시금 확인된다.

그런데 호세아는 이러한 심판-구원(희망)의 기본 구조를 어느 누구도 생각지 못한 새롭고도 감동적인 방식으로 표현한다. 그는 심판이 끝나면 하나님의 구원 은총에 힘입어 이스라엘이 새롭게 될 것이라는 단조로운 서술을 피하고, 그 대신에 이스라엘을 향한 하나님의 애타는 심정을 네 차례에 걸친 수사학적인 질문들의 형태로 표현한다. 아울러 그는 "이스라엘"과 "에브라임"을 차례로 언급함과 동시에 탄식의 부사인 '에크'("어찌")를 두 번에 걸쳐 반복함으로써, 아들(이스라엘)을 향한 부모(하나님)의 심정을 마치 자책(self-accusation)하는 듯한 어조(잠 5:12)로 표현한다.[26] 또한 그는 소돔과 고모라가 심판을 받아 멸망당할 때 함께 망했던 아드마나 스보임(창 10:19; 14:2, 8; 신 29:23)을 비교 대상으로 삼으면서, 이스라엘의 운명이 그들의 운명과 같을 수가 없음을 강조한다.

---

26) Wolff, *Hosea*, 194. 이것은 하나님이 자기 백성을 사랑하는 마음과 그들의 죄를 벌할 수밖에 없는 심판의 고통 사이에서 고민하고 계심을 암시하는 것으로 보인다. 이에 대해서는 다음을 참조하라: 이동수, 『호세아 연구』, 184-185.

수사학적인 질문들을 통해 표현된 하나님의 애타는 심정은 그의 마음('렙')이 그의 심판 의지에 맞서며 그의 긍휼('라하밈')27)이 뜨겁게 타오른다는 서술문을 통해 더욱 강화되는 바, 호세아에 의해 선포된 이처럼 놀라운 용서의 선언은 2:14-15(H 2:16-17)에 있는 부부 관계의 회복과 평행을 이룬다(참조. 신 4:31). 그것은 또한 호세아의 결혼 생활에서 보듯이 하나님이 호세아로 하여금 반역한 이스라엘을 상징하는 고멜을 다시금 데려와 함께 살라고 명하신 것과도 일치한다(3장).

　8절에 표현된 하나님의 애타는 심정은 9절에서 이스라엘을 완전히 멸망시키지 않겠다는 굳은 결심으로 구체화된다. 9a절에 의하면 하나님은 자신의 맹렬한 진노를 거두심으로써 이스라엘이 완전히 망하게 하지 않으실 것임을 분명하게 밝히신다. 물론 하나님의 이러한 심경 변화 내지는 용서의 선언은 부모에게 반역하는 아들을 사형에 처해야 한다는 신명기 21:18-21과 정면으로 충돌하며, 죄악을 벌하시는 하나님의 공의에도 어긋나 보일 수도 있다. 그러나 우리가 여기서 기억해야 할 것은, 법을 주신 하나님이 자신의 법을 초월하실 수도 있다는 점과 인간을 향한 하나님의 뜻과 계획이 본래는 심판과 멸망을 넘어서는 구원 은총에 있다는 점이다.

　따라서 호세아가 선포하는 하나님의 심경 변화는 흔히 얘기하는 하나님의 변덕에 기인하지 않고 도리어 하나님 자신의 본성을 있는 그대로 표현한 것이라 할 수 있다. 그 까닭에 호세아는 9b절에서 하나

---

27) BHS의 비평 장치는 맛소라 본문의 '니후마이'("나의 위로")를 '라하마이' ("나의 긍휼")로 읽을 것을 제안하고 있는 바, 개역 개정판; 표준 새번역 ("너를 불쌍히 여기는 애정"); NRSV; NIV; NASB(compassion) 등이 모두 이를 따르고 있다. Andersen and Freedman, *Hosea*, 589; Davies, *Hosea*, 262; 이동수, 『호세아 연구』, 172-173 등은 '니후마이'로 읽을 것을 고집하면서, 그 안에 "긍휼"의 의미가 포함되어 있다고 본다.

님이 맹렬한 진노를 거두시고 에브라임을 다시는 멸망시키지 않는 이유가 하나님 자신의 하나님 되심(Godlikeness)에 있음을 분명하게 밝히고 있다. 이 설명에 의한다면 심판하시고 살리시는 하나님('엘')은 본질적으로 인간('이쉬')과 구별되는 분이다. 그는 여느 이스라엘 사람들처럼 수시로 기분과 감정이 변하는 변덕스러운 분이 아니다. 사람의 논리에 의한다면 범죄한 이스라엘은 엄중한 처벌을 받아 완전히 망하는 것이 마땅하지만, 하나님의 성품은 그러한 결과를 원하지도 않고 용납하지도 않는다.

호세아는 이처럼 인간과 근본적으로 다른 하나님의 모습을 "거룩"이라는 낱말로 표현한다. 그의 설명에 의하면 야웨는 이스라엘 가운데 계신28) "거룩한 자"('카도쉬')이시다. 본래 "거룩"이라는 것이 다른 것들과 구별되는 어떤 것을 가리키기 때문에, 야웨를 일컬어 이스라엘 가운데 계신 "거룩한 자"라고 하는 것은 야웨가 이스라엘 사람들과 근본적으로 다른 분이요, 피조물인 인간으로부터 완전히 구별되는 분임을 의미한다(참조. 출 34:6-7; 민 23:19-20; 삼상 15:29; 사 55:8-9; 욜 2:13-14). 하나님의 이러한 거룩하심이야말로 하나님의 하나님 되심을 규정하는 것이요, 하나님의 구원을 가능하게 하는 것이다.

이어지는 10절은 1-11절 단락에서 약간은 특이한 구절이다. 그 까닭은 1-11절 전체가 야웨를 1인칭으로 묘사하지만 종말론적인 성격을 갖는29) 10절만은 예외적으로 야웨를 3인칭으로 서술하기 때문이다. 야웨께서 일찍이 먼저 이스라엘을 사랑하시고 부르셔서 아들로 삼아 주셨던 것처럼(1-4절), 이방 땅에 흩어져서 고통을 당하고 있는 이스

---

28) 야웨 하나님이 이스라엘 가운데 있다는 것은 선택 개념을 나타내는 것에 다름 아니다(민 14:14; 수 3:10; 사 12:6): Mays, *Hosea*, 158.
29) Andersen and Freedman, *Hosea*, 591; Davies, *Hosea*, 265.

라엘 자손의 구원 역시 하나님의 주도하심에 의해서 이루어진다. 하나님의 구원 결심과 그로부터 비롯된 구체적인 구원 행동이 있고 난 다음에야 비로소 이스라엘은 그의 뒤를 따를 것이다. 그들 스스로가 먼저 마음을 고쳐먹고 야웨께로 돌이킨다는 것은 도무지 기대할 수 없는 일이다. 이것은 또한 신실한 마음으로 야웨의 뒤를 따르는 자들만이 구원을 맛보게 될 것임을 암시하기도 한다.

그렇다면 하나님의 구원은 구체적으로 어떻게 이루어지는가? 호세아는 하나님의 구원에 관해 말하면서, 이전에는 야웨의 모습이 자녀를 향한 사랑과 긍휼이 넘치는 어버이와 같다고 보았으나(1-4절), 여기서는 큰 소리로 부르짖는 사자('아르예')에 비유한다. 예언자들의 메시지에 의하면, 사자는 흔히 하나님의 백성을 심판하는 데 도구로 쓰이는 강대 제국들을 상징하는 동물로 나타난다('라비'와 '크피림,' 사 5:29). 그런가 하면 자기 백성을 심판하기 위해 임하시는 하나님 자신을 가리키는 데도 사용된다('아르예,' 암 3:8). 호세아도 심판하시는 하나님을 사자에 비유한 바가 있다('샤할'과 '크피르,' 5:14; '샤할'과 '라비,' 13:7-8).

그러나 부르짖는 사자의 모습이 언제나 부정적으로 쓰이지만은 않는다. 이사야는 먹이를 움키고 으르렁거리는 사자가 목자들의 고함소리를 두려워하지 않는 것처럼 시온을 원수들로부터 보호해 주실 것이라고 말한다(사 31:4). 호세아도 야웨를 부르짖는 사자에 비유함으로써 사자 비유를 임박한 구원의 상징으로 사용한다. 야웨께서 사자처럼 부르짖는다는 것은 그가 이스라엘의 귀환을 방해하고 위협하는 원수들의 세력과 싸우실 것임을 의미하는 까닭에, 야웨의 부르짖는 소리는 이스라엘을 괴롭히는 이방 나라들 모두를 두려움에 사로잡히게 한다.

그 부르짖음 소리는 이스라엘의 적대국들에게는 심판과 위협의 소리로 들리지만, 이스라엘 자손에게는 그들의 구원이 임박했으며 새

시대가 곧 시작될 것임을 상징하는 소리로 들린다. 그것은 또한 야웨를 향한 놀라움과 기쁨과 경외심을 불러일으키는 소리로 들릴 것이다. 그리하여 그 동안 계속해서 야웨를 떠나 다른 신들을 따르던 이스라엘이 이제는 안심하고서 그의 뒤를 따를 것이요, 사자처럼 부르짖는 야웨의 소리를 듣고서 두려운 마음으로 떨면서 올 것이다.30) 야웨 대신에 바알을 섬기고 강대국들을 의지함으로써 멀리 서쪽(앗수르)으로 잡혀간 이스라엘이 이제는 서쪽에서 다시금 고국으로 되돌아올 것이다.

그런데 흥미롭게도 호세아는 이전에 야웨 대신에 강대국인 이집트와 앗수르를 의지하며 두 나라 사이를 오간 이스라엘을 어리석고 분별없는 비둘기에 비교한 바가 있다(7:11). 그들은 야웨의 진노와 심판으로 야웨께서 그들에게 선물로 주신 땅에서 살지 못하고 그들이 의지했던 나라들로 흩어져서 사는 수치를 당할 운명에 처해 있었다(9:3; 11:5). 그러나 어리석은 비둘기였던 이스라엘이 이제는 경외하는 마음으로 떨면서 야웨의 뒤를 따라 고국으로 돌아올 것이고, 그럼으로써 그들은 하나님의 구원 행위에 신속하게 응답하는 모습을 보일 것이다.

그들이 떠나올 곳은 11a절에 묘사된 바와 같이 이집트와 앗수르가 될 것이다. 이 두 지역에 대한 언급은 앞의 5절과 평행 관계에 있는 것으로서, 이스라엘이 하나님의 벌을 받아 먼 땅으로 흩어져 살면

---

30) 10b절의 '예헤르두'는 공동번역이나 표준 새번역; REB; Stuart, *Hosea-Jonah*, 174; 이동수, 『호세아 연구』, 206-207처럼 11절에 있는 참새나 비둘기의 이미지에 맞추어 "그들이 빠른 속도로(또는 급히) 올 것이다"로 번역할 수도 있겠으나, 오히려 10a절의 사자 이미지에 비추어 볼 때 개역 개정판이나 NRSV; NIV; NASB; Wolff, *Hosea*, 193; Mays, *Hosea*, 151; Andersen and Freedman, *Hosea*, 592처럼 "그들이 떨면서 올 것이다"로 번역하는 것이 본문의 흐름에 더 적합한 듯하다.

서 압제와 억압을 당할 곳 – 정확하게는 10b절에서 말하는 서쪽, 곧 앗수르 –을 가리킨다. 그런데 이제 이스라엘이 하나님의 사랑과 긍휼에 힘입어 그들은 압제와 억압의 땅으로부터 참새 떼와 비둘기처럼 무리지어 고국으로 돌아올 것이다.

그렇다면 야웨께서 이스라엘을 이처럼 구원하시는 궁극적인 목적은 어디에 있는가? 그것은 흩어진 이스라엘을 그들의 집에서, 곧 약속의 땅에서 다시 살게 하는 데 있다. 귀향이 구원의 궁극 목표가 아니라 야웨의 땅에서 다시 정착하여 평화로운 삶을 누리게 하는 것이 구원의 궁극적인 목표인 것이다. 그렇게 될 때에야 비로소 야웨의 안전하고 확실한 구원이 이루어졌다고 볼 수 있는 바, 야웨께서는 그 일을 위해 사자처럼 일어나셔서 그들을 부르시고 그들을 인도하여 약속의 땅으로 인도하실 것이다.

호세아는 이상의 메시지를 마감하면서 예언자들의 전문 용어인 "야웨의 말씀이시다"('느움 야웨')라는 표현을 사용한다. 호세아보다 약간 먼저 활동한 아모스가 이 표현을 21회나 사용하고 있는 반면에, 호세아는 이 신탁 양식(oracle formula)을 네 번밖에 사용하지 않는다. 네 번의 용례들 중에 세 번이 호세아가 사용한 결혼 은유의 핵심에 해당하는 2장에 몰려 나타나고(2:13, 16, 21[H 2:15, 18, 23]), 나머지 한 번은 한참 뒤인 11:11에 나타난다. 이것은 11장의 단락이 11절에서 끝나고 있음을 보여 줌과 동시에, 11장 전체가 2장처럼 매우 중요한 메시지를 담고 있는 본문임을 암시하고 있는 것으로 보인다. 아마도 호세아는 하나님의 사랑과 이스라엘의 반역, 하나님의 긍휼하심과 이스라엘의 회복을 반복적으로 서술하면서 궁극적으로는 하나님의 사랑과 긍휼에 힘입어 이스라엘이 회복될 것임을 확증하기 위해서 이러한 신탁 양식을 사용했을 것이다. 이러한 판단이 옳다면 호세아는 이스라엘의 회복을 개인적으로 깊이 확신하고 있었다고 볼 수 있다.

이스라엘의 회개를 촉구하시는 하나님(11:12-12:6[H 12:1-7])

(11:12[H 12:1]) 에브라임은 거짓으로, 이스라엘 족속은 속임수로 나를 에워쌌고 유다는 하나님 곧 신실하시고 거룩하신 자에게 대하여 정함이 없도다.
(12:1[H 12:2]) 에브라임은 바람을 먹으며 동풍을 따라가서 종일토록 거짓과 포학을 더하여 앗수르와 계약을 맺고 기름을 애굽에 보내도다.
(12:2[H 12:3]) 여호와께서 유다와 논쟁하시고 야곱을 그 행실대로 벌하시며 그의 행위대로 그에게 보응하시리라.
(12:3[H 12:4]) 야곱은 모태에서 그의 형의 발뒤꿈치를 잡았고 또 힘으로는 하나님과 겨루되,
(12:4[H 12:5]) 천사와 겨루어 이기고 울며 그에게 간구하였으며 하나님은 벧엘에서 그를 만나셨고 거기에서 우리에게 말씀하셨나니,
(12:5[H 12:6]) 여호와는 만군의 하나님이시라. 여호와는 그를 기억하게 하는 이름이니라.
(12:6[H 12:7]) 그런즉 너의 하나님께로 돌아와서 인애와 정의를 지키며 항상 너의 하나님을 바랄지니라.

개역 개정판의 11:12는 맛소라 본문에서 12:1에 해당하는 구절이다. 내용상으로도 비판과 고발의 메시지를 담고 있는 11:12는 12:1 이하의 단락과 자연스럽게 연결된다. 호세아는 상반절에서 이스라엘이 마치 원수와 대적을 포위 공격하는 것처럼 야웨 하나님을 둘러싸되,[31] 거짓과 속임수를 무기로 하여 그를 에워싸고 있는 행동을 비난

---

31) 이스라엘의 이러한 행동은 일차적으로 호세아 자신을 겨냥하는 것이지만, 예언자가 하나님을 대변하는 자이기에 그것은 곧 야웨 하나님을 겨냥한 행동이나 마찬가지이다: Wolff, *Hosea*, 209. 그러나 일반적으로 학자들은 본문의 "나"를 호세아로 보는 볼프의 견해를 거부하고서 그것이 순전히 야웨

한다. 바로 이어서 그는 그와 크게 다를 바가 없는 남왕국 유다의 반역 행위, 곧 신실하시고 거룩하신 하나님을 거역하는 행동을 비난[32]하는 바, 두 나라의 죄악을 고발하면서 두 나라가 똑같이 심판의 대상이 되고 있음을 강조하는 메시지는 호세아서에서 여러 차례 발견된다 (5:5, 10, 12, 13; 6:4, 10-11; 8:14; 10:11). 더욱이 이곳의 단락에 속한 12:2(H 12:3)는 야웨께서 이스라엘의 경우와 똑같이 유다와도 논쟁을 벌이신다고 말한다.[33]

다시금 북왕국으로 초점을 옮긴 호세아는 12:1(H 12:2)에서 에브라임이 바람을 먹으며 동풍을 따라가서 날마다 거짓과 포학을 더하고 앗수르와 계약을 맺고 기름을 이집트에 보냈다고 말한다. 바람을 먹는다는 것은 강대국과 조약을 맺고자 하는 에브라임의 행동이 도무지

하나님을 가리킨다고 본다: Mays, *Hosea*, 160; Andersen and Freedman, *Hosea*, 601; Stuart, *Hosea-Jonah*, 189; Davies, *Hosea*, 269.

32) Stuart, *Hosea-Jonah*, 185. 그러나 NRSV는 유다와 관련된 하반절을 긍정적인 의미로 해석한다: "but Judah still walks with God, and is faithful to the Holy One." 이러한 해석은 맛소라 본문의 '크도쉼'을 장엄의 복수형 (plurla of majesty)으로 이해하기에 가능한 것으로(Mays, *Hosea*, 159-160; Davies, *Hosea*, 270), 유다에 대한 긍정적인 평가는 심판을 받을 이스라엘과 그렇지 않은 유다를 대비시키는 1:7에 그 뿌리를 두고 있다. 그런가 하면 "하나님"으로 번역된 '엘'이 가나안의 엘(El) 신을 가리키고 "거룩하신 자"로 번역된 맛소라 본문의 '크도쉼' 또는 BHS 비평장치가 제안하는 '크데쉼'이 제각기 가나안 만신전의 여러 신들이나 남자 신전 창기들을 가리킨다고 보는 견해에 반대하는 볼프는 '엘'이 야웨 하나님을 가리킨다고 보면서도 '크도쉼'이 예언자들이나 제사장들과도 같은 경건한 무리들을 가리키되, 보다 직접적으로는 거짓과 속임수에 고통당하는 호세아 자신을 가리킨다고 한다: Wolff, *Hosea*, 205-206, 209-211. 그러나 앤더슨과 프리드만은 '크도쉼'이 가나안의 신들을 가리킨다고 보아 본절을 유다 왕국의 우상 숭배를 비난하는 말씀으로 이해한다: Andersen and Freedman, *Hosea*, 603.
33) Andersen and Freedman, *Hosea*, 601-602.

만족을 얻을 수 없는 것임을 의미한다(8:7). 메뚜기 재앙이 닥쳐올 때(출 10:13) 또는 홍해가 갈라질 때(출 14:21)에도 사용된 적이 있던 동풍은 메마르고 건조한 바람으로, 하나님의 심판(창 41:6, 23, 27; 시 48:7; 사 27:8; 렘 18:17; 겔 17:10; 19:12; 27:26; 호 13:15) 또는 구원을 이루는 도구로 여겨지는 것이지만, 여기서는 이스라엘이 만물을 황폐케 하는 동풍의 소행을 그대로 본받는다는 것을 의미할 것이다.34) 그리고 고대 근동 지역에서 기름이 계약 체결 의식에 사용되었다는 점을 고려한다면, 이집트에 기름을 보냈다는 것은 일종의 계약 체결 의식을 가리킬 수 있다. 하반절에서 계약을 맺는 행동과 기름을 보내는 일이 평행 대구 관계에 있다는 것도 그 점을 뒷받침한다. 이 점에서 본다면 기름은 조공에 해당하는 것일 수도 있을 것이다(왕하 17:4).35)

야웨께서는 북왕국 이스라엘하고만 소송을 벌이시는 게 아니라 남왕국 유다와도 소송을 벌이시며, 야곱을 그 행실대로 벌하시고 그의 행위대로 보응하실 것이다(2절[H 3절]). 호세아는 여기서 4:1에 사용된 계약 소송(covenant lawsuit) 언어('리브')를 다시금 사용한다.36) 그가 말하는 야곱의 행실은 창세기의 족장사에 나오는 족장 야곱의

---

34) 아니면 호세아가 말하는 동풍은 파괴적인 힘을 가지고 있어서 이스라엘-특히 마지막 왕 호세아-이 의존하고자 하던 앗수르나 이집트를 가리키거나(Wolff, *Hosea*, 211), 이스라엘이 의존하고자 했던 나라들로부터 주어질 위협을 가리킬 수도 있을 것이다(Davies, *Hosea*, 271). 만일에 바로 앞의 "바람을 먹는다"는 구절을 "바람을 먹인다"로 번역할 경우(Davies, *Hosea*, 271; NRSV, "Ephraim herds the wind"), 그것은 "동풍을 따라가는 행동"과 평행을 이루는 것으로서, 이스라엘의 행동이 파괴적인 성격의 것임을 나타내는 것일 수도 있다.
35) Davies, *Hosea*, 271-272. 표준 새번역이 이러한 견해를 보이고 있다: "앗수리아와 동맹을 맺고 이집트에는 기름을 조공으로 바친다."
36) 개역 개정판은 이를 "논쟁하다"로 번역하고 있어서 본문의 정확한 의미를 충분히 전달하고 있다고 보기 어렵다.

행실을 가리킬 것이다. 호세아는 족장 야곱에 관한 부정적인 기억을 이스라엘의 잘못된 현재와 관련시킨다. 물론 이것은 조상들의 죄가 후손들에게 유전된다는 교리와 전혀 무관하다.

호세아는 야곱과 관련된 부정적인 전승 자료를 3-4절(H 4-5절)에서 사용한다. 이 자료에 의하면, 야곱은 모태에서 나올 때 형의 발뒤꿈치를 잡았고, "성인이 되었을 때에는"('브오노')37) 하나님과 겨루되 (3[H 4절]) 천사와 겨루어 이겼으며, 승리를 거둔 후에는 울면서 그에게 간구하였다. 그런가 하면 하나님은 벧엘에서 그를 만나셨고 거기에서 "우리에게" 말씀하셨다(4절[H 5절]). 그런데 호세아는 뜻밖에도 야곱이 에서에게서 장자권을 사들인 일이나 속임수를 써서 그로부터 장자가 받을 복을 가로챈 일에 대해서는 침묵한다. 야곱 전승은 출생으로부터 브누엘(얍복강)에 이르기까지만 소개되고 있는 셈이다. 그 중에서도 출생(3절[H 4절]; 창 25:19-26)과 얍복강 씨름(3-4절[H 4-5절]; 창 32:23-33) 및 벧엘 체험(4절[H 5절]; 창 28:10-22), 아람으로의 피신과 결혼 생활 및 유목 생활(12절[H 13절]; 창 28:5; 29:15-30) 등이 중점적으로 소개된다.

호세아는 3절(H 4절)에서 야곱의 출생과 브누엘 사건 모두에 대해서 언급하는 바, 전자는 야곱이 형 에서를 이기고자 한 사건을 가리키고 후자는 그가 하나님을 이기고자 한 사건을 가리킨다. 야곱의 집

---

37) '브오노'(in his strength)는 야곱이 장성한 때를 가리킨다: "in his manhood"(NRSV; Mays, *Hosea*, 161; Davies, *Hosea*, 273); "as a man" (NIV); "in his maturity"(NASB); Stuart, *Hosea-Jonah*, 185("when he was powerful"); "다 큰 다음에는"(표준 새번역). 그러나 볼프는 야곱이 부요하게 된 때를 가리킨다고 본다: Wolff, *Hosea*, 212("in his wealth"). 개역 개정판의 "힘으로는"이라는 번역은 본문의 의미를 제대로 전달하지 못하고 있다.

요하고 완강한 모습을 암시한다. 야곱과 씨름하던 사람이 야곱에게 "네가 하나님과 및 사람들('아나쉼')과 겨루어 이겼다"고 한 것(창 32:28)이 이를 가리킨다. 여기서 '아나쉼'은 에서와 라반 모두를 가리킬 것이다. 그러면서도 호세아는 창세기 25:22의 '브키르바흐'("그의 태 속에서")와는 다른 낱말인 '바베텐'("모태에서")을 사용함으로써, 양자 간의 전승 줄기가 서로 다를 수도 있음을 암시한다. 아마도 브누엘 사건은 야곱의 생애 마지막 부분에서 결정적으로 중요한 의미를 갖기 때문에 소개되었을 것이다.

그리고 포로기 이후의 묵시문학 이전에는 예언자들이 하나님의 천사에 관해 언급하는 일이 거의 없다는 점을 염두에 둔다면, 야곱과 씨름하던 자를 천사('말르아크')로 해석한 것은 호세아가 창세기에 있는 것과는 다른 전승을 사용하고 있음을 보여 준다. 그런가 하면 "울며 그에게 간구했다"는 것은 브누엘 체험을 가리킬 수도 있고 에서와의 만남을 가리킬 수도 있다. 창세기 전승에 의하면 야곱은 벧엘에서도 브누엘에서도 울며 간구한 적이 없기 때문이다. 엄밀하게 말해서 야곱은 라헬을 처음 만났을 때(창 29:11)와 형 에서를 만나 화해하였을 때(33:4) 울었다. 야곱이 브누엘에서 조건을 내걸고서 천사와 씨름했다는 점을 고려한다면(32:26), "울며 간구한 것"은 일차적으로는 브누엘 체험을 가리키겠지만(호세아의 상상력에 의한 윤색), 에서와의 만남을 가리킬 수도 있다. 아니면 천사가 야곱에게 가게 해달라고 부탁한 것(32:26)을 가리킬 수도 있다.[38]

호세아는 대체적으로 벧엘을 벧아웬으로 칭하지만(4:15; 5:8; 10:5), 여기서는 흥미롭게도 10:15와 마찬가지로 본 이름인 벧엘 그대로 칭한다. 창세기에 의하면, 벧엘에서의 하나님 만남은 28:11-22(31:13)와

---

38) 이에 대해서는 다음을 참조: Andersen and Freedman, *Hosea*, 609-614.

35:6-15에 언급되어 있다. 호세아가 이곳에서 언급하는 벧엘 체험은 전자를 가리킬 것이다. 이로써 호세아는 벧엘이 본래 야곱의 하나님 체험과 밀접하게 관련되어 있는 곳인데 이제는 우상 숭배의 중심지로 바뀌고 말았음을 비판하는 것으로 보인다. 호세아가 여기서 "우리에게" - 더 정확하게는 "우리와 함께"('임마누')[39] - 라는 표현을 사용한 것은 야곱과 후대의 이스라엘을 동일시하는 표현 방식에 해당할 것이다.

    3-4절(H 4-5절)에서 이렇듯이 야곱 전승을 소개한 호세아는 일종의 심판 송영(doxology of judgment) 또는 예전적인 선언문(참조. 암 4:13b; 9:5-6)[40]에 해당하는 5절(H 6절)에서 야웨가 절대적인 힘을 가지고 계신 만군의 하나님이요 우리가 기억해야 할 이름임을 강조한다. 이어서 그는 야곱 전승에 기초하여 이스라엘 백성에게 세 가지의 것을 촉구하는 바(6절[H 7절]). 그 첫 번째는 하나님께로 돌아오라는 ('슈브') 것이요, 두 번째는 인애('헤쎄드')와 정의('미슈파트')를 지키라는 것이며, 세 번째는 항상('타미드'=continually, always) 하나님을 바라면서[41] 살라는 것이다. 이 세 가지의 강조 명령을 통하여 호세아는 야곱 전승을 마무리하고 있다.

---

39) 개역 개정판; 불가타역("noviscum"); Andersen and Freedman, *Hosea*, 614-615 등이 이를 따르고 있으며, NASB("with us")도 같은 입장을 취하고 있다. 그러나 BHS의 비평장치는 70인역과 시리아역을 따라 이 구절을 '임모'("그에게") 또는 "그와 함께")로 고쳐서 읽을 것을 제안하며, NIV; NRSV; Wolff, *Hosea*, 206; Mays, *Hosea*, 161; Stuart, *Hosea-Jonah*, 185; Davies, *Hosea*, 276 등이 이를 따르고 있다.
40) Wolff, *Hosea*, 213.
41) 주석들이나 영어 번역 성서는 일관되게 "기다리라"("wait for")로 번역한다: NRSV; NIV; NASB; Wolff, *Hosea*, 214; Mays, *Hosea*, 161; Andersen and Freedman, *Hosea*, 593; Stuart, *Hosea-Jonah*, 185; Davies, *Hosea*, 277.

이스라엘의 윤리적이고 종교적인 탈선(12:7-11[H 12:8-12])

(12:7[H 12:8]) 그는 상인이라. 손에 거짓 저울을 가지고 속이기를 좋아하는도다.

(12:8[H 12:9]) 에브라임이 말하기를, "나는 실로 부자라. 내가 재물을 얻었는데 내가 수고한 모든 것 중에서 죄라 할 만한 불의를 내게서 찾아낼 자 없으리라" 하거니와,

(12:9[H 12:10]) 네가 애굽 땅에 있을 때부터 나는 네 하나님 여호와니라. 내가 너로 다시 장막에 거주하게 하기를 명절날에 하던 것 같게 하리라.

(12:10[H 12:11]) 내가 여러 선지자에게 말하였고 이상을 많이 보였으며 선지자들을 통하여 비유를 베풀었노라.

(12:11[H 12:12]) 길르앗은 불의한 것이냐? 과연 그러하다. 그들은 거짓되도다. 길갈에서는 무리가 수송아지로 제사를 드리며 그 제단은 밭이랑에 쌓인 돌무더기 같도다.

야곱 전승을 잠시 마무리하고서 다시금 북왕국의 냉엄한 현실로 돌아온 호세아는 그 다음 단락인 7-11절(H 8-12절)의 서두에서 이스라엘 내부의 윤리적인 문제, 곧 거짓 저울을 가지고서 약하고 힘없는 자들을 괴롭히는 이스라엘 상인들의 두 가지 죄악, 곧 탐욕과 부정직[42]을 고발하며(7절[H 8절]), 이 단락의 마지막 절인 11절(H 12절)에서는 이스라엘의 종교적이고 제의적인 탈선을 고발한다. 이는 예언자들의 핵심적인 고발 메시지인 윤리적인 문제와 제의적인 문제가 본 단락을 시작하고 마무리하는 것임을 잘 보여 준다. 본 단락의 중간에 있는 8-10절(H 9-11절)에서 호세아는 야웨께서 출애굽 이후로 예언자

---

42) Andersen and Freedman, *Hosea*, 616.

들의 활동에 이르기까지 이스라엘에게 계속 은혜를 베풀어 주셨음을 강조한다.

"상인"으로 번역된 낱말 '크나안'은 본래 가나안을 가리키는 낱말이지만, 여기서는 계약 백성으로서의 정체성을 상실한 채로 가나안의 음행과 상업 정신으로 가득한 이스라엘을 가리키는 낱말로 사용되고 있다.43) 옛 이스라엘 사람들에게 있어서 상업 활동은 본래 이방인들에게 속한 것이었다. 이 점은 에스겔 16:29와 17:4에 있는 '에레츠 크나안'이라는 표현이 "장사하는 땅"(a land of trade)으로 번역되고 있다는 사실을 통해서 확인된다.44) 호세아는 이처럼 가나안의 탐욕스러운 상업 정신에 오염된 이스라엘이 거짓 저울을 가지고서 사람들 속이기를 좋아하는 상인과도 같음을 비난하고 있다.45)

2절(H 3절)에서 법정 소송과 관련된 언어를 사용한 호세아는 8절(H 9절)에서도 피고인 에브라임의 무죄 변명을 인용함으로써 우회적으로 그들의 죄악을 고발하고 있다. 그 인용문에 의하면, 스스로 부자임을 자랑하면서 부와 성공이 부의 획득 수단을 정당화한다고 믿는 에브라임 ― 더 정확하게는 이스라엘의 왕실 관리들이나 귀족들46) ― 은 그들이 수고하여 얻은 재물 중에서 죄라 할 만한 불의를 찾아낼 자가 없을 것이라고 자신 있게 말한다. 호세아는 에브라임이 온갖 불의한 방법으로 재물을 모았다는 사실을 잘 알고 있었다. 그러면서도 그가 에브라임의 이러한 무죄 변명을 그대로 인용하는 형식을 취한 것은

---

43) Mays, *Hosea*, 167; Stuart, *Hosea-Jonah*, 192; Davies, *Hosea*, 278.
44) Wolff, *Hosea*, 214.
45) 구약성서에 자주 언급되는 거짓 저울(레 19:36; 신 25:13; 겔 45:10; 욥 31:6; 잠 11:1; 20:23; 암 8:5)은 부정직을 상징하는 것인데, 특히 이스라엘의 악한 상인들을 고발하는 아모스 8:4-6에 그 점이 잘 반영되어 있다.
46) Chisholm, 『예언서 개론』, 548.

그들의 거짓과 속임수(11:12[H 12:1])를 만 천하에 있는 그대로 폭로하고 싶었기 때문이다.47)

12장은 9-10절(H 10-11절)에서만 야웨를 1인칭으로 묘사하는 바, 9절에서 하나님은 계약 백성의 정체성을 상실하고서 가나안화 된 에브라임의 무죄 변명에 대하여 예전적인 선언문48) 형태로 자신의 분명한 정체성을 밝히신다.49) 그는 이스라엘이 이집트 땅에 있을 때부터 자신이 그들의 하나님 야웨였음을 분명하게 지적하면서, 명절날(초막절)50)에 한 것처럼('키메 모에드') 그들을 다시 광야의 장막에 거주하게 하실 것임을 밝히신다(참조. 레 23:43). 9:6에서 하나님은 가나안 땅에 있는 그들의 장막 안에 가시덩굴이 퍼지리라는 심판의 말씀을 선포하셨으나, 여기서는 그들의 광야 장막이 사람들로 가득 차게 될 것이라고 말씀하심으로써, 북왕국을 다시금 고난과 시련의 땅인 광야로 몰아내어 가나안화 된 그들의 삶을 끝장내실 것임을 암시하는 것으로 보인다(2:9, 14[H 2:11, 16]; 9:15, 17).51) 이는 스스로 부자임을 앞세우는 이스라엘로 하여금 그 모든 부와 재산을 다 잃어버린 채로 처음부터 다시 시작하게 할 것임을 뜻하는 심판의 메시지가 아닐 수 없다.

---

47) 신명기 8:16-18은 이스라엘의 광야 생활이 그들을 낮추시고 시험하심으로써 그들에게 복을 주기 위한 목적을 가지고 있었고, 설령 그들이 많은 재물을 얻는다 할지라도, 그들로 하여금 자신의 재물을 자랑하지 못하게 하기 위함이었음을 밝히고 있다.
48) 이러한 형태의 예전적인 선언문은 13:4a에서 되풀이된다: Andersen and Freedman, *Hosea*, 617.
49) Mays, *Hosea*, 167.
50) Stuart, *Hosea-Jonah*, 193-194; Chisholm, 『예언서 개론』, 549.
51) Wolff, *Hosea*, 215; Mays, *Hosea*, 167; Stuart, *Hosea-Jonah*, 193; Davies, *Hosea*, 279; Chisholm, 『예언서 개론』, 549.

이어지는 10절(H 11절)에서 하나님은 왕정 시대의 예언 활동에 대해서 언급한다. 그 시절에 그는 여러 예언자들에게 말씀하셨고 환상들(visions)을 많이 보이셨으며, 예언자들을 통하여('브야드 한느비임') 비유를 베푸셨다(6:5). 호세아가 이 본문에서 언급하는 예언자들은 문서 예언 이전의 초기 예언자들로부터 시작하여 호세아의 시대에 이르기까지 활동했던 모든 예언자들을 가리킬 것이다. 그리고 환상이나 비유는 예언자들의 상징적인 행동이나 환상, 은유 등을 모두 포함할 것이다.

길르앗이 과연 불의한 것이냐[52]를 물으면서 그곳에 거주하는 사람들의 거짓됨을 고발하는 11절은 이스라엘의 종교적인 범죄가 수도권 지역에 국한되지 않음을 보여 준다. 길갈 역시 그러한 범죄 행위의 중심지로 언급된다. 호세아는 앞서 길르앗과 길갈을 불법적인 제사가 드려지는 곳으로 언급한 바가 있다. 6:8에서 그는 길르앗을 악을 행하는 자의 고을이요, 피 발자국으로 가득 찬 고을로 소개한 적이 있으며, 4:15에서는 길갈과 벧아웬으로 찾아가는 행위를 비판한 적이 있다. 아모스 역시 4:4-5(벧엘과 길갈); 5:5(벧엘과 길갈과 브엘세바)에서 이들 지역 성소들을 방문하는 행위를 비판한 적이 있다. 호세아는 한 걸음 더 나아가서 이스라엘 안에 있는 제단들이 밭이랑에 쌓인 돌무더기('갈림')[53] 같이 많다고 비난한다.

---

52) BHS 비평 장치는 맛소라 본문의 '임-길르앗 아벤'("만일에 길르앗이 불의하다면"; Wolff, *Hosea*, 207; Mays, *Hosea*, 166; Stuart, *Hosea-Jonah*, 186)을 '바길르앗 아벤'("길르앗에 불의가 있다")으로 수정하여 읽을 것을 제안한다. NRSV가 이를 따르고 있다("In Gilead there is iniquity"). NASB는 BHS 비평 장치를 따르되, 의문문 형태를 그대로 유지하고 있다("Is there iniquity in Gilead?"). 그러나 개역 개정판과 표준 새번역 및 NIV 등은 맛소라 본문을 의문문으로 번역하고 있다: "길르앗이 불의한 것이냐?"
53) 여기서 말하는 돌무더기는 일종의 경계선 표시판(landmarks 또는 boundary

하나님을 격노케 하는 이스라엘(12:12-14[H 12:13-15])

(12:12[H 12:13]) 야곱이 아람의 들로 도망하였으며 이스라엘이 아내를 얻기 위하여 사람을 섬기며 아내를 얻기 위하여 양을 쳤고,
(12:13[H 12:14]) 여호와께서는 한 선지자로 이스라엘을 애굽에서 인도하여 내셨고 이스라엘이 한 선지자로 보호 받았거늘,
(12:14[H 12:15]) 에브라임이 격노하게 함이 극심하였으니 그의 주께서 그의 피로 그의 위에 머물러 있게 하시며 그의 수치를 그에게 돌리시리라.

새로운 단락이 시작되는 12절(H 13절)에서 호세아는 다시금 야곱 전승을 소개하면서, 이스라엘의 조상 야곱이 형 에서의 추격과 보복을 피하여 아람 들로 도망하였으며, 라헬(창 29:18-20)과 레아(창 31:41)를 아내로 얻기 위하여 외삼촌 라반을 섬기면서 양을 쳤다는 사실을 언급한다. 아마도 호세아는 야곱이 속임수를 써서 장자가 받을 복을 가로챈 결과 아람 들로 도망했다는 사실이나, 결혼을 위하여 라반의 집에서 종살이를 해야 했다는 사실을 이스라엘의 속임수(11:12[H 12:1])와 그로 인한 하나님의 심판과 관련시키고자 했을 것이다.

호세아가 소개하는 이러한 야곱 전승은 예언 전승을 소개하는 13절(H 14절)로 이어진다. 야웨께서는 한 예언자를 통하여 이스라엘을 이집트에서 인도하여 내셨으며, 이스라엘은 한 예언자[54]를 통하여 보

---

markers)이나 개간을 위해 밭에서 골라낸 돌무더기를 가리킨다: Davies, *Hosea*, 282. 아마도 호세아는 '갈림'이라는 낱말의 발음이 '길갈'이나 '길르앗'과 유사하다는 점에 착안하여 이러한 표현을 사용했을 것이다: Andersen and Freedman, *Hosea*, 620; Chisholm, 『예언서 개론』, 549.
54) 13절(H 14절)이 두 차례에 걸쳐서 언급하는 "한 예언자"는 출애굽 사건을 언급하므로 모세를 가리키고 있음이 분명하다(신 18:15; 34:10): Wolff,

호를 받았다. 호세아는 이로써 야곱이 라헬을 얻기 위해 고생한 것을 하나님께서 모세를 통해 이스라엘을 이집트에서 건져내신 것과 관련시킨다. 그리고 레아를 얻기 위한 야곱의 노력을 모세(또는 사무엘)의 활동을 통한 하나님의 보호하심과 비교한다. 비록 이 둘이 같은 차원에 속할 수는 없지만 그럼에도 불구하고 그 둘을 평행 관계 속에 놓음으로써, 하나님의 신실하신 구원 은총과 이스라엘의 뻔뻔스러운 반역 행위를 대비시키고 있는 것이다.

계약 소송을 마무리하는 12장의 마지막 절에서 호세아는 하나님을 격노케 한 에브라임의 죄악─8절(H 9절)의 윤리적인 범죄와 11절(H 12절)의 종교적인 범죄─이 너무 큰 까닭에 그들이 하나님의 심판을 피할 수 없을 것임을 분명하게 선포한다. 하나님은 그의 피, 곧 이스라엘이 흘린 피[55]를 그의 위에 머물러 있게 하시며, 자신의 수치, 곧 에브라임의 범죄로 인하여 하나님이 당한 수치[56]를 그에게 돌리실 것이다(14절[H 15절]). 호세아는 이렇듯이 야웨께서 야곱을 그 행실대로 벌하시고 그의 행위대로 보응하실 것이라는 12장 서두의 심판

Hosea, 216; Mays, *Hosea*, 170; Stuart, *Hosea-Jonah*, 195; Davies, *Hosea*, 282. 그러나 일부 학자들은 모세와 사무엘을 언급하는 예레미야 15:1에 근거하여 두 번째 예언자를 사무엘로 본다. 사무엘이야말로 모세처럼 이스라엘을 보호하는 데 힘쓴 자이기 때문이다. 엘리야는 분열 왕국 시대 사람이지만 사무엘은 왕정 이전의 인물이라는 점도 이러한 추론에 힘을 더해주는 것으로 보인다. 그러나 사무엘보다는 엘리야를 그 예언자로 보려는 견해도 만만치 않다. 엘리야가 바알 종교와 싸운 예언자이고 더 최근의 사람이어서 호세아의 기억에 더 많이 남아 있었을 것이기 때문이다. 또한 엘리야는 왕정에 맞서 싸운 예언자이지만, 사무엘은 왕정 수립에 직접 관여한 사람이었기 때문이다: Andersen and Freedman, *Hosea*, 621.

55) 이스라엘이 흘린 피는 4:2에 잘 요약되어 있다: "오직 저주와 속임과 살인과 도둑질과 간음뿐이요 포악하여 피가 피를 뒤이음이라."

56) Andersen and Freedman, *Hosea*, 623.

선고(2절[H 3절])를 12장 마지막 절과 연결시킴으로써 12장의 메시지를 일관성 있게 잘 마무리하고 있다.

3. 묵상과 적용

가. 호세아 11장은 1-3장과 더불어 호세아가 "사랑의 예언자"로 불리는 이유가 어디에 있는지를 가장 잘 설명해 주는 본문이다. 1-3장이 하나님의 사랑을 남편과 아내 사이의 관계에서 남편이 아내에게 베푸는 사랑과 같은 것으로 이해하고 있다면, 11장은 하나님의 사랑을 부모가 자식에게 주는 사랑과 같은 것으로 이해한다. 부부 관계에서 이루어지는 사랑이 쌍방적인 것이라면 부모-자녀 관계의 사랑은 일방적으로 부모로부터 자식에게로 전달되는 성격을 갖는다. 그리고 부모-자녀 관계의 주도권이 부모에게 있는 것과 마찬가지로 야웨 하나님과 이스라엘 사이의 주도권 역시 야웨께 있다. 달리 말해서 이스라엘이 하나님의 아들로 인정되어 그의 자녀 신분을 갖게 된 것은 하나님의 사랑과 그의 일방적인 선택(부르심)에 의해서 이루어진 것이지(신 7:6-8), 이스라엘이 야웨 하나님을 선택하여 그를 자기들의 아버지로 또는 부모로 모신 것은 결코 아니다. 이 점에서 본다면, 이스라엘 민족의 출현과 형성은 전적으로 하나님의 사랑에 기인한 것이라고 말할 수 있다. 하나님의 사랑이야말로 이스라엘 민족의 존재 근거를 이룬다.

오늘의 우리도 마찬가지이다. 오늘의 교회와 그리스도인들은 사랑 그 자체이신 하나님(요일 4:7-8, 16)의 은혜와 구원 의지에 힘입어 그의 자녀로 선택된 것이지, 우리가 먼저 그를 선택하여 아버지로 섬기는 것은 결코 아니다(요 15:16; 엡 2:1-10; 벧전 2:9; 요일 4:10). 순종의 근거가 바로 여기에 있다. 아무런 조건 없이 값비싼 하나님의 사랑을 받은 자는 기쁨으로 그를 섬기며 그에게 영광 돌리는 삶을 살아야 하고 말씀에 순종하는 삶으로 모범을 보여야 한다(요일 5:3). 하나님의 사랑을 거역한 이스라엘처럼 해서는 안 된다. 참으로 하나님의 사랑을 받은 자라면 누구나 세상 모든 사람들에게 향기를 발하는 아름다운 삶을 살아야 하고 하나님의 택하심을 입은 자답게 거룩하고 경건한 삶을 사는 데 최선을 다해야 한다(골 3:12-17). 나면서부터 부모의 도움을 절대적으로 필요로 하는 어린 아이들처럼 전적으로 하나님만을 신뢰하고 그의 사랑에 힘입어 사는 삶이야말로 그의 사랑에 응답하는 가장 훌륭한 방법이 아니겠는가!

나. 하나님의 사랑은 징계를 포함한다. 하나님의 사랑을 계속해서 거부한 이스라엘은 그 사랑에서 비롯된 벌(참조. 계 3:19)을 피하지 못한다. 이스라엘은 마치 집을 나갔다가 비참한 신세로 전락한 탕자와도 같이(눅 15:11-17) 계속 하나님을 멀리하고 우상 숭배에 빠짐으로써, 앗수르의 침략을 받아 다시금 압제와 속박을 당할 것이다. 그러나 그것으로 모든 것이 끝나는 것은 결코 아니다. 부모를 거역한 자식은 죽음의 형벌을 받아야 마땅하지만(신 21:18-21), 어느 부모가 범죄한 자식을 그대로 죽게 내버려 두겠는가!

이스라엘을 향한 하나님의 심정은 자녀를 향한 부모의 심정과도 같아서 잘못된 행동에 대해 벌을 내리면서도 궁극적으로는 아들과도 같은 이스라엘을 향한 불타는 사랑으로 가득 차 있다. 벌을 받아 고통당하는 자식을 보면서 부모가 고통을 느끼는 것처럼, 심판을 받아 망하게 될 이스라엘을 보시는 하나님도 같은 고통을 느끼신다. 하나님은 이스라엘을 사랑하셨으나 그 이스라엘로부터 사랑을 받지 못한 까닭에 고통을 느끼신다. 하나님은 심판을 요구하는 공의(또는 정의)와 용서를 촉구하는 사랑 사이의 갈등 속에서 고민하며 괴로워하신다. 그러나 하나님의 사랑은 마침내 그러한 갈등과 고통을 극복한다. 하나님의 사랑에는 심판과 징계를 넘어서서 새로운 구원 역사를 이루는 놀라운 힘이 있기 때문이다. 심판을 받아 망하게 될 이스라엘은 그 사랑에 힘입어 다시 일어설 수 있다. 십자가와 부활의 복음 역시 마찬가지이다. 하나님은 인간을 사랑하시나 그 인간으로부터 사랑을 받지 못하는 까닭에 고통과 슬픔을 당하신다. 예수 그리스도의 십자가와 죽음은 그러한 고통과 슬픔의 결정체라 할 것이다. 그러나 하나님의 사랑은 죽음의 고통조차도 능히 이겨내는 힘을 가지고 있다. 마침내 부활을 통해 사랑은 그러한 고통을 극복한다.

다. 이스라엘의 회복과 구원은 결코 그들 스스로의 노력에 의해 이루어지는 것이 아니다. 그것은 전적으로 하나님의 사랑에 의해서만 이루어진다. 이스라엘이 스스로 뉘우치고 회개하여 하나님께로 돌이키는 일이 먼저 있는 것이 아니라, 하나님께서 일방적으로 그들을 용납하시고 그들에게 사랑을 베풀어 주셔서 그들을 구원하시고 회복시키신다. 그렇다고 해서 아무나 닥치는 대로 구원 받는 것은 물론 아니다. 죄인까지도 용납하시는 하나님의 사랑에 바르게 응답하는 자라야 구원의 열매를 맛볼 수 있다. 이것은 마치 하나님께서 사자처럼 부르짖으면서 이스라엘을 약속의 땅으로 인도하실 때 떨면서 그의 뒤를 따르는 자들, 그리고 하나님께로 돌아와서 인애와 정의를 지키면서 항상 하나님을 바라며 기다리는 자들이라야 구원과 회복의 은총을 맛볼 수 있는 것과 마찬가지 이치에 속한다.

예언자들은 그러한 사람들을 "남은 자"(remnant)라고 일컬은 바가 있다(사 10:20-23; 11:11-16; 미 2:12-13; 4:6-7; 5:3, 7-9; 습 3:12-13 등). 남은 자는 세상적으로 내세울 것이 전혀 없는 연약하고 곤고한 자들인 까닭에 진실한 마음으로 하나님을 의뢰하는 자들이요, 인애와 정의를 지키는 자들이다. 야웨께서는 이러한 사람들을 통하여 자신의 구원을 이루신다. 하나님의 사랑은 항상 새로운 구원의 역사를 이끌어 갈 자들을 남겨 두시는 바, 그들은 신실한 마음으로 하나님의 뒤를 따를 자들인 것이다. 무릇 모든 그리스도인은 이 시대에 하나님에 의해 선택된 자들이요 이 시대의 남은 자들이라 할 수 있다. 하나님의 자녀로 선택된 남은 자라면 당연히 하나님의 사랑을 거역하지 않아야 하며, 그의 사랑에 바르게 응답하는 자가 되어야 한다.

제8강

푸른 잣나무 같으신 하나님(13~14장)

1. 들어가는 말

　호세아는 마지막 두 장인 13-14장에서도 이스라엘의 다양한 죄악, 그 중에서도 특히 풍요제의 참여를 포함하는 우상 숭배 행위와 하나님의 왕권을 부정하고서 지상의 왕권을 절대시함으로써 처음부터 하나님의 기대를 저버린 비뚤어진 왕정 제도 및 야웨 하나님을 의지하기보다는 강대국의 군사력을 더 신뢰하고자 하던 강대국 의존 정책 등을 줄기차게 비판한다. 물론 그들의 죄악에 대한 하나님의 엄한 심판 역시 예외 없이 선포된다. 그러나 무엇보다도 중요한 것은 하나님이 죄악과 심판을 뛰어넘어 자기 백성 이스라엘의 구원과 회복을 위해 원대한 계획을 가지고 계시다는 점이다. 13장이 앞의 두 가지, 곧 죄악 고발과 심판 선고에 초점을 맞추고 있다면, 14장은 심판을 뛰어넘는 하나님의 구원과 회복에 초점을 맞추고 있다.

이제까지 호세아가 선포한 심판 메시지의 절정에 해당하는 13장은 크게 세 단락으로 나누인다. 1-3절은 호세아가 말하는 내용을 담은 단락으로, 우상숭배에 대한 하나님의 심판을 다루고 있으며, 4-14절은 야웨 하나님이 직접 하시는 말씀을 담은 것으로, 우상 숭배를 포함하는 이스라엘의 다신교 풍습과 잘못된 왕정 제도에 대한 심판을 다루고 있다. 그리고 마지막 15-16절(H 13:15-14:1)은 다시금 호세아가 말하는 내용을 담은 단락으로, 앞 단락과 마찬가지로 이스라엘의 우상숭배에 대한 심판을 다루고 있다.1) 이 세 단락 중 두 번째인 4-14절 단락은 다시금 4-8절과 9-11절 및 12-14절 등으로 세분될 수 있다. 4-8절이 이스라엘의 배신행위에 대한 하나님의 심판을 다루고 있다면, 9-11절은 이스라엘의 왕정 제도를 조롱하는 말씀을 담고 있다. 그리고 12-14절은 다시금 이스라엘의 불의와 죄에 대한 하나님의 가혹한 심판을 다루고 있다.

그런가 하면 호세아서의 마지막 장(14장)은 세 단락으로 나누어진다. 1-3절(H 2-4절)과 4-8절(H 5-9절) 및 9절(H 10절) 등이 그렇다.2) 그런데 흥미롭게도 첫 단락인 1-3절(H 2-4절)은 하나님을 3인칭으로 묘사하고 있으며, 두 번째 단락인 4-8절(H 5-9절)은 하나님을 1인칭으로 묘사하고 있다. 그리고 마지막 9절(H 10절)은 지혜문학의 영향을 받은 편집자의 추가문으로 알려져 있다. 1-3절(H 2-4절)이 회개 촉구 메시지(1-2a절[H 2-3a절])와 회개의 기도(2b-3절[H 3b-4절])의 두 부

---

1) 스튜어트는 여기서 말하는 세 단락이 제각기 이스라엘의 죄를 상기시키는 역사적인 회상으로 시작되고(1-2절; (4)5-6절; 12-13절) 심판 선고로 이어진다(3절; 7-8절; 15-16절[H 13:15-14:1])고 보며, 9-11절(조롱)과 14절(하나님의 독백)은 제각기 두 번째와 세 번째 단락을 확장시키는 역할을 수행한다고 주장한다: Stuart, *Hosea-Jonah*, 284.
2) Davies, *Hosea*, 298.

분으로 구성되어 있는 반면에, 구원과 회복의 메시지를 담고 있는 4-8절(H 5-9절)은 회개의 기도에 대한 하나님의 답변으로 이루어져 있다.

2. 본문 주해

13:1-3	우상 숭배를 향한 심판
13:4-8	이스라엘에게 들짐승 같으신 하나님
13:9-11	이스라엘의 왕정 제도 비판
13:12-14	유보된 최종 심판의 도래
13:15-16(H 13:15-14:1)	하나님의 가혹한 심판
14:1-3(H 14:2-4)	회개를 촉구하는 호세아
14:4-8(H 14:5-9)	회개의 기도에 대한 하나님의 답변
14:9(H 14:10)	지혜로운 사람과 의인

우상 숭배를 향한 심판(13:1-3)

(13:1) 에브라임이 말을 하면 사람들이 떨었도다. 그가 이스라엘 중에서 자기를 높이더니 바알로 말미암아 범죄하므로 망하였거늘

(13:2) 이제도 그들은 더욱 범죄하여 그 은으로 자기를 위하여 우상을 부어 만들되, 자기의 정교함을 따라 우상을 만들었으며, 그것은 다 은장색이 만든 것이거늘 그들은 그것에 대하여 말하기를, "제사를 드리는 자는 송아지와 입을 맞출 것이라" 하도다.

(13:3) 이러므로 그들은 아침 구름 같으며 쉬 사라지는 이슬 같으며 타작마당에서 광풍에 날리는 쭉정이 같으며 굴뚝에서 나가는 연기 같으리라.

13장은 이스라엘의 과거 역사를 회상하는 고발의 메시지로 시작된다. 1절이 그 점을 잘 보여 준다. 그런데 1절이 속한 1-3절 단락은

호세아가 직접 말하는 형식을 취하고 있는 본문으로, 이스라엘의 과거(1절)와 현재(2절) 및 미래(3절)를 모두 다루되, 이 셋이 하나로 연결되어 있다고 봄으로써 일관성을 가진 한 단락을 구성하고 있다. 1절이 과거의 범죄 행동을 다루고 있다면, 2절은 현재의 범죄 행동을 다루고 있으며, 3절은 심판 선고의 서두에 해당하는 '라켄'("그러므로")을 사용함으로써 그들의 범죄 행동에 대한 하나님의 심판을 다루고 있다는 점이 그렇다.[3]

호세아가 1절에서 말하는 에브라임은 북왕국의 중심을 이루는 에브라임 지파를 가리키기보다는 사마리아의 왕실이 있는 에브라임 산지를 가리킬 것이다. 사마리아에서 지난 20여 년 동안 발하여진 각종 정치적인 결정, 이를테면 앗수르 반대의 기치를 내걸고서 시작한 시리아-에브라임 동맹(왕하 16:5)과 같은 결정들은 북왕국과 유다의 다른 지역들에 두려움과 공포심을 주었을 것이다("에브라임이 말을 하면 사람들이 떨었도다").[4] 사마리아 왕실은 이스라엘 중에서 자신을 높였으나, 바알 신을 섬기는 죄를 범함으로써 주전 733년에 디글랏 빌레셀 3세의 공격을 받아(왕하 15:29) 마치 죽음을 맛보는 것과도 같은 큰 피해를 입고 말았다('와야모트,' "and he died"; 1b절).[5]

그러나 죽음까지도 불사하는 야웨 하나님의 징계 조치들은 아무

---

3) Wolff, *Hosea*, 222; Mays, *Hosea*, 171.
4) Wolff, *Hosea*, 225. 이사야 7:2에 이 점이 잘 반영되어 있다: "어떤 사람이 다윗의 집에 알려 이르되 아람이 에브라임과 동맹하였다 하였으므로 왕의 마음과 그의 백성의 마음이 숲이 바람에 흔들림 같이 흔들렸더라."
5) Wolff, *Hosea*, 225. 그러나 죽음이 13장에 자주 나오는 주제들 중의 하나(7-8, 14, 16절)라고 보는 데이비스는 이것이 바알 브올 사건(9:10; 민 25장)과 사사 시대의 심판(삿 2:11-15) 등과 같은 초기의 사건들을 가리킴에 틀림이 없다고 본다: Davies, *Hosea*, 286; Andersen and Freedman, *Hosea*, 630.

런 열매도 거두지 못했다. 2절에 언급되어 있는 이스라엘의 현재적인 죄악이 그 점을 잘 보여 준다. 호세아의 지적에 의하면, 이스라엘은 앗수르의 침공을 매개로 하는 하나님의 엄한 심판을 받았음에도 불구하고 더욱 범죄하여 은으로6) 자기들을 위하여 우상('마쎄카'; a molten image)7)을 부어 만들되, 온갖 재주를 다하여 만들었다. 또한 그들은 세공업자들이 만든 그것을 향하여 "제사를 드리는 자8)는 송아지와 입

---

6) 바알 송아지 신상은 본래 금으로 만든 것이지만(출 32장) 호세아는 은으로 만든 신상에 대해 얘기한다. 아마도 여기서 말하는 은(銀)은 부(富)를 뜻하는 일반적인 용어로 사용되었을 것이다: Davies, *Hosea*, 287. 실제로 호세아는 전체적으로 볼 때 금보다는 은을 더 자주 언급하며 금은 반드시 은과 더불어 언급한다(2:8[H 2:10]; 8:4; 9:6): Andersen and Freedman, *Hosea*, 631.

7) '마쎄카'는 출애굽기 32:4, 8; 신명기 9:16; 느헤미야 9:18; 시편 106:19 등에서 아론이 이스라엘 백성의 요청에 의하여 만든 금송아지를 가리키며, 열왕기상 14:9와 열왕기하 17:16에서는 여로보암이 만든 금송아지를 가리킨다: Davies, *Hosea*, 287. 그런데 흥미롭게도 개역 개정판은 출애굽기 32:4, 8; 신명기 9:16 등에 똑같이 나오는 히브리어 표현 '아사 에겔 마쎄카'를 제각기 "송아지 형상을 만드니"(출 32:4); "송아지를 부어 만들고"(출 32:8); "송아지를 부어 만들어서"(신 9:16); "송아지를 부어 만들고"(느 9:18) 등으로 번역하며, 시편 106:19의 '아사 에겔'과 '마쎄카'는 제각기 "송아지를 만들고"와 "부어 만든 우상"으로 번역한다. 그리고 열왕기상 14:9의 '아사 엘로힘 아헤림 마쎄코트'는 "다른 신들을 만들며 우상을 부어 만들어"로, 그리고 열왕기하 17:16의 '아사 마쎄카 셰심 아갈림'을 "두 송아지 형상을 부어 만들고"로 번역한다.

8) 맛소라 본문은 '조브헤 아담'으로 되어 있어 "사람을 제물로 드리는 자들"이라는 뜻이 된다. 인신 제사에 대한 언급이 된다는 얘기다: Wolff, *Hosea*, 219, 225; Andersen and Freedman, *Hosea*, 632; Davies, *Hosea*, 287. NIV가 이러한 번역을 취하고 있다: "They offer human sacrifice." 그러나 BHS 비평 장치는 '조브힘 아담'이나 '자브후 아담' 또는 '지브후 아담'으로 고쳐서 읽을 것을 제안한다: "the men who sacrifice"(NASB, NKJV); "Sacrifice to these,"(they say.) People (are kissing calves!)"(NRSV); Chisholm, 『예

을 맞추라!"고 명하기까지 하였다. 여기서 벧엘의 송아지 우상(8:5-6; 10:5)과 입을 맞추는 행동은 일종의 제의적인 입맞춤(cultic kiss/ritual kissing)에 해당하는 것으로, 해당 신을 향한 헌신의 증거로 행하는 의식이었다.9)

호세아가 이렇듯이 지적한 이스라엘의 세 가지 범죄, 곧 우상을 만든 일과 우상에게 희생 제사를 드리고 제의적인 입맞춤을 하는 등의 행동은 모두 십계명의 두 번째 계명을 위반하는 것이라고 할 수 있다. 이러한 계명 위반 행위에 대한 하나님의 심판은 어떠한 형태로 주어지는가? 3절에 그 답이 있다. 호세아는 3절에서 바알의 풍요제의 참여를 통하여 생명을 얻으려 하는 자들이 도리어 생명을 잃을 것임을 예언하는 바, 그는 이를 네 가지 직유법을 통하여 표현한다. 범죄한 이스라엘이 아침 구름("아침 안개," 표준 새번역) 같고 이른 새벽에 쉽게 사라지는 이슬 같으며, 타작마당에서 광풍에 날리는 쭉정이 같고 굴뚝10)에서 나가는 연기 같을 것이라는 예언이 그렇다.

주변에서 흔히 목격할 수 있는 자연현상—더 정확하게 말해서 앞의 둘은 자연계, 뒤의 둘은 가정생활—과 관련된 이 네 가지 직유는

언서 개론』, 550("희생제물을 드리는 사람들"); 이동수, 『심판에서 구원으로: 호세아 12-14장의 본문과 구조』(서울: 장로회신학대학교출판부, 1998), 202("그들은 '그것들에게 제물을 바쳐라'고 말한다. 사람들이 송아지 신상들에게 입을 맞춘다"). 그런가 하면 스튜어트는 '아담'을 '임메림'(lambs)으로 고쳐 읽을 것을 제안한다: Stuart, *Hosea-Jonah*, 200.
9) 열왕기상 19:18에 의하면, 엘리야의 시대에는 바알에게 무릎 꿇지 않고 "그 입을 바알에게 맞추지 아니한 자들"이 7천 명이나 되었다.
10) 히브리어 '아룹바'는 비둘기집에 달려 있는 조그마한 통로(사 60:8)를 가리키기도 하지만, 바깥으로 연결되는 환기용 소형 창문(window, vent)을 가리킬 수도 있다(전 12:3): Wolff, *Hosea*, 225-226; Mays, *Hosea*, 173. 그래서인지 NRSV; NIV; Stuart, *Hosea-Jonah*, 198; Davies, *Hosea*, 288 등은 이 낱말을 "window"로 번역한다.

하나님의 심판과 파괴가 신속하고도 철저할 것임을 암시한다.[11] 그런데 흥미롭게도 호세아는 6:4에서도 "너희의 인애가 아침 구름이나 쉬 없어지는 이슬 같다"고 예언한 바가 있다. 전후 문맥에 의하면, 이 본문은 야웨의 나타나심이 새벽빛처럼 일정하고 이른 비나 늦은 비처럼 사람들에게 유익을 주는(6:3) 것임을 강조하면서, 그와 비교되는 이스라엘의 '헤쎄드'가 금방 없어지는 구름이나 이슬 같음을 지적한 것에 다름 아니다. 그러나 호세아가 13:1에서 언급하는 구름이나 이슬은 이스라엘의 멸망당하는 모습을 가리킨다. 그리고 광풍에 날리는 쭉정이(chaff)는 구약성서에서 악인을 가리키는 전용어로 나타나며(시 1:4; 35:5; 사 17:13; 41:15-16), 연기 역시 마찬가지로 금방 사라지는 덧없음을 상징한다(시 37:20; 68:3; 사 51:6).[12]

이스라엘에게 들짐승 같으신 하나님(13:4-8)

(13:4) 그러나 애굽 땅에 있을 때부터 나는 네 하나님 여호와라. 나 밖에 네가 다른 신을 알지 말 것이라. 나 외에는 구원자가 없느니라.
(13:5) 내가 광야 마른 땅에서 너를 알았거늘
(13:6) 그들이 먹여 준 대로 배가 불렀고 배가 부르니 그들의 마음이 교만하여 이로 말미암아 나를 잊었느니라.
(13:7) 그러므로 내가 그들에게 사자 같고 길 가에서 기다리는 표범 같으니라.
(13:8) 내가 새끼 잃은 곰 같이 그들을 만나 그의 염통 꺼풀을 찢고 거기서 암사자 같이 그들을 삼키리라. 들짐승이 그들을 찢으리라.

---

11) Davies, *Hosea*, 288. 우상숭배가 신속한 멸망을 초래한다는 메시지는 신명기 4:25-26에서 발견된다.
12) Andersen and Freedman, *Hosea*, 633.

1-3절 단락에 이어지는 4-8절 단락은 하나님을 1인칭 주어로 하는 심판 메시지에 해당한다. 4-6절이 고소인(원고)의 고발에 해당하는 본문이라면, 7-8절은 그에 대한 심판을 선고하는 본문이다. 그 서두인 4-5절은 하나님의 자기소개 양식(self-introductory formula)을 따르고 있는 것으로, 야웨의 독특성과 유일성을 높이는 일종의 자기 찬양(self-praise)에 해당하며,[13] 십계명의 서론(출 20:2; 신 5:6)과 이사야 43:11; 45:21을 합한 것과 비슷한 내용으로 되어 있다: "나는 너를 애굽 땅, 종 되었던 집에서 인도하여 낸 네 하나님 여호와니라"(출 20:2); "나 곧 나는 여호와라. 나 외에 구원자가 없느니라"(사 43:11); "…나 외에 다른 신이 없나니 나는 공의를 행하며 구원을 베푸는 하나님이라 나 외에 다른 이가 없느니라"(사 45:21).

그가 이스라엘이 이집트 땅에 있을 때부터 그들의 하나님 야웨였다는 4a절의 설명이나 광야('미드빠르'; in the wilderness)와 마른 땅('에레츠 탈르우보트'; in the land of drought)에서 이스라엘을 알았다('야다')[14]는 5절의 진술은, 이스라엘이 어렸을 때에 그들을 이집트에서 불러내었다는 11:1과 마찬가지로, 이스라엘의 선택과 그에 기초한

---

13) Wolff, *Hosea*, 222-223, 226.
14) Andersen and Freedman, *Hosea*, 634. 특히 '야다' 동사는 하나님과의 특별한 관계, 곧 계약 관계를 암시하는 낱말로 널리 사용되고 있다(신 11:28; 32:17; 렘 9:2; 31:34). 호세아와 거의 같은 시대에 활동했던 아모스 3:2도 '야다'를 계약 관계의 차원에서 사용하고 있다. 그러나 70인역은 6절과의 관련성 때문인지 이곳의 '야다' 동사('여다으티카')를 '라아' 동사(pasture, feed, '르이티카')로 이해함으로써 하나님을 목자로, 그리고 이스라엘을 불순종하는 양떼로 묘사하고 있다. Wolff, *Hosea*, 220; Mays, *Hosea*, 172, 175; Stuart, *Hosea-Jonah*, 198, 200; NRSV("fed"); 표준 새번역("먹이고 살렸다"); 이동수, 『심판에서 구원으로』, 218-219("먹이신") 등이 이를 따르고 있으며, NIV나 NASB는 똑같이 이를 절충하여 "cared for"로 번역하고 있는 것으로 보인다.

계약 관계를 암시한다. 그리고 다른 신을 알지 말라는 명령이나 "나 외에 구원자가 없다"는 4b절의 설명은 이스라엘이 의지하는 어떠한 신도, 그리고 그들이 신뢰하는 어떠한 군사동맹(외교동맹)도 그들을 구원하지 못한다는 것을 뜻한다. 이는 십계명의 서론(출 20:2; 신 5:6)과 제1계명(출 20:3; 신 5:7)을 강조하는 구절이라 할 수 있으며, 하나님과의 계약 관계를 깨뜨린 이스라엘의 죄악을 은연중에 비난하는 메시지가 아닐 수 없다.

4절에서 시작된 출애굽 전승은 5절의 광야 전승으로 이어지며, 6절의 광야 전승과 가나안 정착 전승으로 계속 연결된다. 야웨께서는 광야 유랑 기간 동안에 마치 목자처럼 만나와 메추라기와 물로 이스라엘을 배부르게 먹이시고 또 그들로 하여금 가나안 땅에 안전하게 정착할 수 있게 해 주셨지만, 그들은 배부름으로 마음이 교만하여져서 야웨 하나님을 잊고('샤카흐'; 2:13[H 2:15]) 말았다(6절).15) 어떻게 보면 광야 유랑과 가나안 정착은 이스라엘의 생존(삶)이 철저하게 하나님께 의존하고 있음을 뜻하는 기간이었지만, 거꾸로 그들은 다른 신들을 섬기기 위하여 하나님을 버린 것이다.

이는 이스라엘이 하나님과의 계약 관계 초기부터 범죄와 반역 및 탈선을 일삼았음을 의미한다. 신명기 8:7-20(특히 12-14, 17절)이 경고한 바와 같이 말이다: "네가 먹어서 배부르고 아름다운 집을 짓고 거주하게 되며, 또 네 소와 양이 번성하며 네 은금이 증식되며 네 소유가 다 풍부하게 될 때에, 네 마음이 교만하여 네 하나님 여호와를 잊어버릴까 염려하노라… 그러나 네가 마음에 이르기를, '내 능력과

---

15) 데이비스는 호세아가 광야 반역에 대해서 알지 못한다는 점에 근거하여 6절이 가나안 정착 이후의 상황을 암시한다고 본다: Davies, *Hosea*, 290. Mays, *Hosea*, 175도 6절이 가나안 정착 이후의 상황을 전제하고 있다고 본다.

내 손의 힘으로 내가 이 재물을 얻었다' 말할 것이라." 신명기 6:12-19도 마찬가지인 바, 이는 호세아가 신명기 운동의 맥을 충실하게 잇고 있는 예언자임을 암시한다. 예레미야 2:5-8에서도 이와 비슷한 표현이 발견된다. 호세아에 덜 의존하고 있기는 하지만 말이다.16)

이스라엘의 이러한 배신행위에 대해서 하나님은 어떠한 벌을 내리시는가? 7-8절에 의하면, 하나님은 그들에게 사자와도 같고 길가에서 기다리는 표범과도 같을 것이요(7절), 새끼 잃은 곰처럼 그들을 만나 그들의 염통('렙'=heart) 꺼풀,17) 곧 심장을 둘러싸고 있는 가슴(chests/breast)이나 늑골(ribs)18)을 찢고 거기서 암사자 같이 그들을 삼킬 것이다. 이렇듯이 하나님은 범죄한 자기 백성을 향하여 사자나 표범 또는 곰 등의 들짐승들로 변하여 그들을 남김없이 찢어 먹을 것이다(8절; 참조. 레 26:21-22; 신 32:24; 삼상 17:34-37; 암 5:19). 호세아는 앞서 이미 이와 비슷한 메시지를 전한 바가 있다: "내가 에브라임에게는 사자 같고 유다 족속에게는 젊은 사자 같으니 바로 내가 움켜갈지라. 내가 탈취하여 갈지라도 건져낼 자가 없으리라"(5:14).19)

하나님을 들짐승들에 비교하는 7-8절의 이러한 경고의 메시지는 인간의 복수 심리를 넘어서는 동물 세계의 특성(삼하 17:8; 잠 17:12)20)

---

16) Wolff, *Hosea*, 226.
17) Wolff, *Hosea*, 220("the enclosure of their heart"); NRSV("the covering of their heart"); Stuart, *Hosea-Jonah*, 199("rip open their insides"); Andersen and Freedman, *Hosea*, 625("lining of their heart").
18) NASB("chests"); Mays, *Hosea*, 173; Davies, *Hosea*, 291(breast). 여기서 '립밤'("그들의 심장/마음")은 6절에 있는 '립밤'의 교만함을 빗댄 것일 수도 있다: Davies, Hosea, 291; 이동수, 『심판에서 구원으로』, 221.
19) 예레미야 4:7은 남왕국 유다를 향한 심판의 도구인 바벨론을 사자로 묘사한다. 그러나 호세아는 야웨 자신이 직접 사자처럼 자기 백성 이스라엘을 심판하실 것이라고 말한다.
20) 잠언 28:15는 특이하게도 가난한 백성을 압제하는 악한 관원을 "부르짖는

을 빌어 하나님의 철저하고도 완전한 심판을 묘사하는 것으로, 3절이나 5:14보다 더 섬뜩한 심판을 드러낸다. 그것은 아마도 앗수르를 통한 심판을 의미할 것이다. 이스라엘을 목자처럼 인도하신(6절) 하나님이 사자나 표범 또는 곰과도 같은 들짐승으로 돌변하여 그들을 공격하시면, 그들을 건져낼 자가 없을 것이다. 그들이 섬기는 이방 신들이나 강대국들도 전혀 그들을 도와주지 못한다. 야웨 하나님 외에는 다른 구원자가 없기 때문이다(4b절).

이스라엘의 왕정 제도 비판(13:9-11)

(13:9) 이스라엘아, 네가 패망하였나니 이는 너를 도와주는 나를 대적함이니라.
(13:10) 전에 네가 이르기를, "내게 왕과 지도자들을 주소서" 하였느니라. 네 모든 성읍에서 너를 구원할 자, 곧 네 왕이 이제 어디 있으며 네 재판장들이 어디 있느냐?
(13:11) 내가 분노하므로 네게 왕을 주고 진노하므로 폐하였노라.

4-8절에서 이스라엘의 죄악을 비판하고 그에 상응하는 심판을 선고한 호세아는 9-11절에서 이스라엘의 왕정 제도를 비판하면서 심판의 불가피성을 강조한다. 먼저 그는 9절에서 이스라엘이 패망할 수밖에 없는 이유를 그들의 도움('에즈레카'; your help)이신 야웨 하나님을 그들이 대적한 것에서 찾는다. 여기서 우리는 야웨 하나님이 구원자(4b절)이시요 돕는 분이시지만 동시에 파괴자이심을 다시금 확인할 수 있다. 이것은 4-8절에서 목자이신 야웨께서 맹수로 돌변하시는 것과도 같은 이치에 속한다. 하나님을 대적하는 자는 결코 평안을 누릴

사자와 주린 곰"에 비교한다.

수 없다. 망할 뿐이다. 어느 누구도 그를 돕지 못한다. 이집트나 바벨론, 앗수르 같은 강대국들조차도 그를 돕지 못한다. 이스라엘은 어리석게도 자기들의 도움이신 하나님을 버렸으므로 어떠한 도움도 그에게서 받을 수 없다. 멸망이 있을 뿐이다. 그들이 의지하던 왕이나 지도자들, 심지어는 이방 신들조차도(바알 포함) 그들을 돕지 못한다(신 32:37-39).

9절에 이어지는 10-11절은 하나님이 무엇보다도 인간 통치자들에 대한 이스라엘의 지나친 신뢰에 진노하셨음을 분명하게 밝히고 있다. 호세아 이전의 왕정비판은 왕정 통치를 거부하는 기드온의 발언(삿 8:23)과 왕정 제도를 부정적인 시각에서 묘사하는 요담의 우화(삿 9:7-21) 및 사울의 왕권을 멸시하던 사람들의 태도(삼상 10:27) 등에서 발견된다. 왕정은 처음부터 잘못된 것이다. 하나님을 대적하는 것이다. 호세아는 이스라엘의 죄악을 왕정(10-11절)과 광야 시대 및 가나안 정착 시절(6절)까지 소급해간다. 그는 먼저 10a절에서 왕('멜렉')과 지도자들('싸림')을 달라고 하던 사무엘 시대의 상황(삼상 8:4-5, 19-20)을 지적하며, 10b절에서는 앗수르의 살만에셀 5세가 이미 호세아 왕을 감금한 주전 725년경의 상황을 암시하고 있는 것으로 보인다(왕하 17:3-5).[21]

물론 사무엘은 이스라엘의 왕정 요구에 반대했다(삼상 8:6-7). 하나님은 그들을 향하여 분노했기에 왕을 허락하였고('에텐'), 진노했기에 왕을 없애버렸다('에카흐')고 말씀하시는 바(11절),[22] 이 본문에 가장 적합한 왕은 사울이지만, 호세아가 두 개의 미완료 동사('에텐'과

---

21) Davies, *Hosea*, 284-285; Limburg, 『호세아-미가』, 91-92.
22) 신명기 28:36은 계약 저주의 결과 왕이 다른 나라로 사로잡혀갈 것이라고 말한다.

'에카흐')를 사용하고 있는 것을 보면, 일차적으로는 북왕국 이스라엘 역사 전체에서 쿠데타를 일으키거나 쿠데타에 의해서 밀려난 왕들, 이를테면 여로보암 1세, 바아사, 오므리, 예후, 스가랴, 살룸, 므나헴 등이 이에 해당할 것이다.23) 그러나 앞서 밝힌 바와 같이, 예언자 호세아가 왕정을 한 번도 긍정적으로 묘사한 적이 없다(1:4; 7:3-7; 8:4; 10:3-4, 7, 15)는 점을 염두에 둔다면, 11절은 사울 이후의 이스라엘 왕정 전체를 가리킨다고 볼 수 있다.24) 이 점에 비추어볼 때 호세아는 앞서 몇 차례 언급한 바와 같이 예언자들 중에서도 가장 과격한 왕정 비판자임이 분명해진다.

유보된 최종 심판의 도래(13:12-14)

(13:12) 에브라임의 불의가 봉함되었고 그 죄가 저장되었나니
(13:13) 해산하는 여인의 어려움이 그에게 임하리라. 그는 지혜 없는 자식이로다. 해산할 때가 되어도 그가 나오지 못하느니라.
(13:14) 내가 그들을 스올의 권세에서 속량하며 사망에서 구속하리니, 사망아, 네 재앙이 어디 있느냐? 스올아, 네 멸망이 어디 있느냐? 뉘우침이 내 눈 앞에서 숨으리라.

호세아는 12절에서 이스라엘의 불의('아본')가 법률문서처럼 봉함되었고('차루르'),25) 그들의 죄('하타아트')가 쉽게 사라지지 못하도록

---

23) Andersen and Freedman, *Hosea*, 636; Chisholm, 『예언서 개론』, 551-552.
24) Wolff, *Hosea*, 227; Stuart, *Hosea-Jonah*, 205-206; Davies, *Hosea*, 293; 이동수, 『호세아 연구』, 248.
25) 이사야 8:16에서 하나님은 증거의 말씀을 싸매며('초르') 율법을 그의 제자들 가운데에서 봉함하라('하톰')고 명하시며, 예레미야 32:14에서는 봉인된('하톰'; sealed) 매매증서와 봉인되지 않은('갈루이'; unsealed) 매매증서를 취하여 토기에 담아 많은 날 동안 보존하게('야아므두'; last) 하라고 지시하

보물처럼 잘 숨겨졌다('츠푸나')26)고 말한다. 호세아가 선포한 이 예언의 말씀은 그의 심판 선고를 진지하게 받아들이지 않거나 자기들에게 있는 죄의 문제가 해결되었다고 믿는 사람들을 겨냥한 것으로, 그들의 죄가 하나님에 의해 완전히 처벌받기 전까지는 결코 잊혀지지 않을 것임을 강조하고 있는 것에 다름 아니다.27) 왕정 소멸, 영토 축소, 사마리아의 붕괴 등은 재난과 심판의 시작일 뿐이다. 최종 처벌은 보류 상태에 있다. 보류된 최종 심판은 곧 임할 것이다. 시간이 지난다고 해서 그들의 죄가 잊혀지거나 사라지는 것은 결코 아니다. 잊어버리지 않도록 잘 보관되어 있기 때문이다.

이어지는 13절에서 호세아는 해산하는 여인의 어려움(왕하 19:3; 사 13:8; 26:17-18; 렘 6:24; 13:21; 22:23; 30:6)이 이스라엘에게 임할 것임을 선포한다. 그 어려움은 태아의 위치가 잘못된 탓에 태아가 쉽게 태어나지 못하거나 산모에게 해산할 힘이 없음으로 인하여 생겨나는 출산의 고통을 가리킨다. 그런데 흥미롭게도 호세아는 자신의 메시지에서 처음으로 그 고통을 다가올 재난과 관련하여 사용하면서, 이스라엘을 고통당하는 임산부에 비교하지 않고 도리어 쉽게 태를 열고 나오지 못하는 아기 내지는 태어나지 못한 채로 죽게 될 태아로 묘사

신다. 쿰란 공동체의 항아리 보관 문서도 미래의 사용을 위한 목적을 가지고 있었을 것이다. 만일에 이스라엘의 불의('아본')와 죄('하타아트')가 우상을 가리킨다면, 그것은 우상을 항아리에 넣어 보관하는 것을 가리킬 수도 있다. 나중에 꺼내어 다시 사용하기 위해서 말이다: Andersen and Freedman, *Hosea*, 638.

26) 시편 27:5는 야웨께서 시인을 그의 초막 속에 비밀히 지키시고('이츠프네니') 그의 은밀한 곳에 시인을 숨기셨다('야스티레니')고 말하며, 31:20 (H 31:21)은 주께서 성도들을 그의 은밀한 곳에 숨기시고('타스티렘') 그들을 비밀히 장막에 감추셨다('티츠프넴')고 말한다.

27) Wolff, *Hosea*, 227-228.

한다.28)

호세아가 이렇듯이 해산이 더디어짐으로 인하여 출산의 고통이 심화되는 것을 이스라엘의 죄악에 대한 심판으로 묘사하는 것과는 달리, 이사야 66:7-9는 빠른 출산을 복으로 간주한다. 빠른 출산은 해산의 고통이 거의 없거나 오래 지속되지 않기에 하나님의 복으로 여겨질 수 있다. 그러나 해산의 고통이 길어지는 경우에는 상황이 달라진다. 그래서인지 호세아는 산모에게 극심한 해산의 고통을 안겨주는 자식을 "지혜 없다"('로 하캄'; 참조. 4:6, 11; 7:9, 11)고 말한다.29) 이로써 호세아는 태아가 어머니 뱃속에서 밖으로 나올 때 태중에서 지체하면 산모와 태아가 함께 죽을 수밖에 없듯이, 북왕국 사람들의 대부분이 하나님의 회개 촉구 메시지를 듣고서도 지체함으로 멸망당할 수밖에 없음을 탄식한 것이라 할 수 있다.

14절은 생명과 탄생의 자리인 산모의 태가 아이러니하게도 무덤과 죽음의 자리가 될 수도 있다는30) 호세아의 이러한 탄식을 매우 잘 반영하고 있다. 개역 개정판과 표준 새번역 및 NIV 등의 번역은 의미가 다소 불분명하므로, NRSV(=NASB)로 14절을 읽어보도록 하자: "Shall I ransom them from the power of Sheol? Shall I redeem them from Death? O Death, where are your plagues? O Sheol, where is your destruction? Compassion is hidden from my eyes."31)

---

28) Wolff, *Hosea*, 228.
29) 이를테면 베냐민을 낳다가 너무도 큰 해산의 고통으로 인하여 곧 목숨을 잃은 라헬의 경우(창 35:16-19)가 그러할 것이다.
30) Wolff, *Hosea*, 228.
31) Wolff, *Hosea*, 221-222; Mays, *Hosea*, 181; Stuart, *Hosea-Jonah*, 199, 207; Davies, *Hosea*, 295-296; Limburg, 『호세아-미가』, 92; Chisholm, 『예언서 개론』, 552-553; 이동수, 『심판에서 구원으로』, 224-225; 이동수, 『호세아 연구』, 250. 개역 개정판과 Andersen and Freedman, *Hosea*, 625는 70인역

맛소라 본문을 충실하게 잘 반영하고 있는 NASB도 거의 이와 똑같이 번역하고 있다. 네 개의 연속적인 질문들 중 앞의 둘은 하나님이 13절에 있는 죽음의 위협으로부터 이스라엘을 속량하거나 구속할 생각이 없음을 밝히고 있으며,32) 후반부의 두 질문은 사망과 음부에게 빨리 그들의 재앙과 멸망을 시행하라는 명령으로 이해될 수 있다. 빨리 사형을 집행하지 않고 뭐하느냐는 것이다.33) 이스라엘을 향한 뉘우침이나 긍휼('노함'; repentance, compassion)의 감정이 하나님의 목전에서 숨어버릴 것이기 때문이다.34)

하나님의 가혹한 심판(13:15-16[H 13:15-14:1])

(13:15) 그가 비록 형제 중에서 결실하나 동풍이 오리니, 곧 광야에서 일어나는 여호와의 바람이라. 그의 근원이 마르며 그의 샘이 마르고 그 쌓아 둔 바 모든 보배의 그릇이 약탈되리로다.

(13:16) 사마리아가 그들의 하나님을 배반하였으므로 형벌을 당하여 칼에 엎드러질 것이요, 그 어린 아이는 부서뜨려지며 아이 밴 여인은

을 따름으로써 긍정적인 의미가 드러나게끔 번역하고 있으나 그러한 번역은 호세아가 전하는 심판 메시지의 흐름에 부합되지 않는 것으로 보인다.

32) Davies, *Hosea*, 295-296. 이것은 역설적으로 야웨가 자신의 뜻을 이루기 위하여 파괴적인 힘들을 소환하실 수 있는 분이요, 그 반대로 이스라엘이 처한 죽음과도 같은 절망적인 상황으로부터 그들을 건지실 수도 있는 분임을 암시하는 효과를 갖는다.

33) Mays, *Hosea*, 182; Limburg, 『호세아-미가』, 92. 본 절은 부정적인 의미에서 이스라엘 민족 전체의 죽음과 부활―더 정확하게는 죽음으로 구체화될 심판―에 관해 말하지만, 바울은 70인역에 맞추어 그것을 긍정적인 의미에서 이루어질 개개인의 죽음과 부활에 적용한다(고전 15:55): Davies, *Hosea*, 296. 호세아 13장과 고린도전서 15장 사이의 관계에 대해서는 다음을 참조: Limburg, 『호세아-미가』, 93-94.

34) 표준 새번역은 이를 아주 실감나게 잘 번역하고 있다: "이제는 내게 동정심 같은 것은 없다."

배가 갈라지리라.

    13장의 마지막 두 절에서 호세아는 하나님이 직접 말씀하신 것과 마찬가지의 가혹한 심판을 선고한다. 15a절에서 그는 이스라엘을 물이 부족함으로 인하여 말라 죽을 나무에 비교한다. 설령 이스라엘이 "형제들('아힘') 중에서"[35] 결실한다 할지라도, 달리 말해서 이스라엘이 설령 결실기[36]에 도달한 나무라 할지라도, 동풍 내지는 광야('미드빠르')에서 일어나는 야웨의 바람('루아흐')으로 인하여 모든 물의 근원과 샘이 다 마름으로써 곧 죽게 될 것이다. 여기서 말하는 야웨의 바람이 동풍과도 같이 파괴적인 앗수르 군대를 뜻한다고 본다면, 이 구절은 하나님이 앗수르를 통하여 이스라엘을 심판하실 것임을 밝히는 본문으로 이해될 수 있다.[37]

    호세아는 하나님의 이러한 심판을 15b절에서 보물의 약탈과 관련시켜 설명한다. 이스라엘이 아무리 많은 보물[38]을 쌓아두었다 할지라

---

35) NIV; 개역 개정판; Andersen and Freedman, *Hosea*, 640-641 등은 맛소라 본문의 '벤 아힘'("형제들의 아들")을 '베엔 아힘'("형제들 중에서")로 번역하고 있는 70인역을 따르고 있다. 그러나 이동수는 '벤'이라는 낱말 자체가 "… 사이"를 뜻할 수도 있다고 본다: 이동수, 『심판에서 구원으로』, 196. 다른 한편으로, BHS 비평 장치는 '벤 아힘'을 '크아후'("갈대처럼")로 읽을 것을 제안한다. 그래서인지 NASB는 '아힘'을 "reeds"로 번역하며(Wolff, *Hosea*, 222; Davies, *Hosea*, 296-297), NRSV도 이를 "rushes"로 번역하면서(Mays, *Hosea*, 179, 183) 각주에서 "형제들"(brothers)로 번역할 수도 있다고 본다.
36) 이는 앗수르로부터 벗어나기 위해 이집트에 의존하는 시기를 일컫는다.
37) Davies, *Hosea*, 297. 에브라임은 그들이 나일강의 물로 인하여 번성할 것이라고 생각하지만, 뜨거운 죽음의 열기에 잡아먹힐 것이다: Wolff, *Hosea*, 228-229.
38) 여기서 말하는 보물은 농사짓는 데 절대적으로 필요한 하늘의 비와 태양빛 등을 가리킬 수도 있다. 신명기 28:12가 이 점을 잘 보여 준다("여호와께서

도 하나님은 그 모든 것들이 다 약탈되게 하실 것이다. 그뿐이 아니다. 하나님을 배반한 이스라엘이 받을 형벌은 결코 가볍지 않을 것이다. 호세아는 13장의 마지막 절(16절[H 14:1])에서 세 가지의 형벌을 얘기한다. 그 세 가지는 한결같이 앗수르 군대에 의하여39) 사마리아 —더 정확하게는 사마리아에 거주하는 주민들—에게 닥칠 재앙을 가리키는 바, 칼에 엎드러짐(11:6; 레 26:25)과 어린 아이들의 부서짐(레 26:29; 신 28:52-57; 32:25), 임산부의 배가 갈라짐(왕하 15:16; 암 1:13) 등이 그렇다. 이것은 잔인한 앗수르의 군대가 남녀노소—특히 어린 아이들과 임산부와 같은 약자들—를 가리지 않고 북왕국의 모든 사람들에게 가차 없이 하나님의 심판을 집행함으로써 이스라엘의 인구를 크게 감소시킬 것(4:10; 9:11-16)임을 의미한다.

회개를 촉구하는 호세아(14:1-3[H 14:2-4])

(14:1[H 14:2]) 이스라엘아, 네 하나님 여호와께로 돌아오라. 네가 불의함으로 말미암아 엎드러졌느니라.

(14:2[H 14:3]) 너는 말씀을 가지고 여호와께로 돌아와서 아뢰기를, "모든 불의를 제거하시고 선한 바를 받으소서. 우리가 수송아지를 대신하여 입술의 열매를 주께 드리리이다.

(14:3[H 14:4]) 우리가 앗수르의 구원을 의지하지 아니하며 말을 타지 아니하며 다시는 우리의 손으로 만든 것을 향하여 '너희는 우리의 신이라' 하지 아니하오리니, 이는 고아가 주로 말미암아 긍휼을 얻음이니이다" 할지니라.

너를 위하여 하늘의 아름다운 보고를 여시사 네 땅에 때를 따라 비를 내리시고 네 손으로 하는 모든 일에 복을 주시리니…"): Stuart, *Hosea-Jonah*, 208.

39) Wolff, *Hosea*, 228; Mays, *Hosea*, 183; Davies, *Hosea*, 297.

1-2a절(H 2-3a절)의 회개 촉구 메시지는 사실 심판이 확정된 다음의 것으로, 심판의 의미를 강조하는 효과를 갖는다. 이 점에서 본다면 이 메시지는 주전 722년의 최종 함락 직전에 선포된 것일 가능성이 높다. 재앙과 심판이 이미 임했지만, 야웨 하나님은 새로운 시작을 원하신다. 그 까닭은 이스라엘을 엎드러뜨리는 재앙과 심판이 그들의 불의함('아본')으로 인하여 생겨난 것이지 야웨 자신으로 인하여 생겨난 것이 아니기 때문이다. 그러나 이와는 달리 '슈브' 동사(2:7, 9[H 2:9, 11]; 3:5; 6:1; 7:10, 16; 12:6[H 12:7])를 기본으로 하는 호세아의 회개 촉구는 하나님께로부터 비롯된 것이다.

　　그렇다면 이스라엘은 무엇을 가지고서 하나님께로 돌이켜야 하는가? 그들은 무엇보다도 하나님이 싫어하시는 더러운 희생제물이 아니라 말씀들('드바림')을 가지고서 하나님께로 돌아가야 한다. 2b-3절(H 3b-4절)의 회개 기도를 통하여 구체화되는 "말씀"은 죄의 용서를 구하는 한편으로 모든 자기 성취와 이방 민족 의존 태도를 포기하겠다고 선언하는 일종의 회개 예전(penitential liturgy)을 가리킬 것이다.[40] 세 가지의 긍정적인 요소를 가지고 있는[41] 그 회개 기도에서 그들은 첫째로 하나님께 자기들의 불의('아본')를 제거해 주시고, 둘째로 그들의 선한 바('토브'), 곧 인애와 하나님을 아는 지식을 실천하는 선한 삶(6:6)을 받아달라고[42] 기도해야 한다. 이것은 하나님께서 그들로부

---

40) Davies, *Hosea*, 302 Stuart, *Hosea-Jonah*, 213; Limburg, 『호세아-미가』, 95.
41) 이동수, 『호세아 연구』, 255.
42) 표준 새번역은 "우리를 자비롭게 받아주십시오"로 번역하며, NIV; NASB; Davies, *Hosea*, 302 등도 "receive us graciously"로 번역하지만, 개역 개정판은 Andersen and Freedman, *Hosea*, 642("accept all that is good")이나 NRSV("accept that which is good")을 따라 "선한 바를 받으소서"로 번역하고 있다. 반면에 스튜어트(Stuart, *Hosea-Jonah*, 210)는 이것조차도 이스라엘의 결심으로 이해한다: "We will take what is good."

터 원하시는 것이 희생 제물이 아니라 상한 심령과 회개하는 마음(참조. 시 51:17)이요, 하나님의 뜻을 따라 사는 선하고 의로운 삶임을 의미한다.

아울러 셋째로 그들은 수송아지를 드리는 대신에 입술의 열매를 주께 드리겠다는 결심을 밝혀야 한다. 입술의 열매(잠 18:20; 사 57:19)는 계약 규정에 따르는 선행이나 계약 규정들에 순종하는 삶을 통한 회개 서원의 이행을 가리킬 것이다.43) 하나님께서는 이제껏 범죄한 이스라엘의 무성의한 순례 축제나 그들의 헛된 동물제사를 받지 않으려고 이미 그들에게서 떠나셨지만(5:6), 이제는 참회하는 그들의 제사를 받으실 것이다. 그런데 이제 하나님이 그들에게서 기쁘게 받으실 제사는 수송아지가 아니라 입술의 열매이다. 이것은 하나님께서 받으시는 제사의 우선순위가 바뀌었음을 뜻하는 것으로, 하나님이 동물 제사보다 삶의 제사를 받으신다는 호세아의 이전 메시지들(4:8; 5:6; 6:6; 8:13)과 맥을 같이하고 있다.

그러나 이스라엘의 참회와 뉘우침은 이것으로 끝나는 것이 아니다. 그들은 2절(H 3절)의 긍정적인 회개 진술에 이어서 3절(H 4절)의 부정적인 회개 진술44)로 나아가야만 한다. 이에는 세 가지가 있다. 첫째로 그들은 더 이상 앗수르의 구원을 의지하지(5:13; 8:9) 않겠다는 정치적인 선언을 해야 하며, 둘째로는 더 이상 군사력을 상징하는 말을 타지 않겠다는 군사적인 선언(참조. 시 33:16-17)을 해야 한다. 그리고 셋째로 그들은 자기들의 손으로 만든 것(8:6; 13:2)을 향하여 "너희는 우리의 신이다"라고 말하지 않겠다는 종교적인 선언을 해야 한다.

---

43) 히브리서 13:15는 이를 그대로 계승하되 찬송의 제사로 그 의미를 바꾸어 사용한다: "그러므로 우리는 예수로 말미암아 항상 찬송의 제사를 하나님께 드리자 이는 그 이름을 증언하는 입술의 열매니라."
44) 히브리어 부정사 '로'(not)가 세 번 되풀이되고 있음이 이를 잘 보여 준다.

이 세 가지, 곧 정치적인 것과 군사적인 것 및 종교적인 것 등의 결합은 이스라엘의 계약 갱신 의지를 반영하며, 야웨께만 충성하고 오직 그만을 의지하겠다는 그들의 확고한 결심을 뜻한다. 그러나 이것은 이스라엘이 실제로 그렇게 될 것이라는 의미로 받아들이기보다는, 이스라엘이 그러한 갱신 의지와 결심을 갖게 되기를 바라는 호세아와 야웨 하나님의 희망 사항으로 받아들여야 할 것이다. 물론 이스라엘 백성의 그러한 갱신 의지와 결심 및 진실한 고백은 하나님의 응답을 받을 것이다. 그 까닭은 하나님이 고아를 긍휼히 여기시는 분이시요,[45] 따라서 언제든지 자기 백성을 용서하고 회복시킬 준비가 충분히 되어 있는 분이기 때문이다(3b절).

회개의 기도에 대한 하나님의 답변(14:4-8[H 14:5-9])

> (14:4) 내가 그들의 반역을 고치고 기쁘게 그들을 사랑하리니 나의 진노가 그에게서 떠났음이니라.
> (14:5) 내가 이스라엘에게 이슬과 같으리니 그가 백합화 같이 피겠고 레바논 백향목 같이 뿌리가 박힐 것이라.
> (14:6) 그의 가지는 퍼지며 그의 아름다움은 감람나무와 같고 그의 향기는 레바논 백향목 같으리니
> (14:7) 그 그늘 아래에 거주하는 자가 돌아올지라. 그들은 곡식 같이 풍성할 것이며 포도나무 같이 꽃이 필 것이며 그 향기는 레바논의 포도주 같이 되리라
> (14:8) 에브라임의 말이, "내가 다시 우상과 무슨 상관이 있으리요" 할지라. 내가 그를 돌아보아 대답하기를, "나는 푸른 잣나무 같으니

---

45) 고아를 긍휼히 여기시는 하나님의 성품은 성경에 많이 나오지만(출 22:22-23; 시 10:14, 18; 60:14; 68:5; 146:9; 잠 23:10-11; 렘 49:11), 3b절은 이스라엘이 고아와 같은 상태에 있음을 암시하는 것으로 보인다: Davies, *Hosea*, 304.

네가 나로 말미암아 열매를 얻으리라" 하리라.

이스라엘의 회개 기도에 대하여 하나님은 어떠한 반응을 보이실까? 그 주제가 11장과 밀접하게 관련되어 있는 4-8절(H 5-9절)에 그 답이 있다. 회개 기도에 대한 하나님의 응답, 곧 구원과 회복의 말씀을 담고 있는 4-8절(H 5-9절) 단락은 그 서두인 4절에서 하나님의 치유와 사랑을 선포한다. 하나님은 무엇보다도 먼저 그들의 반역('므슈바'), 곧 하나님께 등을 돌리고서 그를 떠나간 행동을 의사처럼 고치실('라파') 것이다. 이처럼 의사 은유(physician metaphor; 5:13; 6:1; 7:1)를 사용하고 있는 4a절은 하나님의 치료 행위가 계약 관계의 회복을 가능케 할 것임을 암시하는 것이나 다름이 없다. 물론 하나님의 이러한 치유와 계약 관계의 회복은 그의 진노가 사랑으로 대체되었기에 가능한 것이다. "자유로이('느다바'; freely)[46] 그들을 사랑하리니"라는 표현이 그 점을 잘 보여 준다.

특히 "자유로이"라는 낱말은 하나님이 보여 주시는 사랑의 자발성을 강조한다. 하나님이 이스라엘의 어떤 노력이나 업적 또는 성취 등을 기대하지 않고, 도리어 순전히 자신의 자발적인 의지에 의하여 은혜와 사랑을 베푸실 것이라는 얘기다. 이는 고멜을 회복시키는 호세아의 행동과 맥을 같이 하는 것이다. 하나님의 자발적인 사랑이야말로 이스라엘의 회복과 구원의 기초를 이룬다. 이것은 역설적으로 이스라

---

[46] 개역 개정판은 이를 "기쁘게"로 번역하지만, 이는 히브리어 원문의 의미를 충분히 살려냈다고 보기 어렵다. NRSV; NIV; NASB; Mays, *Hosea*, 184; Davies, *Hosea*, 305 등 모두가 적절하게도 '느다바'를 "freely"로 번역하고 있다. 표준 새번역은 "기꺼이"로 번역하며, Wolff, *Hosea*, 232; Stuart, *Hosea-Jonah*, 210은 이와 비슷하게 제각기 "spontaneously"와 "voluntarily"로 번역한다.

엘이 사랑받을 자격이 없음을 암시한다. 아울러 그것은 하나님의 선물이 풍성함을 암시하기도 한다. 그것은 순전히 하나님의 은총에 의해서만 가능한 일이다. 예레미야 31:33-34와 에스겔 36:25-27도 이스라엘의 내적인 변화가 순전히 하나님의 은혜와 사랑에 의해서만 가능함을 강조한다.47)

이어지는 5-7절(H 6-8절)은 한결같이 이스라엘의 회복을 식물의 생장에 비교한다(참조. 아 6:11; 7:13).48) 먼저 5절(H 6절)은 하나님의 사랑이 얼마나 효과적인지를 다양한 은유들을 통하여 보여 준다. 하나님을 이슬에 비교하는 한편으로 이스라엘을 백합화와 레바논의 백향목에 비교하는 것이 그렇다.49) 물론 여기서의 이슬은 당연히 6:4; 13:3의 이슬과 그 의미가 다르다. 6:4; 13:3의 이슬이 이스라엘의 불충성함과 불성실함을 상징하는 것으로 쉽게 사라지는 것을 뜻한다면, 이곳의 이슬은 하나님의 신실하심과 복, 곧 식물의 생장에 필수적인 물과 수분 등을 상징하는 것이다(신 33:13, 28). 이슬은 또한 원기회복과 복을 상징하는 것이기도 하다(창 27:28; 잠 19:2).50)

---

47) Davies, *Hosea*, 305.
48) 이스라엘을 이처럼 아름답고 멋진 나무에 비교하는 본문은 시편 80:8-11에도 나온다.
49) 희고 향기가 좋으며 자태가 고울 뿐만 아니라 성장 속도가 매우 빠른 백합은 순결과 아름다움, 번성을 상징한다. 백합과 레바논은 사랑 노래의 단골 메뉴이기도 하다(백합=아 2:1, 16; 4:5; 5:13; 6:2, 3; 7:3; 백향목=4:11). 특히 레바논은 솔로몬 성전 건축 시절(왕상 5:6[H 5:20]) 이후로 백향목을 비롯한 많은 나무들을 가지고 있는 이상적인 삼림으로 이해되었다(시 92:12-13; 104:16; 사 2:13): Wolff, *Hosea*, 236.
50) Davies, *Hosea*, 306. 호세아는 이처럼 동일한 낱말이나 표상을 정반대의 의미로 사용하는 경우가 많다. 이사야 26:19는 이슬을 부활과 관련시킨다: "주의 죽은 자들은 살아나고 그들의 시체들은 일어나리이다. 티끌에 누운 자들아, 너희는 깨어 노래하라. 주의 이슬은 빛난 이슬이니 땅이 죽은 자들

이슬 은유에 이어 백합화 은유와 백향목 은유가 이어지는 바, 백합화 은유가 미래의 이스라엘이 맛볼 새로운 생명과 아름다움의 기적을 찬미하는 것이라면, 백향목 은유는 야웨께서 이루실 새로운 창조의 지속성과 힘을 상징한다.51) 그리고 호세아 9:16의 뿌리는 심판을 나타내지만("에브라임은 매를 맞아 그 뿌리가 말라 열매를 맺지 못하나니"), 이곳의 뿌리("레바논 백향목 같이 뿌리가 박힐 것이라")는 정착과 고정 및 안정 또는 번영 등을 상징한다(사 37:31; 53:2). 그리고 호세아 5:14; 13:7-8에 나오는 사자, 표범, 곰, 암사자, 들짐승 등의 풍부한 동물 은유가 심판을 상징하는 것이라면, 이곳의 식물 은유는 하나님의 구원과 사랑을 상징한다.

식물 은유는 6절(H 7절)에서도 계속된다. 야웨에 의해 새 힘을 얻은 백향목의 가지가 퍼진다는 것은 새로운 생명이 풍성할 것임을 상징한다.52) 이어서 호세아는 이스라엘의 아름다움을 감람나무(렘 11:16)에 비교하며, 그 향기를 백향목에 비교한다("레바논의 향기," 아 4:11). 이로써 그는 나무와도 같은 이스라엘의 미래를 가지(stability)와 아름다움(visibility) 및 향기(desirability) 등의 세 가지 차원53)에서 긍정적으로 묘사하고 있는 셈이다. 과거에는 이스라엘이 이러한 풍요와 아름다움을 바알에게서 기대하였으나 효과를 보기는커녕 도리어 실패와 좌절과 멸망뿐이었다. 그러나 이제는 달라질 것이다. 하나님이 친히 그들에게 그것들을 선물로 주실 것이기 때문이다.

이어지는 7절(H 8절)에서 호세아는 하나님께로부터 세 가지 약속을 내놓으리로다."

---

51) Wolff, *Hosea*, 236.
52) 데이비스는 "가지가 퍼진다"는 것을 영토 확장으로 이해한다: Davies, *Hosea*, 306.
53) Stuart, *Hosea-Jonah*, 216.

이 주어질 것임을 분명하게 밝힌다. 첫 두 가지 약속은 그들이 돌아와서 하나님의 그늘 아래 거할 것이요,54) 곡식 같이 풍성할 것이라는 내용으로 이루어져 있다. 여기서 그늘 아래 거주한다는 것은 사랑 노래에 속한 것(아 2:3)으로, 감람나무나 백향목의 그늘(겔 17:22-23)을 가리키기보다는 야웨 하나님 자신을 가리킬 것이다(시 17:8; 36:7[H 36:8]; 57:1; 63:7; 91:1, 4). 하나님께서 주신 새로운 거주지인 셈이다. 그리고 그들이 "돌아온다"('슈브')는 것은 야웨께로 돌아온다는 회개의 의미만 있는 것이 아니라, 포로생활을 마치고 고국으로 돌아온다는 귀향의 의미도 가지고 있다(11:11).

그들이 돌아오고 나면 야웨께서는 그들에게 풍성한 복을 주시되, 그들을 곡식 같이 풍성하게 하실 것이다. 아마도 이것은 이스라엘의 인구 증가를 의미할 것이다. 가나안 땅의 주산물이 곡물임을 염두에 둔다면, 그들의 인구 증가는 당연히 곡식의 풍성함에 비교될 수 있을

---

54) 맛소라 본문의 '야슈부 요셔베 브칠로'는 개역 개정판과 비슷하게 "그의 그늘 아래 거주하는 자가 돌아올 것이다"로 번역되지만, 그 의미가 확실치 않다. 여러 번역본들과 주석들을 따라 "그들이 (돌아올 것이요,) 나의 그늘('브칠리') 아래 거주할 것이다"로 번역하는 것이 더 나아 보인다: "그들이 다시 내 그늘 밑에 살면서"(표준 새번역); "They shall again live beneath my shadow"(NRSV); "They shall again dwell in my shadow"(Wolff, *Hosea*, 232); "They shall once again dwell in my shade"(Mays, *Hosea*, 184); "They shall return and dwell beneath my shadow"(Davies, *Hosea*, 307). 하나님의 그늘이 갖는 구원과 보호의 의미에 대해서는 다음을 참조: Limburg, 『호세아-미가』, 96-97. 그러나 "그의 그늘"을 그대로 두어야 한다는 견해에 따를 경우, 그것은 이스라엘 자신이 가지고 있는 계약 백성으로서의 정체성을 가리킬 것이다: "Those who live in his shadow Will again raise grain"(NASB); "Men will dwell again in his shade"(NIV); Andersen and Freedman, *Hosea*, 642; Stuart, *Hosea-Jonah*, 216("Those who dwell in his shade will return"); 이동수, 『심판에서 구원으로』, 236-237, 242("그들은 돌아와서 그 그늘 안에 살며").

것이다. 호세아는 이미 앞의 10:1에서 이스라엘을 포도나무에 비교한 바가 있다("이스라엘은 열매 맺는 무성한 포도나무라"; 참조. 겔 17:22-23). 호세아가 언급하는 세 번째 약속, 곧 그들이 포도나무 같이 꽃이 피고 그 향기가 레바논의 포도주 같이 될 것이라는 약속은 바로 이 두 번째 약속과 긴밀하게 연결된 것으로서, 이스라엘의 번성함을 암시하는 것으로 보인다.

회개 또는 귀향과 인구 증가 및 번성함 등의 세 가지 약속에 이어 호세아는 8a절(H 9a절)에서 하나님이 이스라엘에게서 기대하시는 그들의 고백을 소개한다: "내가 다시 우상과 무슨 상관이 있으리요!"55) 당시의 이스라엘에게는 우상 숭배를 포기함으로써 징계를 피할 수 있는 가능성이 전혀 없었다. 그러나 이제는 우상 숭배와 관련된 이스라엘의 추한 역사(4:17; 8:4; 13:2)가 야웨의 사랑에 의해 완전히 끝장날 것이다. 이스라엘이 완전히 새로운 삶을 살 것이기 때문이다. 에브라임의 이러한 기도에 대한 야웨의 응답(8b절[H 9b절])은 항구적인 보살핌으로 이해된다: "나는 푸른 잣나무 같으니 네가 나로 말미암아 열매를 얻으리라."56) 사실 구약성서에서 야웨를 나무에 비교하는 본문은 이곳뿐이다. 많고 많은 식물들 중에서 왜 하필이면 잣나무인가? 그 이유는 하반절에 나오는 열매와 관련될 것이다. 호세아는 하나님이 풍성한 열매를 맺게 하시는 분이라고 말함으로써, 아세라 여신을 무성한

---

55) 표준 새번역은 "나는 이제 우상들과 아무 상관이 없습니다"로 번역한다. 그러나 NIV와 NASB 및 NRSV 등은 "에브라임"을 호격으로 이해함으로써 이 고백 자체를 야웨 하나님의 말씀으로 번역한다: "O Ephraim, what more have I to do with idols?"
56) 벨하우젠은 이 본문에 있는 "내가 그를 돌아보아 대답하기를"로 번역된 히브리어 본문('아니 아니티 와아슈렌누')을 "나는 그의 아낫이요 그의 아세라이다"('아니 아나토 워아세라토')로 수정할 것을 제안했으며, 몇몇 학자들이 그것을 받아들였다.

나무로 묘사하는 바알 종교에 맞서는 한편으로, 아세라 숭배에 대한 비판 메시지를 야웨 신앙의 한 차원으로까지 끌어올리고 있다.57)

지혜로운 사람과 의인(14:9[H 14:10])

(14:9) 누가 지혜가 있어 이런 일을 깨달으며 누가 총명이 있어 이런 일을 알겠느냐? 여호와의 도는 정직하니 의인은 그 길로 다니거니와 그러나 죄인은 그 길에 걸려 넘어지리라.

마지막으로 지혜 전승의 영향(전 8:1; 시 107:43; 렘 9:12)을 받은 최종 편집자58)의 해설로 여겨지는 9절(H 10절)은 두 개의 질문과 두 개의 도전(challenge)을 담고 있다.59) 먼저 9a절(H 10a절)에 있는 두 개의 질문은 "누가 지혜가 있어 이런 일을 깨달으며 누가 총명이 있어 이런 일을 알겠느냐?"로 구성되어 있다. 여기서 지혜로운 자는 문서화된 호세아의 전승들을 해석하는 자를 가리킬 것이다. 물론 이것은 호세아의 메시지를 이해함에 있어서 지혜의 선물이 필요함을 지적하는 것에 다름 아니다. 호세아의 말씀을 이해하는 자라야 지혜로운 자로 불릴 자격이 있다는 얘기다. 호세아를 통하여 주어진 하나님의 말씀을 해석하는 기본 원리는 야웨의 도('다르케 야웨'; the ways of the Lord) 내지는 그가 주신 계약 규정들이 정직하고 의로운 것임을 인정하는 데 있다.

9a절(H 10a절)의 이러한 질문은 호세아의 시대와 그 이후 시대의 모든 청중들에게 호세아의 메시지를 올바로 이해할 것을 촉구하고 있는 것이나 마찬가지이다. 9b절(H 10b절)에 있는 두 가지 도전이 이를

---

57) Davies, *Hosea*, 309.
58) 볼프는 이 편집자의 연대를 바벨론 포로기로 본다: Wolff, *Hosea*, 239.
59) Stuart, *Hosea-Jonah*, 219.

뒷받침한다: "의인은 그 길로 다니거니와 그러나 죄인은 그 길에 걸려 넘어지리라." 이 말씀은 호세아의 말씀을 듣는 청중들에게 선택권이 있음을 뜻한다. 그들이 의인이 될 것인지 아니면 죄인이 될 것인지는 순전히 그들 자신의 선택에 의하여 결정된다는 얘기다. 그러면서도 이 본문은 야웨의 정직한 도를 따라 행하는 의로운 자와 지혜로운 자가 될 것을 촉구하고 있는 것이나 다름이 없다. 그리고 이것은 역설적으로 호세아의 메시지로 구체화되는 야웨의 도를 이해하고 순종하는 게 쉽지 않음을 암시하기도 한다.

3. 묵상과 적용

가. 하나님은 출애굽 해방 이후 계약 관계를 통하여 지속된 구원 은총에 대하여 온갖 이방 신들을 숭배할 뿐만 아니라, 유일한 구원자이신 하나님을 의지하기는커녕 아무런 도움도 주지 못하는 왕정 제도에 목을 매는 이스라엘의 배은망덕한 행동을 결코 그냥 두지 않으신다. 이스라엘의 우상 숭배 행위에 대한 하나님의 심판은 매우 가혹하다. 호세아는 그것을 자연계와 관련된 언어들을 통하여 실감나게 표현하고 있다. 그는 먼저 심판을 받는 대상인 이스라엘에 대해서, 그 다음에는 심판의 주체이신 하나님에 대해서 언급한다. 하나님의 심판을 목전에 둔 이스라엘은 금방 사라지는 아침 안개나 이슬과도 같고 타작마당에서 강한 바람에 흩날리는 쭉정이 같으며 굴뚝에서 나가는 연기 같을 것이다(13:3). 그러나 이보다 더 심한 것은 심판의 주체이신 하나님이 사자와 표범과 새끼 잃은 곰과도 같은 분으로 그들을 벌하실 것이라는 메시지이다.

이처럼 가혹한 하나님의 심판으로 인하여 이스라엘은 해산할 때가 되었어도 세상에 나오지 못하는 아기처럼 불행한 운명에 처하여질 것이요(13:13), 죽음의 세력과 메마르고 건조한 동풍에 의하여 어린 아이들과 임산부들까지도 몰살당하는 비극적인 최후를 맞이하게 될 것이다(13:14-16). 하나님의 진노는 이처럼 무서운 것이다. 그는 은혜와 사랑을 베풀 때에는 한없이 자비롭고 인자한 분이시지만, 진노의 심판을 위하여 임하실 때에는 긍휼하심도 동정심도 없다. 오늘의 우리가 가야 할 길은 어디인가? 우리는 하나님 앞에서 지금 어느 길을 향해 가고 있는가? 진노의 심판을 받을 길인가, 아니면 무한정한 은혜와 사랑을 받을 길인가? 날마다 자신의 삶과 행위를 바라보면서 지혜롭게 결정해야 할 참으로 중요한 선택이 아닐 수 없다.

나. 하나님께 벌을 받아 죽음과도 방불한 큰 상처를 입은 이스라엘을 치료할 분은 오직 야웨 하나님 한 분뿐이다. 어느 누구도 그들의 상처를 치료해주지 못한다. 그들이 의지하던 이집트나 앗수르도, 심지어는 그들이 풍요와 다산의 주관자로 섬기는 이방 신들조차도 그들을 치료해주지 못한다. 오직 야웨 하나님만이 진정한 치료자요 의사이기 때문이다. 그러나 하나님의 치료를 받아 건강을 회복하기 위해서는 이스라엘이 꼭 해야 할 일이 하나 있다. 그것은 곧 이스라엘이 자신의 불의함을 인정하되 그것을 다 버리고서 하나님께로 방향을 돌이키는 일이다. 그들은 하나님의 용서를 구하는 회개의 말씀을 듣고서 그에게로 돌아가야만 한다.

그들은 또한 수송아지를 잡아서 드리는 동물제사보다는 토라와 계약 규정을 몸으로 실천하는 삶의 제사를 드려야 하며, 이제는 더 이상 왕과 같은 정치 지도자들이나 강대국의 군사력 또는 이방 신들의 도움에 의존하지 않고 도리어 야웨께만 충성하고 오직 그만을 섬기겠다는 확고한 신앙고백의 열매를 드려야 한다(14:1-3[H 14:2-4]). 생명의 주이신 야웨 하나님께로 돌아와서 참된 평안과 생명을 주시는 하나님의 그늘 아래에서만 거주하겠다는 결심도 필요하다(14:7[H 14: 8]). 그렇게 할 때 비로소 이스라엘은 고아를 긍휼히 여기시는 하나님의 은혜와 사랑을 힘입을 수 있다. 하나님은 이스라엘의 진실한 죄의 고백과 용서의 간구를 들으시고서 자신의 진노를 물리치시고 그들을 넘치는 사랑으로 치료할 것임을 선언하실 것이다(14:4[H 14:5]). 오늘의 우리에게도 이러한 고백과 결심이 꼭 필요하다. 사랑에 기초한 하나님의 온전한 치료를 경험하기 위해서는 말이다.

다. 그러나 하나님은 이스라엘의 약함과 회개 불가능성을 아시기에 그들의 방향 전환에 관계없이 그들의 중한 상처를 치료하시고 회복시킬 계획을 가지고 있다. 한편으로 그는 범죄한 이스라엘을 이슬처럼 금방 사라지게 하실(6:4; 13:3) 분이시지만, 다른 한편으로 그는 중벌을 받아 큰 상처를 입은 자기 백성에게 이제는 정반대로 풀과 초목에게 생명을 주는 이슬로 자신을 드러내실 분이기도 하다. 범죄한 이스라엘에게 대하여 사자와 표범과 새끼 잃은 곰과도 같으셨던 하나님이 부드러운 이슬로 변하여 그들에게 생명의 은총을 베푸시면 어떠한 일이 벌어지는가? 하나님의 이슬 은총으로 인하여 그들은 이제 백합화처럼 꽃이 필 것이요, 레바논의 백향목처럼 뿌리가 박히고 가지가 퍼짐으로써 감람나무처럼 아름다워지고 레바논의 백향목처럼 향기롭게 될 것이다.

또한 하나님은 심판을 받아 엎드러진 자기 백성을 끊임없이 사랑으로 돌보시고 그들에게 풍성한 생명을 주시는 분이다. 그는 불성실하고 반항적인 백성에게 풍성한 열매를 주시는 푸른 잣나무와도 같으신 분인 것이다(14:8[H 14:9]). 우리는 하나님의 이러한 모습을 상처받고 버림받은 사람들의 친구가 되어주셨던 예수 그리스도의 공생애 사역에서 확인할 수 있다. 그는 "건강한 자에게는 의사가 쓸 데 없고 병든

자에게라야 쓸 데 있느니라. 너희는 가서 내가 긍휼을 원하고 제사를 원하지 아니하노라 하신 뜻이 무엇인지 배우라. 나는 의인을 부르러 온 것이 아니요 죄인을 부르러 왔노라"(마 9:12-13)고 말씀하신 분이다. 우리는 예수 그리스도의 이러한 치유 사역을 위해 부름 받은 사람들이다. 우리 시대의 상처 입은 사람들과 우리 사회의 음지에서 고통 당하고 있는 이웃들을 위해 주님의 사랑을 실천해야 할 책임이 우리에게 있는 것이다. 오늘의 그리스도인들에 의해서 이루어지는 사랑과 섬김의 실천은 상처 입고 부서진 사람들에게 참된 희망의 기초가 될 것이다.

한국성서학연구소는
종교개혁의 신학전통을 이어받아
다양한 성서해석 때문에 갈등을 겪는 한국교회를
하나님의 말씀 위에 바로 세우기 위하여 일하고 있습니다.
한국교회가 안고 있는 현실 문제에 대한 성서적이고
올바른 신학적 해석을 제시함으로써 이 땅의 문화가
그리스도의 이름 아래 세워질 때까지
이 일을 계속해 나가겠습니다.

내가 네게 장가 들리라 – 설교를 위한 호세아 연구

제1판 1쇄 인쇄	2010년 3월 12일
제1판 1쇄 발행	2010년 3월 19일
지 은 이	강 성 열
펴 낸 이	이 연 옥
펴 낸 곳	도서출판 한국성서학
	서울 종로구 연지동 1-1 여전도회관 1105호
	TEL. 02-766-5220, FAX. 02-744-7046
출판등록	제1-1286호(1991.12.21)
총 판	도서출판 두란노(TEL. 02-749-1059 / FAX. 02-749-3705)
ISBN	978-89-86015-75-1 93230

※ 잘못된 책은 바꿔 드립니다.

책값 12,000 원